Nie mehr Strafe zahlen 2

Autoren

Rudolf Müllner (Pseudonym),
Polizist in München seit 23 Jahren.
Seine Botschaft an die Leser:
"Sehen Sie mir bitte nach, dass ich anonym bleibe. Meine Vorgesetzten wären mit meiner Mitarbeit an diesem Buch nicht einverstanden. Wir müssen zu einem gerechten und vernünftigen Umgang mit den Verkehrsteilnehmern kommen. Dieses Buch ist ein Mittel zu diesem Zweck."

Dr. Absolut (Pseudonym),
Jurist im öffentlichen Dienst.
„Gesetze, die Lücken haben, sind schlechte Gesetze und daher nicht zu verteidigen."

Josef Kleindienst,
Polizist in Wien seit 20 Jahren.
"Meine Vorgesetzten haben sich schon daran gewöhnt, dass ich nicht nach ihrer Pfeife tanze. Zum Glück hinterfragen immer mehr Polizisten den Sinn und die Art ihrer Arbeit."

SPÄTER:
NA, WIE LAUTET DAS RESUMEE DES BUCHES?
DIE VERKEHRS= REGELN NICHT ÜBER= TRETEN!
KLAPP
M. Sz.
KONWALLIN & SZYSZKOWITZ © 12'99

T SÄMTLICHE RADARFALLEN
INGEPACKT
W RUDI-1
KONWALLIN & SZYSZKOWITZ © 12'99

Josef Kleindienst

Team Straflos

Nie mehr Strafe zahlen 2

Die besten Praxisfälle
unserer Leser

Die neuesten Tricks

Verlag Kleindienst

Impressum

Verlag Kleindienst
E. Klinger Straße 10/7/9
A-3423 St. Andrä-Wördern

Team Straflos besteht aus Polizisten und Juristen aus Österreich und Deutschland

Verlag Kleindienst ist ein Eigenverlag und dient der Veröffentlichung von mehreren bereits geplanten Publikationen

Abbildung, so nicht gesondert angegeben:
Archiv des Verlages Kleindienst

Umschlaggestaltung: Werbeagentur Irlacher OEG

Druck: Gerin, Wolkersdorf.

2. Auflage Februar 2002
www.kleindienst.cc
E-Mail: office@kleindienst.cc
ISBN 3-9501151-4-5

Inhalt

Teil A: Straflos in Österreich

1	Schnell fahren	11
2	Falsch parken	22
3	Abschleppen	40
4	Blinken	46
5	Gurtepflicht	49
6	Privatsheriff	50
7	Privatstraßen	51
8	Alkohol und Suchtgift am Steuer	54
9	Lkw	59
10	Gelblicht	62
11	Rotlicht	66
12	Vignette	68
13	Fahrerflucht	69
14	Technische Überprüfung	74
15	Adressänderung	76
16	Sonstige Fälle	77
17	Strafarten, Formelles	81
18	Führerscheinentzug	84
19	Verkehrszeichen	87
20	Lenkerauskunft	89
21	Verjährung	94
22	Kennzeichenanzeigen	99
23	Namensanzeigen	100
24	Zustellbestimmungen	101
25	Ausländische Lenker	109
26	Formulare	113
27	Beschwerden	117
28	Radarfallen	120
29	Deutsche in Österreich	121

Teil B: Straflos in Deutschland

1	Schnell fahren	135
2	Falsch parken	146
3	Rotlicht	151
4	Gurtepflicht	153
5	Hupverbot	154
6	Alkohol und Drogen am Steuer	155
7	Fahrtenbuch	159
8	Fahrverbot	161
9	Kennzeichenanzeigen im Fließverkehr	174
10	TÜF	182
11	Steuerfrei	184
12	Flensburger Grüße	185
13	EU-Führerschein und Fahrerlaubnisrecht	192
14	Notstand	213
15	Formelles	215
16	Unfall	222
17	Österreicher in Deutschland	230

Teil C: Rund ums Strafen

1	Kurioses	238
2	(Un-)Sinn von Strafe	244
3	Internetadressen	251
4	Mit Worten bist du Meister	252

Anhang

Bußgeldkatalog - Deutschland	263
Nachwort	321
Stichwortverzeichnis	323

Gebrauchsanleitung

Wie finde ich einen Straflosfall in diesem Buch?
Teil A enthält Fälle, die in Österreich passiert sind. Teil B enthält deutsche Straflostricks. Im Inhaltsverzeichnis orientieren Sie sich an der Deliktsart (z.B. Schnell fahren) und an allgemeinen Grundsätzen (z.B. Kennzeichenanzeige). Im Stichwortverzeichnis am Ende des Buches können Sie nach Stichworten suchen.

Was ist, wenn ich keinen passenden Fall finde?
Beachten Sie bitte, dass es sehr viele ähnliche Problemlösungen gibt. Sehr häufig gilt ein Schlupfloch bei Kennzeichenanzeige wegen Schnellfahrens, genauso bei Kennzeichenanzeigen wegen Rotlichts. Wenn Sie überhaupt nichts Vergleichbares finden, dann schreiben Sie uns bitte. Richtungweisende Fälle beantworten wir - im Rahmen unserer Zeit - sofort. Aber spätestens in "Nie mehr Strafe zahlen 3" ist die Lösung enthalten. Die Straflosbücher orientieren sich an den Wünschen und Fragen ihrer Leser!!

Wie oft wird das Buch aktualisiert?
Team Straflos rechnet, dass alle zwei bis drei Jahre eine Aktualisierung notwendig sein wird. Da wir sehr genau beobachten, welche Gesetzesänderungen in Planung sind, richten wir uns klarerweise auch danach.

Euro
Zu Redaktionsschluss am 30. 11. 2001 waren in Österreich noch keine Euro-Strafbeträge veröffentlicht.

Was ist, wenn es vorher Änderungen gibt?
Die Gesetzesmaschinerie mahlt sehr langsam. Sie sollten also nicht mit raschen Änderungen rechnen. Wir werden jede Änderung auf der Verlags-Homepage www.kleindienst.cc veröffentlichen. Bei wesentlichen Änderungen verschicken wir einen kostenlosen E-Mail-Newsletter. Um diesen zu empfangen, teilen sie uns bitte Ihre E-Mail-Adresse mit (Homepage oder schriftlich an den Verlag).

Rechtschreibung in Gesetzestexten
Bitte beachten Sie, dass der Gesetzgeber die Gesetzestexte noch nicht an die neue Rechtschreibung angepasst hat.

Teil A
Straflos in Österreich

1 Schnell fahren

Kennzeichenanzeige, ausländische Lenker

11. Oktober 1999. Das Auto von Edward S., Arzt von Beruf, wird im Ortsgebiet von Straßhof (Niederösterreich) von einem Radargerät geblitzt. Wenige Wochen später flattert eine Anonymverfügung ins Haus. Edward soll öS 600,-- wegen Überschreitung der erlaubten Höchstgeschwindigkeit im Ortsgebiet (75 statt 50 km/h) bezahlen. Edward ignoriert die Anonymverfügung. Im März 2000 kommt mittels eingeschriebenem Brief die Strafverfügung. Die BH Gänserndorf will nun öS 800,--. Edward lehnt sich gelassen zurück und denkt sich: Freunde, nicht mit mir! Er fordert einen Beweis für seine angebliche Schuld und schreibt:

An die BH ...

Einspruch gegen die Strafverfügung
Ich erhebe Einspruch und fordere Sie zur Vorlage von Beweisen auf.

Die Behörde bestraft den Zulassungsbesitzer statt den Lenker

Hochachtungsvoll
Edward S.

(siehe auch Mustereinspruch im Kapitel A 26)

Darauf kommt die Lenkererhebung. Erst jetzt interessiert sich die BH, wer eigentlich gefahren ist. Edward kann sich des Eindrucks nicht erwehren, dass es hier nur ums Geldkassieren geht. Ob er Recht hat? Zur Tatzeit war Edwards französischer Freund Christien in Österreich. Angereist per Zug. Er hat sich Wien und die nähere Umgebung angesehen. Dabei gabs eine Riesengaudi, versteht sich von selbst, wenn ein Franzose nach Österreich kommt. Edward hat seinem Freund das Auto geliehen. Nachdem er von Edward als Lenker angegeben wird, erhält er ein Schreiben von der BH, wonach plötzlich Eward alles beweisen soll, was ihm die BH vorwirft.

Die BH fordert:

- **eine notariell oder gerichtlich beglaubigte Erklärung des Lenkers,**
- **deutsche Übersetzung**
- **vollständige Führerscheindaten**
- **Aufenthaltsort von Christien in Österreich**
- **Zeitpunkt der Fahrzeugübergabe**
- **An- und Abmeldung**
- **Hotelnachweis**
- **Auszug aus dem Fremdenbuch**
- **Zeugen, die Christiens Anwesenheit bestätigen.**

Was muss Edward der BH tatsächlich vorweisen?
Edward muss nicht alle Daten und geforderten Unterlagen bringen! Wichtig ist auf jeden Fall ein stichhältiger Beweis, dass sich Christien zur fraglichen Zeit in Österreich aufgehalten und das Fahrzeug gelenkt hat. Grundsätzlich müsste eine schriftliche Bestätigung von Christien reichen, die dieser sinnvollerweise direkt an die anfragende Behörde richtet. Sämtlich Beweise werden nach dem Grundsatz der freien Beweiswürdigung gewertet. Der Richter - bzw. der Beamte - muss aber zumindest begründen, warum ein Beweis nicht glaubwürdig ist, wenn er ihn ablehnt. Zur Frage, inwieweit eine Person bei der Ermittlung eines tatsächlichen Lenkers mitwirken muss, hat die Judikatur klare Aussagen getroffen (VwGH v. 25. 1. 1999, 98/17/0296). Im oben geschilderten Fall schickt Christien aus Frankreich ein Fax an die Behörde, in dem er mitteilt, dass er gefahren ist.

Ein Fax von Christien, und Edward bleibt straflos

Lovely Bi herde!
Bin ich gefahreen von Wien zu meie Freud mit seene Auto leider etwas zu schneel. Bitte nicht seien so streng mit mir.
Liebes Grüsse aus Franzosenreich

Was passiert nun? Die Behörde schreibt Edward, dass sie gem. § 45 Abs. 2 VStG das Verfahren einstellt. Christien kann nicht bestraft werden! Aber wer ist tatsächlich gefahren? Wir werden es nie erfahren. Die Behörde in Österreich kapituliert vor der Tatsache, dass mit Frankreich kein Rechtshilfeabkommen besteht.

Fragen

1. *Muss Edward alle Beweise, die von der Behörde gefordert werden, beibringen?*
a: Ja (hier einen Kreis zum ankreuzen setzen!!!) *b:* Nein

2. *Edward hat bereits eine Lenkerauskunft erteilt. Muss er darüber hinaus an der Ermittlung des Lenkers mitwirken?*
a: Ja *b:* Nein

3. *Gibt es ein Gesetz, welche Beweise er erbringen muss?*
a: Ja, eine solche Regel gibt es.
b: Nein, das unterliegt der freien Beweiswürdigung des Strafreferenten.

4. *Die BH weiß nun, dass Christien zu schnell gefahren ist. Kann sie gegen Christien eine Strafverfügung erlassen?*
a: Ja *b:* Nein

5. *Haben österreichische Behörden eine Chance, die Strafe in Frankreich einzutreiben?*
a: Ja, da es ein Rechtshilfeabkommen mit Frankreich gibt.
b: Nein, da es kein Rechtshilfeabkommen mit Frankreich gibt.

6. *Hat Christien bei einem Österreichbesuch Schwierigkeiten?*
a: Ja, da eine Verwaltungsstrafe aufliegt.
b: Nein, da eine Verwaltungsstrafe nicht im Fahndungscomputer gespeichert werden darf.

7. *Mit welchen Ländern hat Österreich ein Rechtshilfeabkommen zum Eintreiben von Verkehrsstrafen?*
a: mit keinem Land
b: mit verschiedenen Ländern
c: nur mit Deutschland

8. *Wie hoch ist die Strafe für Schnellfahren?*
a: öS 500,-- bis 30.000,-- *b:* öS 1.000,-- bis 100.000,--

9. *Hat Christien eine falsche Zeugenaussage gemacht?*
a: Nein *b:* Ja

Antworten: (1.b) (2.a) (3.b) (4.a) (5.b) (6.b) (7c) (8.a) (9.a)

Verjährung, Kennzeichenanzeige

Johanna arbeitet in einem Krankenhaus. Früh am Morgen muss sie in den Dienst. Keine Autos auf der Straße, da schaut sie nicht immer auf den Tacho. Hinter einer Hausecke lauert ein Polizist mit Laserpistole. Anstatt Johanna anzuhalten, notiert er das Kennzeichen und zeigt sie an. 74km/h statt 50. Die Anonymverfügung über öS 400,-- wird von Johanna nicht bezahlt. Dann kommt die Strafverfügung über öS 700,-- (gemäß dem Motto: Darfs ein bisserl mehr sein?). Dagegen erhebt sie folgenden Einspruch:

Betreff: Einspruch gegen die Strafverfügung Nr ...
An die
BH....

Sehr geehrter Herr Referent!
Ich habe schon bei der Polizei angerufen, da sich hier jemand geirrt haben muss. Ein sehr freundlicher Herr Inspektor hat mir gesagt, dass ich nur mit einem Einspruch etwas machen kann. Ich fahre, seit ich den Führerschein gemacht habe, sehr vorsichtig mit dem Auto. Sie müssen sich vorstellen, wie oft man da von Rasern angeblinkt und angehupt wird, so als wäre man nicht richtig im Kopf, wenn man sich an die vorgeschriebene Geschwindigkeit hält. Ich habe schon einmal eine Strafe bekommen, obwohl ich nichts falsch gemacht habe. Damals hatte ich nicht gewusst, was man genau dagegen tun kann, und ich habe dummerweise die Strafe bezahlt. Aber diesmal habe ich mich gleich bei der Polizei erkundigt. Der Inspektor hat mir auch gesagt, dass es immer wieder vorkommt, dass ein Irrtum vorliegt. Bei meinem Fall kann es sich nur um einen Irrtum handeln, da ich mich sehr genau an die Geschwindigkeit halte. Ich komme auch gerne bei Ihnen vorbei und bestätige Ihnen das persönlich. Sie werden sicher gleich merken, dass ich die Wahrheit sage, da Sie sicher sehr viel Erfahrung mit den Menschen haben. Ich bitte Sie

daher die Strafe gegen mich einzustellen. Der Polizist hat mir gesagt, es kann von Ihnen auch noch der Polizist gefragt werden, der die Anzeige gemacht hat, ob er sich nicht eventuell geirrt hat. Vielleicht hat er ein falsches Kennzeichen gelesen oder die Geschwindigkeit nicht richtig gemessen, oder das Lasergerät hat einen Fehler. Bitte prüfen Sie meinen Fall noch einmal nach, ich will nicht schon wieder ungerecht Strafe zahlen müssen.

Johanna will dem Strafreferenten vortäuschen, dass sie eine geschwätzige, lästige Frau ist. Er soll denken: "Hoffentlich kommt die nie zu mir." Das ist ihr gelungen. Der Strafreferent schickt den Einspruch an den anzeigenden Polizisten. Dieser schreibt folgenden Bericht:

"Es liegt mit Sicherheit kein Irrtum beim Ablesen des Kennzeichens vor. Die Genannte bestreitet auch nicht, zum Tatzeitpunkt durch das Ortsgebiet von . . . gefahren zu sein. Auch ist das Lasergerät ordnungsgemäß geeicht. Die Übertretung entspricht den Tatsachen und wird von mir aufrecht erhalten."

Nach dem Strafreferenten glaubt auch der Polizist, Johanna sei die Lenkerin. Nun bekommt sie eine Aufforderung zu einer Stellungnahme. Sie wiederholt die Argumente, die sie schon im Einspruch verwendet hat. Der Strafreferent lässt nicht locker und weist den Einspruch ab. Da die 6-Monats-Frist vorbei ist, gibt Johann schriftlich bekannt, dass sie das Auto nicht gelenkt hat. Erst jetzt erhält sie eine Lenkererhebung. Zu spät! 6 Monate nach dem Schnellfahren nennt sie ihren Mann als Verfügungsberechtigten (§ 103 Abs. 2 KFG), was dieser auch bestätigt. Die Behörde erkennt ihr Versäumnis und stellt das Verfahren gegen Johanna ein. Es ist Johanna durch die Formulierungen in ihrem Einspruch gelungen, die Behörde glauben zu lassen, sie habe das Fahrzeug gelenkt. Hätten die Beamten jemals den Verfügungsberech-

Johanna schafft es, den Strafreferenten und den Polizisten reinzulegen

tigten gefragt, wer tatsächlich das Auto gelenkt hat, dann wüssten sie, dass Johanna gefahren ist!

Fragen

1. *Muss der Polizist das Fahrzeug anhalten, wenn es ihm möglich ist?*

a: Ja *b:* Nein

2. *Wird die Strafverfügung teurer als die Anonymverfügung?*

a: Ja *b:* Nein

3. *Erhält Johanna das Geld zurück wenn sie die Anonymverfügung bezahlt und das Verfahren gewinnt?*

a: Ja

b: Nein, sobald sie bezahlt, ist das Verfahren beendet.

4. *Hat Johanna durch ihr Verhalten in diesem Verfahren ein Gesetz gebrochen?*

a: Ja *b:* Nein

5. *Falls Johannas Ehemann als Zeuge in diesem Verfahren befragt wird, muss er gegen seine eigene Frau aussagen?*

a: Ja

b: Nein, da Eheleute die Zeugenaussage verweigern dürfen.

6. *Hat die Behörde noch irgendeine Chance, um Johanne im Nachhinein zu bestrafen?*

a: Ja *b:* Nein

Antworten: (1.b) (2.a) (3.b) (4.b) (5.b) (6.b)

Fehlende Ortstafel

Straflos junior aus "Nie mehr Strafe zahlen (1)" hat eine sensationelle Gesetzeslücke vorgestellt. Wir alle wissen, dass innerhalb von Ortsgebieten ein Tempolimit von 50 km/h gilt. Aber wann genau befindet man sich *innerhalb von Ortsgebieten?* Das Gesetz sagt dazu, es ist "*das Straßennetz innerhalb der Hinweiszeichen Ortstafel und Ortsende*" (§ 2 Abs. 1 Zif. 15 StVO).

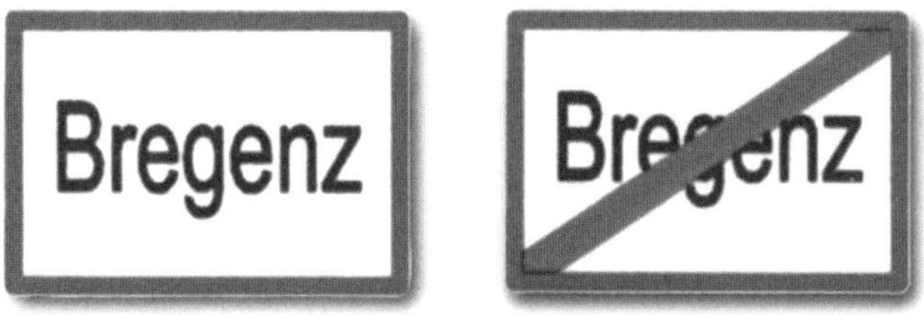

Fehlt eine dieser Tafeln, dann liegt kein Ortsgebiet vor und somit gilt auch nicht die 50-km/h-Beschränkung. Diese gilt klarerweise ab der Ortstafel. Das hat der Verwaltungsgerichtshof wieder einmal festgestellt (VwGH v. 24. 4. 2001, 2001/11/0056). Da Ortstafeln sehr häufig fehlen, hat sich diese Gesetzeslücke starker Beliebtheit erfreut. Viele unserer Leser kamen durch dieses Schlupfloch straflos davon. Wenn sie eine fehlende Ortstafel als Einspruchgrund benutzen, dann erheben sie Einspruch gegen die Strafverfügung. Sollten sie abblitzen, dann gehen sie mit Berufung gegen das Staferkenntnis vor. Der UVS wird ihnen dann Recht geben, wenn sie das Fehlen einer Ortstafel belegen können und sich auf das oben angeführte VwGH-Erkenntnis berufen. Falls nicht, dann raten wir den VwGH anzurufen.

Die Entscheidung des VwGH wird von vielen Strafreferenten ignoriert

Beachten Sie bitte, dass Sie die Fahrgeschwindigkeit den Verkehrsumständen anpassen müssen (§ 20 Abs. 1 StVO).

Klosterneuburg, ein Schnellfahrerparadies?
Von Wien-Heiligenstadt kommend passieren Sie diese Ortstafel.

Da unerlaubte Zusatzschilder angebracht sind, ist die Ortstafel nach geltender Judikatur des VwGH ungültig, somit auch die 50-km/h-Beschränkung (siehe § 48 Abs. 4 StVO, nach Kapitel A 2, *Falsch parken*). Bei Ortstafeln gibt es eine Ausnahme: Eine grüne Tafel mit der Aufschrift "Erholungsdorf" darf angebracht werden.

Ortsabwesenheit, Verjährung
Josefs Auto wird fotografiert. Daran stört ihn nur, dass der Fotoapparat in einer Radarbox verstaut war. 5 Wochen nach dem "Fototag" kommt Post von der Behörde. Eine Anonymverfügung über öS 400,--. Da Josef nicht bezahlt, schickt ihm die liebe Behörde eine Strafverfügung über öS 600,--. Josef erhebt Einspruch und bestreitet, zu schnell gefahren zu sein. Den Einspruch faxt er an die Behörde innerhalb von 14 Tagen.

Auch wenn sich der Strafreferent in den Hintern beißt: Hubert ist segeln

... Da ich nicht zu schnell gefahren bin, ersuche ich Sie, das Verfahren gegen mich einzustellen. Hochachtungsvoll

Die Behörde dachte nicht daran, das Verfahren einzustellen. Sie schickte zunächst eine Lenkererhebung. Josef hatte das Auto am "Fototag" seinem Bekannten Hubert geborgt. Hubert ist in Pension und hat sich einen Traum erfüllt: Segeln. So verbringt Hubert 10 Monate im Jahr auf seinem Segelboot. Wenn Hubert in Österreich ist, braucht er gelegentlich ein Auto. Das borgt er sich von Josef oder einem anderen Freund. Er vereinbart mit Josef, dass er selbst oder seine Frau fahren darf. Somit weiß Josef nicht, wer am "Fototag" sein Auto gelenkt hat. Das weiß nur Hubert. Auf dem behördlichen Formular zur Lenkerauskunft kann Josef wählen. Entweder er gibt den Lenker an oder jene Person, die Auskunft über den Lenker erteilen kann (Auskunftspflichtiger gem. § 103 Abs. 2 KFG). Die Behörde erfährt somit, dass nur Hubert den Lenker nennen kann. Nun erhält Hubert eine Lenkerauskunft. Dieser hat sich aber bei der Post *ortsabwesend* gemeldet. Zu Weihnachten ist er wieder in Österreich. Dann kommt es auch zur Lenkerauskunft. Diese ist bis zu seiner Rückkehr bei der Behörde "auf Termin" gelegen. Hubert füllt die Lenkerauskunft korrekt aus. Seine Frau Edith ist damals gefahren. Inzwischen sind 8 Monate vergangen. Somit tritt bei Edith Verfolgungsverjährung in Kraft. Sie kann nicht bestraft werden, das Verfahren wird eingestellt.

Fragen

1. Josef hat sein Auto an Hubert verborgt. Muss Josef den Lenker zur Tatzeit kennen?
a: Ja b: Nein
2. Muss Hubert den Lenker zur Tatzeit kennen?
a: Ja b: Nein
3. Muss Hubert der Behörde Auskunft über den Lenker erteilen?
a: Ja b: Nein
4. Wie lange hat Hubert für diese Auskunft Zeit?
a: eine Woche b: zwei Wochen c: drei Wochen
5. Warum kann Huberts Frau Edith nicht bestraft werden?
a: Da die Behörde erst nach 6 Monaten erfahren hat, dass sie gefahren ist.
b: Da die Behörde erst nach 3 Monaten erfahren hat, dass sie gefahren ist.
6. Ist es notwendig, dass sich Hubert bei der Post ortsabwesend meldet, wenn er monatelang segeln ist?
a: Ja, es ist notwendig
b: Nein, es ist nicht notwendig, aber erspart eine Menge Ärger.

Antworten: (1.b) (2.a) (3.a) (4.b) (5.a) (6.b)

Geschwindigkeitsschätzung

Rene' schreibt:

Guten Tag, Herr Kleindienst!
Und schon wieder ist jemand in eine Falle getappt. Am Sonntag, dem 14. Oktober, fuhr ich mit meinem Pkw in eine (von mir unbekannte) 30er Zone. Da ich von einer Nebenstraße herausgebogen bin, konnte ich das Schild nicht erkennen (siehe Fotoserie). Als ich dann nach ca. 300 Metern die Gendarmen in ihrem Auto sitzend mich lasern sah - aber durch die Windschutzscheibe! -, dachte ich mir noch, heute haben sie Pech! Ich fuhr nur die 50 km/h (52 laut Messung), die im mir bekannten Ortsgebiet erlaubt sind. Als ich aber nun am Freitag, dem 1. November, die Anonymverfügung bekam, kam mir die Galle, aus bekannten Gründen, hoch.

Nun meine Fragen:
1. Inwieweit sind Messungen mit dem Laser durch eine Windschutzscheibe zulässig und wie genau sind diese?
2. Muss nicht normalerweise bei Laser der Fahrer SOFORT angehalten werden und das Display bei Verlangen vorgezeigt werden, es könnte ja ansonsten dem Gendarmen vorgeworfen werden, aus irgendwelchen Gründen falsche Werte als Grundlage herzunehmen!
3. Welche Möglichkeiten habe ich, wie in Ihrem Buch beschrieben, zu überprüfen, inwieweit die Gemeinde einen Verkehrsgutachter als Berater herangezogen hat, und ob auch dessen Vorschläge der Verkehrsberuhigung durchgeführt worden sind, da auf dem gesamten Verkehrsabschnitt keine klaren Verkehrsberuhigungen durchgeführt wurden (außer ein aufgesprühtes Kindersymbol auf dem Asphalt).

Zu 1: Messung durch die Windschutzscheibe ist zulässig; zu 2: Es muss nicht sofort angehalten werden, der Gen-

darmerie wird im Normalfall geglaubt (außer Sie haben einen Zeugen/Beifahrer, der für Sie aussagt);
zu 3: Die Behörde ist verpflichtet, die Verordnung zu überprüfen, wenn Sie die Rechtswidrigkeit behaupten. Ein Recht auf Einsicht in die Verordnung haben Sie nicht. Meistens wird Ihnen bei Gemeinden eine Kopie der Verordnung gegeben, jedoch ohne Anspruch darauf!

Sehen wir uns daher die Arten der Geschwindigkeitsmessung an (siehe auch VwGH v. 9. 4. 1986, 86/02/0180):

Mit freiem Auge

Darf ein Polizist oder Gendarm die Fahrtgeschwindigkeit ohne ein Messgerät schätzen?
Ja, er darf. Allerdings nur unter folgenden Bedingungen: Er muss das Geschwindigkeitsschätzen in seiner Ausbildung gelernt haben. (Das steht zwar am Stundenplan, gelernt hat es aber fast keiner.) Er muss über genügend Erfahrung verfügen. Geschätzt darf nur ein vorbeifahrendes Fahrzeug werden, also kein wegfahrendes oder zukommendes Fahrzeug.

Laserpistolen

Diese erfreuen sich größter Beliebtheit. Sie werden als Beweis anerkannt, falls sie ordnungsgemäß geeicht sind.

Radargeräte

Diese gibt es in den allseits bekannten Radarkästen, mobil oder in Autos eingebaut. Sie werden als Beweis anerkannt, so sie geeicht sind.

Funkwagen

Polizei- und Gendarmeriefahrzeuge sind in der Regel mit normalen Tachos ausgestattet. Diese werden mit einer Toleranzgrenze als geeignetes Messgerät anerkannt. Allerdings muss über eine längere Strecke mit gleichbleibendem Abstand dem Raser nachgefahren werden. Einige Funkwagen verfügen über korrekt geeichte Tachos, so dass deren Messung als Beweis anerkannt wird.

Videokameras

Nur moderne Zivilstreifen sind mit Videokameras ausgestattet. So diese geeicht sind, werden sie als Beweis anerkannt.

2 Falsch parken

Falscher Ort

War das Auto links oder rechts in der X-Straße geparkt? In der Strafverfügung stand es nicht drinnen. Pech, liebe Behörde. Der VwGH hat am 28. 2. 1985 ZfVB 1985/5/1826, entschieden, dass der genaue Ort angeführt werden muss. Das kann eine Hausnummer, aber auch eine Lichtmastennummer sein. Wichtig: Die Ortsbezeichnung muss so genau sein, dass ein anderer Ort nicht in Frage kommt.

Falsche Zeit

Gregor muss zur Uni und nicht nur er. Alle Parkplätze sind voll. Er könnte ja früher kommen oder mit öffentlichen Verkehrsmitteln fahren, oder? Nein, kann Gregor nicht. Er muss neben dem Studium arbeiten, um sich das Studium und die Wohnung leisten zu können. Wegen dieser Doppelbelastung hat er nicht viel Zeit. Dass die Politiker zu wenig Parkplätze in der Nähe der Universität vorgesehen haben, hindert sie nicht, massiv gegen die Falschparker vorzugehen. Auf dem Strafzettel steht: *Halteverbot missachtet um 20.15 Uhr*. Anzeige wird erstattet. Gregor spricht bei der Polizei vor. Seine Daten werden notiert, eine Anzeige angekündigt. Wenige Wochen später kommt die Strafverfügung. Hier steht geschrieben, er habe um *22.15 Uhr* falsch geparkt. Früher hätte Gregor murrend bezahlt. Aus dem Buch „Nie mehr Strafe zahlen“ weiß er, dass alle Angaben stimmen müssen. Gregor freut sich. Die Strafe muss er nicht bezahlen. Für seine dünne Brieftasche eine Wohltat. Allerdings hat die Behörde noch eine Chance. Erinnern Sie sich? Innerhalb von 6 Monaten muss die Behörde eine korrekte Strafverfolgung durchführen, sonst tritt Verfolgungsverjährung in Kraft. Gregor erhebt kurz und bündig Einspruch gegen die Strafverfügung:

Politiker haben Chauffeure und keine Parkplatzsorgen

... Ich erhebe Einspruch.
Hochachtungsvoll Gregor ...

Wochen später kommt das Ergebnis der Beweisaufnahme ins Haus geflattert. Der anzeigende Polizist bestätigt noch einmal, dass die Anzeige korrekt sei.
Inzwischen sind 6 Monate vergangen. Gregor teilt der Behörde mit, dass es sich um einen Irrtum in der Zeit handeln muss. Denn um 22.15 Uhr arbeitete er bereits im Lokal. Erst jetzt überprüft der Strafreferent die Zeit, die auf der Anzeigeverständigung steht, und bemerkt den Irrtum. Zu spät! Gregor bleibt straflos.

Falsche Farbe

Was ist mit der Farbe des Kraftfahrzeuges? Muss diese in der Anzeige richtig angeführt sein? Hier müssen wir unterscheiden zwischen Namensanzeigen und Kennzeichenanzeigen. Wurde das Fahrzeug angehalten und der Name des Lenkers steht einwandfrei fest, dann spielt die Farbe des Fahrzeuges keine Rolle. Aber ACHTUNG, wir berichten von der gängigen Praxis, die jedoch der freien Beweiswürdigung unterliegt. Bei Kennzeichenanzeigen muss die Behörde erst ermitteln, welches Fahrzeug und welcher Lenker betroffen sind. Hat ein Polizist die Farbe Rot in die Anzeige geschrieben und das Fahrzeug ist grün, dann geht die Behörde von einem Irrtum im Ablesen des Kennzeichens aus. Steht jedoch hell oder dunkel und das Fahrzeug ist hell oder dunkel, dann ist die Angabe korrekt. Auch wenn bei einem schwarzen Fahrzeug dunkel in der Anzeige steht. Oder bei einem weißen Fahrzeug in der Anzeige von einem hellen Fahrzeug berichtet wird.

Nur bei Kennzeichenanzeigen spielt die Farbe des Fahrzeugs eine Rolle

Notdurft

Notdurft, egal wie dringend, schützt nicht vor Strafe. Das wurde wiederholt in Entscheidungen festgehalten. Das heißt konkret: Wer dringend auf die Toilette muss und dabei falsch parkt, zahlt Strafe. Nicht so bei plötzlich auftretenden starken Schmerzen mit drohender Ohnmachtsgefahr oder unmittelbar drohendem technischen Gebrechen (OGH 17. 4. 1986, ZVR 1987/48).

Der Grund liegt auf der Hand. Es kann wohl nicht verlangt werden, dass ein ohnmächtiger Fahrer sein Fahrzeug weiter lenkt. Aber von ihm zu verlangen, sich die Hosen voll zu pinkeln, ist unseren Politikern, die immerhin die Gesetze machen, nicht zu blöd.

Fragen

1. ***Muss die Tatzeit in der Strafverfügung genau angegeben sein?***
a: Ja *b:* Nein
2. ***Wenn Gregor sofort die irrtümliche Zeitangabe gemeldet hätte, was wäre passiert?***
a: Er hätte das Verfahren trotzdem gewonnen.
b: Die Behörde hätte innerhalb von 6 Monaten die Tatzeit in der Strafverfügung korrigiert und Gregor bestraft.
3. ***Wie hoch ist die Strafe für Falschparken?***
a: öS 0,-- bis 10.000,--
b: öS 100,-- bis 5.000,--
4. ***Muss der Ort der Übertretung genau angegeben sein?***
a: Es genügt die Straße.
b: Straße und Hausnummer oder sonstige nähere Bezeichnung müssen stimmen.
5. ***Muss die Uhrzeit der Übertretung stimmen?***
a: Die Uhrzeit muss auf die Minute stimmen.
b: Die Uhrzeit muss auf einige Minuten genau sein.
c: Es genügt der Tag.

Antworten: (1.a) (2.b) (3.a) (4.b) (5.b)

Halteverbot, Abschleppgrund, Ortsabwesenheit

Kurt ist fassungslos. Der Polizist erklärt ihm telefonisch, dass er nicht sofort zahlen dürfe. Was er sich eigentlich einbilde! Es werde Anzeige erstattet. Kurt ist Vertreter und hatte einen wichtigen Termin. Durch einen Stau aufgehalten, fehlt ihm die Zeit zum Parkplatzsuchen. Ein Halteverbotsbereich bietet sich an. 45 Minuten dauert der Geschäftstermin. Kurt beeilt sich zum Auto zu kommen und findet einen Abschleppzettel vor. Ehe der Abschleppdienst kommt, ist Kurt schon auf dem Weg zum nächsten Termin. Als Vertreter macht er da einiges mit. Unterwegs ruft er die Polizei an und erfährt, dass er nicht sofort bezahlen kann, sondern mit einer Anzeige zu rechnen hat. Kurt, seiner Schuld bewusst und zahlungswillig, ist sauer. Am 26. 6. 2000, zwei Monate später, erhält Kurts Frau Margit als Zulassungsbesitzer des Autos Post von der Behörde. Eine Strafverfügung über öS 1600,--. Sie ist nicht zu Hause. Der Briefträger nimmt den Brief mit und hinterlegt einen gelben Abholschein. Ankündigung eines zweiten Zustellversuches:

Der Polizist ließ Kurt nicht sofort zahlen

Ankündigung eines zweiten Zustellversuches

Empfänger [redacted] Abgabestelle

Absender [redacted] Geschäftszahl [redacted]

Sehr geehrte Frau!
Sehr geehrter Herr!

Heute konnte Ihnen ein zu eigenen Handen zuzustellendes **behördliches Schriftstück** (RSa-Brief) nicht zugestellt werden. Die Zustellung wird an der oben genannten Abgabestelle neuerlich versucht werden.

Seien Sie bitte zur Annahme des Schriftstückes anwesend, sonst müßte es beim Postamt [redacted] hinterlegt werden.

Der zweite Zustellversuch wird am [redacted] zwischen [redacted] und [redacted] Uhr stattfinden.

[redacted]
Zusteller, Datum

Formular 2 zu § 21 Abs. 2 des Zustellgesetzes
661 026 000. GZ 105 293/III-05/91. – ÖSD. 923977 df/o 5 4

Am 27. 6. 2000 ist Margit wieder nicht zu Hause. Im Briefkasten wird ein gelber Zettel hinterlegt. An diesem Tag beginnt die 14-tägige Einspruchsfrist und endet am 11. 7. 2000.
Margit ist vom 25. 6. 2000 bis 3. 7. 2000 auf Urlaub. Am 4. 7. 2000 holt sie die Strafverfügung ab. Da sie ortsabwesend war, gilt für Margit eine neue Einspruchsfrist. 14 Tage (ab dem 4. 7. 2000) hat sie Zeit. Allerdings weiß davon die Behörde noch nichts. Am 17. 7. 2000 faxt Margit den Einspruch und schreibt wahrheitsgemäß, dass sie nicht falsch geparkt habe. Margit erhält darauf am 4. 9. 2000 einen Zurückweisungsbescheid (gem. § 49 VStG), da der Einspruch zu spät eingebracht worden sei. Gegen diesen Bescheid erhebt Margit Berufung. Sie legt Flugtickets in Kopie bei. Was hat Margit eigentlich vor? Sie will über die 6 Monate hinauskommen, um die Verfolgungsverjährung zu erreichen. Das gelingt ihr auch. Erst im November 2000 gibt sie der Polizei bekannt, dass gar nicht sie die Lenkerin war, sondern ihr Mann Kurt. Dieser bestätigt der Behörde diesen Sachverhalt. Darauf wird das Verfahren gegen Margit eingestellt. Auch gegen Kurt kann keines mehr geführt werden, da Verfolgungsverjährung eingetreten ist. Völlig legal haben Margit und Kurt das Verfahren gewonnen. Vom Zeitaufwand bedeutete es für sie nicht mehr als dreimal ein Schriftstück an die Behörde zu faxen. Damit konnten sie sich öS 1.600,-- und einen Eintrag ins Strafregister ersparen.

Erst nach 6 Monaten wird Kurt als Lenker genannt

Zeitskala: von Tag 1 bis Ende des 6. Monats

27. 4. 2000	Falsch parken
25. 6. 2000	Urlaubsbeginn
26. 6. 2000	Strafverfügung
3. 7. 2000	Urlaubsende
17. 7. 2000	Einspruch
4. 9. 2000	Zurückweisungsbescheid
27. 10. 2000	6 Monate um = Verfolgungsverjährung
November	Kurt wird als Lenker genannt

Fragen

1. *Muss die Ortsabwesenheit der Post bekannt gegeben werden?*
a: Ja
b: Nein

2. *Muss die Abwesenheit bewiesen werden?*
a: Ja
b: Nein

3. *Was gilt als Beweis der Abwesenheit?*
a: Eigene Aussage
b: Zeuge
c: Flugtickets
d: Auch andere glaubhafte Belege wie Kreditkartenbelege

2. Spur neben einer Baustelle

Jakob weiß, dass er am Rand der Fahrbahn parken muss, außer es gibt Bodenmarkierungen. Aber wo ist der Fahrbahnrand bei einer Baustelle? Was nicht alle Polizisten und Strafreferenten wissen, ist längst durch Judikatur abgesichert. Der Fahrbahnrand verschiebt sich neben die Baustelle. Somit darf außerhalb der Baustelle geparkt werden. Natürlich nur dann, wenn kein Halteverbot vorhanden ist und falls genügend Platz übrig bleibt (2,5 m in Einbahnstraßen, 5 m bei 2-spurigen Fahrbahnen).

Antworten: (1.b) (2.a) (3.b, c und d)

Transportable Halteverbote

Regina hat „Nie mehr Strafe zahlen" gelesen. Daher weiß sie, dass transportable Halteverbote nicht immer gelten. Jedes Verkehrszeichen bedarf einer behördlichen Genehmigung. Da mit transportablen Halteverboten sehr viel Missbrauch getrieben wird, muss die Genehmigungsnummer angeschrieben sein. In der Praxis wird oft das Genehmigungsschreiben der Behörde ans Verkehrszeichen geheftet. Das ist optimal. Es genügt aber auch, wenn die Genehmigungszahl auf der Rückseite der Halteverbotstafel steht. Fehlt diese Zahl, dann ist das Halteverbot nicht gültig. Die Verkehrszeichen müssen zusätzlich mit „Anfang" und „Ende" versehen sein. Und noch etwas darf nicht fehlen: die Zeitangabe. Diese muss auf einer Zusatztafel angeschrieben sein. Fehlt auch nur eines dieser Merkmale, dann gilt das Halteverbot nicht!

Regina findet dennoch einen Strafzettel hinter der Windschutzscheibe vor. Eine Vorsprache im Wachzimmer verläuft unerfreulich. Obwohl das Halteverbot keine Anfangtafel, keine Zeitangabe und keine Genehmigungsnummer trägt, wird Regina angezeigt. Das Argument des Polizisten: „Das Halteverbot wurde korrekt genehmigt. Einen Tag vorher waren auch noch alle Tafeln vorhanden." Was kann Regina jetzt machen? Ob sie Strafe zahlt oder nicht, wird eine Beweisfrage. Welche Beweise kann Regina vorbringen, um straflos zu bleiben?

Zeugen, die Reginas Angaben bestätigen können. Das können Beifahrer oder andere „Falschparker" sein. Ein Foto von der Halteverbotstafel tuts genau so. Es muss erkennbar sein, dass die Tafel nicht korrekt ausgeführt ist. Dann bleibt Regina straflos!

Kurzparkzonentafel falsch

Am 5. Juli 2000 erlaube ich mir einen Test. Klosterneuburg, Stadtplatz, eine Kurzparkzone. Am Verkehrsständer der Kurzparkzonentafel sind zusätzlich eine Campingtafel und eine Parkhaustafel befestigt.

Das ist gesetzlich nicht zulässig. Nur wenige Minuten vergehen, bis ich von den emsigen Angestellten der Stadt Klosterneuburg mit einem Strafzettel (Organstrafverfügung, öS 200,--) beglückt werde. Den Damen ist das Gesetz anscheinend egal. Obwohl die Kurzparkzone nicht gilt, schickt mir die BH Wien Umgebung am 26. 9. 2000 eine Anonymverfügung (öS 300,--). Binnen 4 Wochen muss ich bezahlen, sonst wird die Strafe höher. Zusätzlich erhalte ich eine Vormerkung in der Strafkartei. Das steht auf der Rückseite.
Am 13. 12. 2000 flattert eine Strafverfügung ins Haus:

Sie haben als Fahrzeuglenker folgende Verwaltungsübertretung begangen: Zeit 5. 7. 2000, 14. 05 bis 14. 11 Uhr, Klosterneubrug, Stadtplatz Nr. 31. Tatbeschreibung: In der abgabepflichtigen Kurzparkzone gehalten, ohne gültigen Parkschein ... Verhängte Strafe: öS 400,-- oder 15 Stunden Haft ...

Obwohl es noch keine Lenkerauskunft gegeben hat, bezeichnet mich die BH bereits als Lenker. Auch nicht schlecht. Im Einspruch weise ich auf die falsche Beschilderung hin. Am 28. Februar 2001 benachrichtigt mich die BH Tulln von der Beendigung des Verwaltungsstrafverfahrens Von einer Entschuldigung für die falsche Anschuldigung ist keine Rede. Die Arbeitszeit für den Einspruch gegen die Strafverfügung ist mein Bier. Auch wenn ein ganz offensichtlicher Fehler der Behörde vorliegt. Tatsächlich habe ich mit dem Fall mehr Zeit verbracht, als die öS 200,-- wert sind. Aber mir geht es nicht um das Geld oder die Zeit. So kann ein Staat mit seinen Bürgern nicht umgehen. Außer diese lassen es sich gefallen. Um anderen Autofahrern Geld zu ersparen, informiere ich die Zeitung. Klosterneuburg hat eine angesehene NÖN- Redaktion, die in der darauffolgenden Ausgabe berichtet. Einige Autofahrer ersparen sich dadurch Geld. Aber damit ist die Angelegenheit nicht beendet. Jetzt tritt der zuständige Stadtpolitiker auf den Plan. In einem NÖN-Interview beschimpft er mich. Was ich mir eigentlich einbilde. Ja, lieber Herr Stadtrat, Gesetze gelten für Bürger und Stadträte gleichermaßen.

Statt einer Entschuldigung werde ich vom zuständigen Stadtpolitiker noch beschimpft

Fragen

1. ***Wenn ich die Strafe bezahlt hätte, würde ich nach dem gewonnenen Verfahren mein Geld zurückbekommen?***

a: Ja

b: Nein. Sobald eine Organstrafverfügung bezahlt wird, ist das Verfahren beendet. Es gibt keine Möglichkeit, sein Geld zurückzubekommen.

2. ***Gilt ein Verkehrszeichen, wenn am selben Ständer ein zweites Verkehrszeichen befestigt ist?***

a: Ja

b: Nein

3. *Gilt ein Verkehrszeichen, wenn am Ständer ein Tafel, die nicht in der StVO als Verkehrszeichen abgebildet ist, zusätzlich montiert ist?*

a: Ja, eine "verkehrsfremde" Tafel darf befestigt sein.

b: Nein, keine einzige "verkehrsfremde" Tafel darf befestigt sein.

Kurzparkzone
Fehlende Tafel

Bei großen Zonen, wie Wiens innere Bezirke, muss bei jeder Zufahrtsmöglichkeit eine Tafel stehen. Bodenmarkierungen genügen nicht. Fehlt eine einzige Tafel (häufig bei Baustellen oder umgedrehten Einbahnen), ist die gesamte Zone ungültig. Vorausgesetzt Sie sind bei genau dieser Zufahrt in die Zone eingefahren. Ob es ein Zufall ist, dass Schlupflochprofis immer genau diese Zufahrtsmöglichkeit erwischen?

Kurparkzone
Schonfrist

Was machen Sie in einer Kurzparkzone ohne Parkschein? Nicht überall stehen Automaten. Und falls welche stehen, hat nicht jeder Kleingeld bei sich. In fast allen Städten mit gebührenpflichtigen Kurzparkzonen gilt eine Schonfrist von 10 Minuten. Diese Zeit kann genutzt werden, um Parkscheine zu kaufen oder kurze Erledigungen zu tätigen. Sie müssen allerdings die Zeit aufschreiben und dies deutlich sichtbar im Auto hinlegen. Ob eine Schonfrist in Ihrer Stadt gilt, erfragen Sie am besten bei Magistrat, Rathaus, BH oder Exekutive.

Antworten: (1.b) (2.a) (3.b)

Gesetzestext
§ 48. Anbringung der Straßenverkehrszeichen.

(1) Die Straßenverkehrszeichen (§§ 50, 52 und 53) sind als Schilder aus festem Material unter Bedachtnahme auf die Art der Straße und unter Berücksichtigung der auf ihr üblichen Verkehrsverhältnisse, namentlich der darauf üblichen Geschwindigkeit von Fahrzeugen, in einer solchen Art und Größe anzubringen, daß sie von den Lenkern herannahender Fahrzeuge leicht und rechtzeitig erkannt werden können. Im Verlauf derselben Straße sind womöglich Straßenverkehrszeichen mit gleichen Abmessungen zu verwenden.

(1a) Abweichend von Abs. 1 können für Straßenverkehrszeichen auch optische (Glasfasertechnik) oder elektronische Anzeigevorrichtungen verwendet werden; in diesem Falle können die Straßenverkehrszeichen abweichend von den Abbildungen in den §§ 50 und 52 auch „farbumgekehrt" (der weiße Untergrund schwarz und die schwarzen Symbole sowie die schwarze Schrift weiß) dargestellt werden.

(2) Die Straßenverkehrszeichen sind auf der rechten Straßenseite oder oberhalb der Fahrbahn anzubringen, sofern sich aus diesem Bundesgesetz nichts anderes ergibt. Die zusätzliche Anbringung an anderen Stellen ist zulässig. Auf Autobahnen sind Gefahrenzeichen und Vorschriftszeichen auf beiden Seiten oder oberhalb der Fahrbahn anzubringen, ausgenommen auf Streckenteilen, die in der jeweiligen Fahrtrichtung nur einen Fahrstreifen aufweisen, oder in Gegenverkehrsbereichen.

(3) Bei Arbeitsfahrten gemäß § 27 Abs. 1 können Straßenverkehrszeichen an Fahrzeugen des Straßendienstes angebracht werden. Solcherart angebrachte Straßenverkehrszeichen gelten nur für den Bereich der Arbeitstätigkeit; das Ende einer Beschränkung ist daher in diesem Falle nicht anzuzeigen. Beim Anbringen von Straßenverkehrszeichen an Fahrzeugen des Straßendienstes finden auch die Bestimmungen des Abs. 2 über das beiderseitige Anbringen von gefahrenzeichen und Vorschriftszeichen auf Autobahnen und des § 52 Z 4a und 4c über das beiderseitige Anbringen der dort angeführten Zeichen keine Anwendung.

(4) Auf einer Anbringunsvorrichtung für Straßenverkehrszeichen (wie Standssäulen, Rahmen, Träger u. dgl.) dürfen nicht mehr als zwei Straßenverkehrszeichen angebracht werden; dies gilt nicht für eine Kundmachung nach § 25 Abs. 2 oder § 44 Abs. 4 sowie für

die Anbringung der Hinweiszeichen „Wegweiser" oder die Anbringung von Straßenverkehrszeichen, deren Inhalt miteinander in Zusammenhang steht.

(5) Der Abstand zwischen dem unteren Rand eines Straßenverkehrszeichens und der Fahrbahn darf bei seitlicher Anbringung nicht weniger als 0,60 m und nur in Ausnahmefällen mehr als 2,20 m, bei Anbringung oberhalb der Fahrbahn nicht weniger als 4,50 m und nur in Ausnahmefällen mehr als 5,50 m betragen, sofern sich aus den Bestimmungen dieses Bundesgeseztes bei einzelnen Straßenverkehrszeichen nichts anderes ergibt. Bei seitlicher Anbringung darf der seitliche Abstand zwischen dem der Fahrbahn zunächst liegenden Rand eines Straßenverkehrszeichens und dem Fahrbahnrand im Ortsgebiet nicht weniger als 0,30 m und nur in Ausnahmefällen mehr als 2 m, auf Freilandstraßen nur in Ausnahmefällen weniger als 1 m und mehr als 2,50 m betragen. Sind auf einer Anbringungsvorrichtung mehr als ein Straßenverkehrszeichen angebracht, so gelten bei untereinander angebrachten Zeichen die Maßangaben bezüglich des Höhenabstandes für das untere Zeichen, bei nebeneinander angebrachten Zeichen die Maßangaben bezüglich des Seitenabstandes für das näher der Fahrbahn angebrachte Zeichen. Die weiteren Zeichen sind in einem solchen Fall entsprechend den Größenverhältnissen anzubringen.

(6) Wenn es die Verkehrssicherheit erfordert, insbesondere bei unübersichtlichem Straßenverlauf, sind in angemessener Entfernung vor einem nach den Bestimmungen der §§ 49, 50, 52 oder 53 angebrachten Straßenverkehrszeichen ein oder mehrere gleiche Zeichen - ausgenommen beim Zeichen „Halt" - anzubringen, unter denen auf einer Zusatztafel nach § 54 Abs. 5 lit. a die Entfernung bis zu der Straßenstelle anzugeben ist, auf die sich das Straßenverkehrszeichen bezieht. Dies gilt insbesondere für die Gefahrenzeichen „Fußgängerübergang" und „Voranzeiger für Verkehrsampel", für die Vorschriftszeichen „Vorrang geben" und „Wartepflicht bei Gegenverkehr" sowie für das Hinweiszeichen „Krankenhaus". Wird das Vorschriftszeichen „Halt" vorangekündigt, so ist hiefür das Vorschriftszeichen „Vorrang geben" mit einer Zusatztafel nach § 54 Abs. 5 lit. c zu verwenden

Falsch

PRIVAT-
PARKPLATZ
KUNDEN

19., Heiligenstädter
Straße 134
☎ 370 91 00
ausgenommen
PKW.
Anfang
Ende

Gürtelradweg
Anfang

60
221
gebührenpflichtig
Parkdauer: 2 Std.

ARBÖ
400 m

STOP
ÖAMTC
Bürogebäude

Kurzparkzone

Rene' S. will wissen:

Wie kann garantiert werden, dass Parkraumüberwacher nicht einfach willkürlich Strafzettel verteilen? Theoretisch kann er einen aufschreiben, weil kein Parkschein im Auto war, obwohl einer drinnen war. Der Beweis wird mir aber kaum gelingen. Diese Leute haben eindeutig zu viel Macht. Wie können die "Park-Sheriffs" objektiv beurteilen, wenn sie (angeblich) Kopfgeld für jeden Parksünder bekommen??

Lieber Rene': Grundsätzlich kann Missbrauch nicht ausgeschlossen werden. Wir empfehlen daher bei falschen Beanstandungen Beschwerde einzubringen. Sollten sich diese Beschwerden häufen, dann müssen die Vorgesetzten reagieren. Der Beweis gegen eine falsche Strafe gelingt nur mit Zeugen. Aber Schlupflochprofis wissen sich auch anders zu helfen.

Karl-Heinz will wissen, ob Kurzparkzonen auch für Motorräder und Cabrios gelten.

Motorräder sind in der Regel von der Gebühr befreit. Warum nur in der Regel? Jede Stadt, die für Kurzparkzonen Gebühren einhebt, legt in einer Verordnung fest, ob Zweiräder bezahlen müssen oder nicht. Wir kennen keine Stadt, in der Zweiräder zahlen. Aber es ist durchaus möglich. Cabrios fallen nicht unter diese Ausnahme. Wenn aus einem Cabrio der Kurparkschein entwendet wird, dann ist es eine Glaubens-(oder Beweis-)frage. Haben Sie einen Zeugen, dann sparen Sie sich die Strafe. Haben Sie keinen Zeugen und keinen Beweis, dass ein Kurzparkschein ausgefüllt wurde, dann sind Sie auf das Wohlwollen des Strafreferenten angewiesen. Wie es sich mit diesen am besten redet, können Sie im Abschnitt C nachlesen. Schlupflochprofis wissen, wie sie sich verhalten, wenn auch Reden nichts nützt.

Kurzparkzone

Ludwig hat gelegentlich in Wien zu tun. Einmal muss er zur Mittagszeit in die Innenstadt. Trafiken und Banken, wo er normalerweise Kurzparkscheine kauft, haben geschlossen. Für 20 bis 30 Minuten, denkt er, wird es schon ohne Kurzparkschein gehen. Denkste! Zurück beim Auto sieht er den Strafzettel samt Erlagschein. Ludwig ruft die angeführte Telefonnummer an. Der netten Dame des Magistrats erklärt er seine Situation. Das hilft nichts, meint sie. Er muss zahlen. Abschließend fragt Ludwig die Dame, wo er einen Kurzparkschein bekommen hätte, zumal Trafiken und Banken in der Mittagszeit geschlossen sind. Die Dame vom Magistrat meint lapidar, das sei nicht ihr Problem, und legt auf. Da er den Erlagschein nicht bezahlt, kommt eine Anonymverfügung. Als Nächstes erhält Ludwig eine Strafverfügung. Am 14. Tag erhebt er Einspruch. Dieser wird abgewiesen. Erst jetzt, 6 Monate später, gibt Ludwig an, dass nicht er, sondern seine Frau Hedi mit dem Auto gefahren ist. Nun bekommt Hedi eine Strafverfügung. Sie erhebt Einspruch unter Hinweis auf die Verfolgungsverjährung von 6 Monaten. Hedwig muss dennoch zahlen. Bei Kurzparkzonendelikten müssen wir beachten:
Immer wenn eine Gebühr zu bezahlen ist, handelt es sich um ein abgabenrechtliches Delikt (ein Jahr Verfolgungsverjährung). Ist keine Gebühr zu bezahlen, handelt es sich um ein Delikt nach der StVO (6 Monate Verfolgungsverjährung).

Frage

Wann tritt bei gebührenpflichtigen Kurzparkzonen die Verfolgungsverjährung ein?

a: Nach 6 Monaten wie bei allen Straßenverkehrsdelikten.
b: Nach 12 Monaten, da es sich um ein abgabenrechtliches Delikt ("Steuerdelikt") handelt.

Antwort: (b)

Polizisten als Falschparker

Herr J. ist an der Benützung des Gehsteiges ausgerechnet durch ein Polizeifahrzeug gehindert. Sein Ärger nimmt zu, als er die Polizisten in einer nahe gelegenen Pizzeria bemerkt. Herr J. zeigt die Polizisten wegen Falschparkens an.

Der Fall durchwandert die Instanzen und wird vom Unabhängigen Verwaltungssenat (UVS) entschieden. Der VwGH bestätigt den Bescheid. Der falsch parkende Polizist muss öS 500,-- Strafe zahlen oder für 12 Stunden in den Arrest. Der Polizist hat sich im Verfahren damit gerechtfertigt, dass er für eine alte Frau eine Pizza geholt habe. Den Namen der Frau wollte er nicht nennen. Aus Zeitgründen, falls ein Einsatz komme, wollte er den Funkwagen in der Nähe abstellen. Da kein Parkplatz zu finden war, hat der Herr Inspektor eben falsch geparkt.

Der UVS anerkennt zwar die gute Tat und auch die Überlegung, für einen Einsatz den Funkwagen in der Nähe zu haben. Recht muss jedoch Recht bleiben, daher die Strafe für den Polizisten.

Kenner der Angelegenheit sagen dazu noch: Wie man in den Wald hineinruft, so kommt es zurück. Herr J. hat sich bei den Polizisten angeblich über ihren falsch geparkten Funkwagen beschwert. Diese waren angeblich unwirsch zu ihm, worauf er sich entschloss den falsch parkenden Polizisten anzuzeigen.

Ladezone

Wer in Städten beruflich auf das Auto angewiesen ist, der kennt die Parkplatzmisere. Wer zusätzlich Ladetätigkeiten verrichtet wie Erwin, der ist doppelt geküsst. Einen sperrigen Karton, ca. 15 kg schwer, muss Erwin in der Mariahilfer Straße in Wien abliefern. Eine Ladezone befindet sich fast vor der Türe. Erwin atmet auf. Für die Zeit der Ladetätigkeit muss er keinen Kurzparkschein ausfüllen, obwohl die Ladezone innerhalb der Kurzparkzone liegt. Für die Lieferung erhält er eine Unterschrift auf dem Lieferschein. Die zuständige Dame führt ein längeres Telefonat. Erwin wartet ungeduldig. Beim Auto findet er einen Strafzettel. Falsch parken in einer Ladezone, da innerhalb von 20 Minuten (10.22 Uhr bis 10.42 Uhr) keine Ladetätigkeit verrichtet wurde. Erwin ruft bei der Behörde an und erklärt seine Situation. "Das kann jeder behaupten" bekommt er zu hören. Es folgt eine Anonymverfügung. Erwin soll innerhalb von 4 Wochen zahlen. Tut er nicht! Dann kommt die Strafverfügung. Erwin erhebt Einspruch.

Erwin N. Adresse

Betreff: Einspruch gegen die Strafverfügung Nr. ...

Sehr geehrte Damen und Herren!
Ich erhebe Einspruch. Als Beweis für die Ladetätigkeit lege ich den Lieferschein in Kopie bei. Die Empfangsdame (Name und Adresse der Firma) kann das als Zeugin bestätigen.

Hochachtungsvoll
Erwin N.

Die Behörde stellt darauf das Verfahren ein. Der Lieferschein hat als Beweis genügt. Die Zeugin wird nicht befragt. Früher hätte Erwin murrend bezahlt. Seit „Nie mehr Strafe zahlen" ist das anders. Statt sich ärgern lieber einen Einspruch schreiben und der Behörde faxen.

Beachte:
Erwin hatte Glück. Der VwGH (24. 11. 1993, ZVR 1995/71) sagt, dass längere Wartezeiten für die Übernahme der Ware keine Ladetätigkeit darstellen. Nach dieser Entscheidung müsste Erwin das Ladegut abliefern, zum Auto gehen, einen Parkplatz suchen und wieder ins Geschäft zurückkehren, um sich die Unterschrift zu holen. Das ist natürlich Unsinn. Daher ist es wichtig, in einer solchen Situation den Ladevorgang zu schildern. Etwa so:

10.20 Uhr	**Einparken in der Ladezone, ausladen**
10.25 Uhr	**Eintreffen im Geschäft mit dem Ladegut**
10.30 Uhr	**Finde die zuständige Dame, übergebe das Ladegut; wird kontrolliert und bestätigt**
10.40 Uhr	**Verlassen des Geschäftes**
10.45 Uhr	**Eintreffen beim Auto**

Jetzt ist klar, dass die Ladetätigkeit ohne Verzögerung durchgeführt worden ist. Der VwGH (21. 9. 1988, ÖJZ 1990/36) sagt, dass die Vollständigkeitskontrolle nicht mehr zur Ladetätigkeit gehört.

Beachte: Falls Sie in einer Ladezone geladen, dann aber längere Zeit mit der Ware im Geschäft (Lager) zu tun hatten, dann begründen Sie bitte im Einspruch, warum es nicht möglich war, in der Zwischenzeit einen anderen Parkplatz zu suchen. So ist die Verantwortung über die Ware, die vor der Übernahme nicht aus den Augen gelassen werden darf, eine gute Begründung.

Ladegut: Einzelne, leichte Gegenstände genügen nicht, um in einer Ladezone zu parken. Es muss schon ein sperriger oder schwerer Gegenstand sein. Als unterste Grenze gilt eine Mineralwasserkiste.

Zeit: Solange ohne Unterbrechung geladen wird, darf die Ladezone benutzt werden. Auch wenn es Stunden dauert. In Ladezonen dürfen Sie kurz zum Ein- und Aussteigen halten.

3 *Abschleppen*

Oje, oje, das Auto ist weg

Abschleppen verursacht mehrere Probleme. Sie müssen das Fahrzeug von einem (meist) weit entfernten Platz abholen. Sie müssen zahlen - und gar nicht so wenig. Bei Verkehrsdelikten ist der Fahrzeuglenker zu bestrafen.
Beim Abschleppen haftet dagegen der Zulassungsbesitzer! Einzige Chance, auch hier straflos davonzukommen, wenn das Fahrzeug gesetzwidrig abgeschleppt worden ist.. Bei der Beurteilung, ob Sie zu Recht oder Unrecht abgeschleppt wurden, müssen Sie das Gesetz genau lesen (siehe Anhang des Kapitels).
Wir unterscheiden Abschleppungen, die zulässig sind, obwohl keine konkrete Behinderung besteht, und Abschleppungen, für die eine konkrete Behinderung gegeben sein muss.
Hier ein Abschleppgrund ohne konkrete Behinderung:
§ 89a Abs. 2 Z. b StVO:
... der im Bereich eines Halte- und Parkverbotes abgestellt ist, das aus Gründen der Sicherheit erlassen worden und durch das VZ. mit der Zusatztafel Abschleppzone kundgemacht ist.

Hier ein Beispiel, wann eine konkrete Behinderung vorliegen muss: § 89a Abs. 2a Z. c:
... wenn der Lenker ...am Zufahren zu einer Ladezone ... gehindert ist (...)
Also muss ein anderes Fahrzeug bei einer Ladezone tatsächlich am Zufahren zur Ladetätigkeit gehindert sein, um eine Abschleppung zu rechtfertigen. Dieses andere Fahrzeug muss selbstverständlich in der Anzeige vermerkt sein. Gibt es keine konkrete Behinderung, dann ist die Abschleppung aus der Ladezone nicht zulässig. Lesen Sie daher bitte genau den Gesetzestext durch um zu erkennen, ob Sie rechtens abgeschleppt wurden. Falls nicht, haben Sie allerdings den beschwerlichen Weg einer Maßnahmenbeschwerde vor sich.

Rechtsanwalt!

Dringend abraten müssen wir von einer Maßnahmenbeschwerde ohne Rechtsunterstützung, falls Sie mit dieser Rechtsmaterie nicht sehr vertraut sind!

Gesetzestext:

§ 89a. Entfernung von Hindernissen.

(1) Die Lenker von Fahrzeugen haben dafür zu sorgen, daß Steine oder andere Gegenstände, die unter die Räder des Fahrzeuges gelegt worden sind, um das Abrollen zu verhindern, vor der Weiterfahrt von der Straße entfernt werden. Kann mit einem Fahrzeug wegen einer Betriebsstörung die Fahrt nicht fortgesetzt werden, so hat der Lenker, wenn das Fahrzeug ein Hindernis bildet, für die eheste Entfernung des Fahrzeuges von der Fahrbahn zu sorgen.

(2) Wird durch einen Gegenstand auf der Straße, insbesondere durch ein stehendes Fahrzeug, mag es betriebsfähig oder nicht betriebsfähig sein, durch Schutt, Baumaterial, Hausrat und dergleichen der Verkehr beeinträchtigt, so hat die Behörde die Entfernung des Gegenstandes ohne weiteres Verfahren zu veranlassen. Die Entfernung ist ferner ohne weiteres Verfahren zu veranlassen

a) bei einem Gegenstand, bei dem zu vermuten ist, daß sich dessen der Inhaber entledigen wollte, sowie bei einem ohne Kennzeichentafeln abgestellten Kraftfahrzeug oder Anhänger und

b) bei einem Gegenstand (Fahrzeug, Container u. dgl.), der im Bereich eines Halte- und Parkverbotes abgestellt ist, das aus Gründen der Sicherheit erlassen worden und durch das Vorschriftszeichen nach § 52 Z 13b mit einer Zusatztafel „Abschleppzone" (§ 54 Abs. 5 lit. j) kundgemacht ist.

(2a) Eine Verkehrsbeeinträchtigung im Sinne des Abs. 2 ist insbesondere gegeben,

a) wenn Schienenfahrzeuge nicht unbehindert fahren können,

b) wenn der Lenker eines Omnibusses des Kraftfahrlinienverkehrs am Vorbeifahren oder Wegfahren, am Zufahren zu einer Haltestelle oder zu einer Garage oder am Befahren eines Fahrstreifens für Omnibusse gehindert ist,

c) wenn der Lenker eines sonstigen Fahrzeuges am Vorbeifahren oder Wegfahren oder am Zufahren zu einer Ladezone oder zu einer Garagen- oder Grundstückseinfahrt gehindert ist,

d) wenn ein Fahrzeug, bei dem kein Ausweis im Sinne des § 29b Abs. 4 angebracht ist, auf einem gemäß § 43 Abs. 1 lit. d freigehaltenen Abstellplatz abgestellt ist oder wenn der Inhaber eines Ausweises nach § 29b Abs. 1 oder 5 am Zufahren zu einem solchen Abstellplatz gehindert ist,

e) wenn Fußgänger, insbesondere auch Personen mit Kinderwagen oder Behinderte mit Rollstuhl, an der Benützung eines Gehsteiges, eines Gehweges oder eines Geh- und Radweges gehindert sind,

f) wenn Radfahrer an der Benützung eines Radfahrstreifens, eines Radweges oder eines Geh- und Radweges gehindert sind,

g) wenn ein Fahrzeug auf einem Schutzweg, auf einer Radfahrerüberfahrt oder vor einer Behindertenrampe abgestellt ist oder

h) wenn ein Fahrzeug, das nicht ein Omnibus ist, auf einer für Omnibusse vorbehaltenen Fläche („Buszone") abgestellt ist.

i) wenn der Lenker eines Taxifahrzeuges oder einer Fiakerkutsche am Zufahren zum Standplatz gehindert ist.

(3) Im Falle der Unaufschiebbarkeit sind auch die Organe der Straßenaufsicht, des Straßenerhalters, der Feuerwehr oder eines Kraftfahrlinien- oder Eisenbahnunternehmens berechtigt, unter den im Abs. 2 genannten Voraussetzungen die dort bezeichneten Gegenstände zu entfernen oder entfernen zu lassen. Dies gilt insbesondere auch bei Vorliegen der Voraussetzungen für unaufschiebbare Verkehrsbeschränkungen nach § 44b Abs. 1.

(4) Von der Entfernung des Gegenstandes nach Abs. 2 und von dem Ort der Verbringung ist sowohl die dem Orte der bisherigen Aufstellung oder Lagerung am nächsten gelegene als auch die hiefür örtlich zuständige Polizei- oder Gendarmeriedienststelle unverzüglich zu verständigen. Von einer Entfernung des Gegenstandes nach Abs. 3. ist darüber hinaus die Behörde unverzüglich zu verständigen. Die Polizei- bzw. Gendarmeriedienststelle hat alle die Verbringung betreffenden Auskünfte zu erteilen.

(5) Sofern der Gegenstand noch nicht übernommen worden ist, hat die Behörde innerhalb einer Frist von einer Woche nach dem Entfernen des Gegenstandes den Eigentümer, im Falle des Entfernen eines zum Verkehr zugelassenen Kraftfahrzeuges oder Anhängers jedoch den Zulassungsbesitzer, durch Zustellung zu eigenen Handen (§ 24 AVG 1950) aufzufordern, den Gegenstand innerhalb einer Frist von sechs Monaten, einen im letzten Satz des Abs. 2 genannten Gegenstand aber innerhalb einer Frist von zwei Monaten, gerechnet vom Tage der Zustellung, zu übernehmen. Die Bestimmung des § 29 AVG 1950 über die Zustellung an Personen, deren Wohnung unbekannt ist, gilt in diesem Falle sinngemäß, wenn die Person, an welche die Aufforderung zu richten wäre, nicht festgestellt werden kann.

(6) Nach erfolglosem Ablauf der gemäß Abs. 5 gesetzten Frist geht das Eigentum am entfernten Gegenstand auf den Erhalter jener Straße über, von der der Gegenstand entfernt worden ist. Dieser Eigentumsübergang findet jedoch nicht statt, wenn

a) der Gegenstand zu einem Zeitpunkt aufgestellt oder gelagert worden ist, zu dem die Voraussetzungen zur Entfernung nach Abs. 2 oder 3 noch nicht vorlagen und dem Inhaber des Gegenstandes der bevorstehende Eintritt der Voraussetzungen nicht bekannt war und

b) die Aufstellung oder Lagerung nicht schon von Anbeginn gesetzwidrig war.

(7) Das Entfernen und Aufbewahren des Gegenstandes erfolgt auf Kosten desjenigen, der im Zeitpunkt des Aufstellens oder Lagerns des Gegenstandes dessen Inhaber, bei zum Verkehr zugelassenen Kraftfahrzeugen oder Anhängern dessen Zulassungsbesitzer war. Die Kosten sind vom Inhaber, bei zum Verkehr zugelassenen Kraftfahrzeugen oder Anhängern vom Zulassungsbesitzer oder deren Erfüllungsgehilfen (Beauftragten) bei der Übernahme des Gegenstandes zu bezahlen. Wird der Gegenstand innerhalb der gemäß Abs. 5 festgesetzten Frist nicht übernommen oder die Bezahlung der Kosten verweigert, so sind die Kosten dem Inhaber des entfernten Gegenstandes, bei zum Verkehr zugelassenen Kraftfahrzeugen dem Zulassungsbesitzer mit Bescheid vorzuschreiben. Ist der Gegenstand widerrechtlich entzogen worden, so sind die Kosten demjenigen vorzuschreiben, der den Gegenstand entzogen hat.

Ist der Gegenstand jedoch zu einem Zeitpunkt aufgestellt oder gelagert worden, zu dem die Voraussetzungen zur Entfernung nach Abs. 2 oder 3 noch nicht vorlagen, so sind die Kosten für die Entfernung, Aufbewahrung und Übernahme des Gegenstandes und die Gefahr der Entfernung und Aufbewahrung von dem Rechtsträger zu tragen, dessen Organ die Entfernung veranlaßt hat, es sei denn, daß dem Inhaber der bevorstehende Eintritt der Voraussetzung bekannt war oder daß die Aufstellung oder Lagerung von Anbeginn gesetzwidrig war. Eine Kostenvorschreibung nach Ablauf von drei Jahren nach Entfernung des Gegenstandes ist unzulässig.

(7a) Die Höhe der zu bezahlenden Kosten (Abs. 7) kann durch Verordnung in Bauschbeträgen (Tarifen) gestaffelt bei Fahrzeugen nach der Art, sonst nach Größe oder Gewicht der Gegenstände auf Grund einer Ausschreibung nach dem kostengünstigsten Angebot festgesetzt werden. Die Festsetzung ist derart vorzunehmen, daß die notwendigen, der Behörde aus der Entfernung und Aufbewahrung der Gegenstände tatsächlich erwachsenden durchschnittlichen Kosten gedeckt sind. Hiezu gehören insbesondere die Kosten des Einsatzes der Transportfahrzeuge, der Entlohnung des für das Entfernen benötigten Personals, der Amortisation der Geräte sowie der Errichtung, des Betriebes, der Erhaltung, der Sicherung und der Bewachung des Ortes der Aufbewahrung, wobei jedoch jene Kosten unberücksichtigt zu bleiben haben, die die Behörde aus dem allgemeinen

Aufwand zu tragen hat. Die für die Aufbewahrung der Gegenstände zu entrichteten Bauschbeträge sind nach der Dauer der Verwahrung zu bestimmen.

(8) Durch Bestimmungen der Abs. 2 und 7 werden Rechtsvorschriften über gefundene oder vom Eigentümer preisgegebene Sachen nicht berührt.

4 Blinken

Ronny D. blinkt nicht gerne

Ja darf er denn das? Ronny fährt - es ist laut Anzeige der Polizei 00.43 Uhr - über die Reichsbrücke in den 22. Bezirk. Er war den ganzen Tag in der Arbeit, saß am Steuer seines Autobusses, und da viel Verkehr gewesen ist, macht sich Müdigkeit breit. Obwohl auf der Reichsbrücke um diese Zeit kaum Verkehr ist, fährt vor ihm auf der 1. Spur "ein Schleicher" (Ausdruck von Ronny) dahin. Mit 60 km/h um diese Nachtzeit, wie soll er da jemals rechtzeitig zu seiner Susi nach Hause kommen? Ronny gibt seinem Prelude die Sporen, wirft sich auf die linke Spur und überholt den "Schleicher". Sechs Wochen später erhält er eine Strafverfügung, in der ihm vorgeworfen wird, er habe damals ein auf der rechten Spur fahrendes Fahrzeug überholt und die Spur gewechselt, ohne diese Fahrtrichtungsänderung durch Blinken anzuzeigen.

Ronny ist verwundert. Nicht darüber, damals möglicherweise nicht geblinkt zu haben. Das passiert ihm öfter. Verwundert ist er vielmehr darüber, dass dies ein "Kieberer" gesehen haben soll. Ronny erinnert sich dunkel, dass damals außer ihm und dem "Schleicher" niemand auf der Reichsbrücke war. Der Polizist muss wohl hinter einem Laternenmast gelauert haben. Ronny hat "Nie mehr Strafe zahlen" gelesen. Also weiß er, er hat nur dann zu blinken, wenn die Notwendigkeit besteht, da sich andere Verkehrsteilnehmer auf sein Fahrmanöver einstellen müssen. Ronny schreibt:

Ronny D.
Adresse ...
Betreff: Einspruch gegen die Strafverfügung Nr.

An die Behörde ...
Sehr geehrter Herr Polizist!
Wenn Sie mich schon aufschreiben und mich strafen, weil ich meinen Blinker nicht herausgegeben habe,

so müssen Sie mich jetzt noch informieren, wen ich dabei behindert habe. Ich erinnere mich, dass ich außer dem "Schleicher", den ich überholt habe, das einzige Fahrzeug auf der Brücke gewesen bin. Und wegen der anderen Verkehrsteilnehmer glaube ich mich erinnern zu können, daß Fußgängerverkehr auf der Fahrbahn der Reichsbrücke verboten ist. Außerdem müssen Sie mir sagen, wo genau Ihr Standort gewesen ist, damit ich erfahre, wie Sie hinter Ihren Laternenmast gekommen sind.

Vorzügliche Grüße
auch an die Behörde
Ihr Ronny D.

Obwohl der Strafreferent am Bezirkspolizeikommissariat wiederholt versucht vom anzeigenden Inspektor zu erfahren, welche anderen Verkehrsteilnehmer durch das Verhalten des Ronny D. behindert worden sind, kann der Polizist nur mehr sehr allgemeine Angaben machen. Er sagt, es seien damals sicher mehrere Autos auf der Brücke unterwegs gewesen. Weder über die Type noch über die Art und andere Details von Fahrzeugen, die behindert oder gefährdet worden sein könnten, kann der Inspektor Angaben machen. Auch sagt er über seinen Standort aus, dass er bereits auf der Wagramer Straße gestanden sei und die Übertretung aus der Entfernung gesehen habe. Der Strafreferent weiß, dass der Verwaltungsgerichtshof (VwGH v. 14. 5. 1997, 97/03/0017) ausgesagt hat, das Anzeigen eines Fahrstreifenwechsels oder einer Fahrtrichtungsänderung sei nur dann nötig, wenn dadurch andere Fahrzeuglenker oder Verkehrsteilnehmer behindert oder gefährdet würden. Dies muss auch in der Tatanlastung konkretisiert sein. Der Strafreferent muss auch begründen, warum und wer behindert oder gefährdet worden ist. Dies war in Ronnys Fall nicht möglich. Blinken ist nur dann erforderlich, falls das "Nichtanzeigen eine Behinderung oder Gefährdung für einen anderen Fahrzeuglenker oder Verkehrsteilnehmer darstellen würde". (Entscheidung des VwGH)

Blinken beim Überholen: Wer mit großem Geschwindigkeitsunterschied überholt, vom Überholten weit genug entfernt ist (seitlicher Abstand) und auch keine anderen Verkehrsteilnehmer in der Nähe sind, braucht nicht zu blinken (VwGH 97/03/0017 vom 14. 5. 1997).
Bei Abbiegegeboten nach links oder rechts muss nicht geblinkt werden.

Wann muss also geblinkt werden?
Immer wenn Sie den Fahrstreifen wechseln oder die Fahrtrichtung ändern und andere Straßenbenützer mittels Blinken darauf aufmerksam gemacht werden müssen. Das setzt voraus, dass andere Straßenbenützer (Autofahrer, Fußgänger usw.) überhaupt in der Nähe sind. Weiters darf das Nichtblinken für die anderen keine Behinderung oder Gefährdung verursachen.

5 Gurtepflicht

Silvia W. schreibt:
Ich höre verschiedene Meinungen zur Gurtepflicht. Wann muss ich wirklich bezahlen?

Liebe Silvia: Die Gurtepflicht trifft den Fahrzeuglenker und seine Beifahrer bei allen Sitzen, an denen Gurte vorhanden sind. Allerdings kann nur bestraft werden, wenn ein Polizist oder Gendarm das Delikt selbst gesehen hat. Es genügt also nicht, wenn Sie von einem bösen Nachbarn angezeigt werden.
Erinnern Sie sich an den Verkehrsminister S., der von einer Fernsehkamera beim Handytelefonieren erwischt wurde?
Er hat dafür nie Strafe bezahlt. Die Regelung ist genauso wie bei der Gurtepflicht. Nur wer von einem Polizisten oder Gendarmen "auf frischer Tat" erwischt wird, kann zur Kasse gebeten werden.

Wann besteht Befreiung von der Gurtepflicht?

- Bei Taxifahrern immer, wenn Fahrgäste im Auto sind.
- Bei Einsatzfahrzeugen im Einsatz (dann, wenn die Fahrt am gefährlichsten ist).
- Wenn gesundheitliche Gründe von der Behörde als Befreiung von der Gurtepflicht anerkannt werden.
- Bei Airbags, falls die Behörde diese als ausreichende Sicherheit beurteilt.

Wer ist verantwortlich (strafbar)?

Immer die Person selbst. Ausnahme: Bei unter 12-Jährigen liegt die Verantwortung (Strafbarkeit) beim Lenker. 13-Jährige sind für sich selbst verantwortlich, aber noch nicht strafmündig.

6 Privatsheriff

**Hallo, Herr Kleindienst!
Vielleicht haben Sie einen Tipp für mich.
Der Sachverhalt: Die "Dame" eines privaten Parkraumbewirtschaftungsdienstes hat mir im August einen "Strafzettel" (zur Bareinzahlung) hinter die Windschutzscheibe geklemmt. Vergehen: Habe in einer Kurzparkzone vergessen, die Parkscheibe rauszuhängen (war in Eile und die Dame war nicht mehr zu sehen/finden, ich musste dringend weg). In der Strafverfügung heißt es: Sie haben das mehrspurige Kfz in der Kurzparkzone abgestellt und dieses nicht mit einem entsprechenden Kurzparknachweis gekennzeichnet. Vergehen nach §§ 2 Abs. 1 Z. 1 Kurzparkzonen-Überwachungsverordnung und § 99 Abs. 3 lit. a StVO 1960. Mit welchem Argument kann ich die Strafverfügung bekämpfen? Diese "Damen" sind keine Polizistinnen ...! Sind die so gut geschult, dass sie die Übertretung zweifelsfrei feststellen können? Die Parkscheibe könnte doch auch irgendwie verrutscht sein?
Danke im Voraus.
Hannes S.**

Sorry, die Damen und Herren gelten als glaubwürdig. Es handelt sich um Organe im Dienste der Straßenaufsicht. Da hilft es nicht, wenn Sie ganz einfach das Gegenteil behaupten. Sie müssen schon Beweise (Zeugen oder Sonstiges) vorbringen, um straflos zu bleiben. Die Glaubwürdigkeit von Privatsheriffs unterliegt ebenfalls der freien Beweiswürdigung. Haben Sie keine Beweise für Ihre Unschuld, dann prüfen Sie doch, ob Sie ein Schlupfloch finden. Parkscheine, die herunterfallen, gehen zu Lasten des Lenkers. Laut Judikatur hat er sich zu vergewissern, dass der Parkschein gut sichtbar ist.

7 Privatstraßen

Sex auf der Privatstraße
Wir gehen der Frage nach, wo überall die Straßenverkehrsgesetze gelten. Dazu schreibt uns Herr N. aus Kärnten:

... Ich hatte ein Schäferstündchen mit einer Bekannten. Wir fuhren mit dem Auto von einer Weinstube auf ein Privatgrundstück, wo kein öffentlicher Verkehr stattfindet. Als wir gerade am Beifahrersitz lagen (Details lasse ich jetzt lieber aus), kam die Gendarmerie. Ich musste meinen Führerschein und Zulassungsschein hergeben. Da die Beamten Alkoholgeruch wahrnahmen, forderten sie mich zum Blasen auf. Zu diesem Zwecke musste ich auf die Dienststelle mitkommen, was ich überhaupt nicht verstand. Meine Bekannte musste nämlich im Auto, mitten im Wald zurückbleiben. Während die Beamten einschritten, war sie noch nackt. Ich verweigerte auf der Dienststelle den Alkotest, da ich behauptet hatte nicht der Lenker zu sein. Die Gendarmen nahmen mir den Führerschein ab. Dann konnte ich gehen. Inzwischen fuhren sie zu meinem Auto zurück und holten den Fahrzeugschlüssel. Meine Bekannte musste aus dem Auto aussteigen. Sie stand im Wald neben dem Auto, bis ich mit einem Taxi kam ...

Herr N. hat wegen der unkorrekten Behandlung beim Innenministerium Beschwerde erhoben. Sie wurde abgewiesen.
Eine Beschwerde beim UVS hätte bessere Erfolgsaussichten gehabt. Siehe dazu Kapitel 27 (Beschwerden).
Rechtlich sind für uns zwei Fragen interessant:

1) *Kann Herr N. wegen Lenken eines Kfz bestraft werden, wenn ihn die Gendarmen nicht beim Lenkens gesehen haben und er bestreitet, der Lenker zu sein?*
   Dieser Frage gehen wir gleich im nächsten Kapitel (Alkohol am Steuer) nach.

2) *Kann Herr N. auf einer Privatstraße bestraft werden?*
Antwort: Grundsätzlich JA. Das Gesetz sagt, dass die Straßenverkehrsordnung auch auf Privatstraßen gilt, wenn diese von jedermann unter den gleichen Bedingungen benutzt werden kann (§ 1 StVO).

Eine Privatstraße, die nicht für den öffentlichen Verkehr bestimmt ist, muss als solche deutlich gekennzeichnet sein.

Privatstraße ohne öffentlichen Verkehr

Privatstraße mit öffentlichem Verkehr

Treppelweg
Unser Freund Straflos junior hatte im ersten Buch eine Begegnung mit einem Inspektor. Und das auf einem Treppelweg. Der Inspektor dachte, wie übrigens viele seiner Kollegen auch, er müsse das Fahrverbot am Treppelweg kontrollieren. Tatsache ist, dass es sich bei Treppelwegen nicht um Straßen mit öffentlichem Verkehr handelt. Gültig ist die Wasserstraßen-Verkehrsordnung.

Aber was passiert bei einem Unfall mit Verletzten am Treppelweg? Bei Unfällen schreitet selbstverständlich die Exekutive (Polizei und Gendarmerie) ein. Allerdings im Auftrag der Gerichte und nicht nach den Vorschriften der Straßenverkehrsordnung.

8 Alkohol und Suchtgift am Steuer

Sex und Alkohol

Wir sind schon wieder bei Herr N. aus Kärnten (Kapitel Privatstraßen). Wir wissen, dass er von der Gendarmerie kontrolliert wurde. Zu diesem Zeitpunkt lag er auf dem Beifahrersitz. Unter ihm lag eine Frau. Herr N. hat den Alkotest verweigert. Er vertrat die Ansicht, dass die Gendarmen nicht berechtigt waren, ihn zum Blasen aufzufordern, wo er doch gerade sehr intim war. Leider hat er das Gesetz nicht auf seiner Seite.

§ 5 Abs. 2 StVO lautet:

(2) Organe des amtsärztlichen Dienstes oder besonders geschulte und von der Behörde hiezu ermächtigte Organe der Straßenaufsicht sind berechtigt, jederzeit die Atemluft von Personen, die ein Fahrzeug lenken, in Betrieb nehmen oder zu lenken oder in Betrieb zu nehmen versuchen, auf Alkoholgehalt zu untersuchen. Sie sind außerdem berechtigt, die Atemluft von Personen, ***die verdächtig sind****, in einem vermutlich durch Alkohol beeinträchtigten Zustand*

1. ein Fahrzeug gelenkt zu haben oder

2. als Fußgänger einen Verkehrsunfall verursacht zu haben, auf Alkoholgehalt zu untersuchen.

Das bedeutet: Es darf auch eine Person untersucht werden, die im Verdacht steht, gelenkt zu haben. Das bedeutet, auch wenn ich mit dem Auto irgendwo betrunken stehe, muss ich erst dorthin gekommen sein; oder es liegt ein Indiz dafür vor, dass ich mich dort betrunken habe. Eine leere Schnapsflasche im Auto zum Beispiel. Dann gibt es noch ein Grundproblem: Ob Alkotest oder nicht, der Führerschein ist (vorläufig) weg. Herr N. hätte klugerweise den Alkotest gemacht um dann zu untermauern, dass er nicht gefahren ist. Dann hätte er sehr gute Chancen gehabt, das Verfahren zu gewinnen.

Herr N. muss blasen!

Bewusstlos oder tot und Sie sind fein raus

Scherz beiseite. Sie müssen nicht gleich sterben, um der Strafe zu entgehen. Da fällt uns schon noch Besseres ein. Nach den Bestimmungen der StVO (Judikatur) ist die Blutuntersuchung zum Zwecke der Alkoholbestimmung bei Toten und Bewusstlosen nicht erlaubt!

Immer wieder kommt es zum Unfalltod von alkoholisierten oder drogenbeeinflussten Lenkern. Leider wird deren Alkoholisierung nicht festgestellt. Das ist ein entscheidender Nachteil für die anderen Unfallbeteiligten. Denkbar wäre allerdings eine Untersuchung, die vom Gericht angeordnet wird. Das passiert in der Praxis kaum.

Polizisten und Gendarmen stehen auch bei Bewusstlosen Kopf. Durch die Gesetzeslücke darf bei bewusstlosen Menschen keine Alkoholuntersuchung vorgenommen werden. In der täglichen Praxis passieren folgende Fälle:

Ein Lenker verursacht einen Verkehrsunfall. Er stellt sich bewusstlos. Die Rettung wird gerufen und nimmt den Bewusstlosen mit. Im Spital wird er "plötzlich" munter. Da Polizisten in der Regel nicht ins Spital mitfahren, kann sich der Alkolenker ungehindert verabschieden. Durch diesen Trick bleibt er völlig legal straflos.

Besonders gute Schauspieler sind mit dem "Bewusstlos"-Trick nach einer Verkehrskontrolle straflos geblieben. Sofort nach der Anhaltung steigt der Alkolenker aus dem Fahrzeug, stolpert und bleibt liegen. Polizisten müssen bei Bewusstlosen die Rettung verständigen. Und hier ist schon wieder Endstation mit dem Alkotest. Mit diesem Trick haben Schlupflochprofis in Deutschland keine Chance. Dort wird bei Bewusstlosen eine Blutuntersuchung durchgeführt.

Robert aus München

Roberts Audi gerät in der Nacht in eine Verkehrskontrolle. Mit 100 km/h befährt er eine deutsche Bundesstraße. Dieses Beispiel gilt in Deutschland genauso wie in Österreich. Als der Audi-Fahrer die Anhaltekelle sieht, verringert er die Geschwindigkeit, bleibt jedoch nicht stehen. Die Polizisten laufen zum Streifenwagen und nehmen die

Verfolgung auf. Der Lenker weiß, dass er nicht weit kommen würde. Wenige hundert Meter weiter bleibt er in einer kleinen Seitengasse stehen. Als der Streifenwagen eintrifft, ist die Fahrertür geöffnet. Robert liegt zusammengekauert auf dem Beifahrersitz und stellt sich schlafend. Die Polizisten wecken ihn auf und behandeln ihn wie den Fahrzeuglenker. Alkotest: 1,2 Promille - Führerschein, Schlüssel weg. Robert stimmt dem Alkotest zu. Er bestreitet jedoch sofort, der Lenker zu sein. Monate später wird das Verfahren gegen ihn eingestellt. Zuvor hat sein Anwalt den alles entscheidenden Lokalaugenschein durchgesetzt. Der Strafreferent überzeugt sich, dass die Polizisten in der Nacht nicht erkennen konnten, wer den Audi gelenkt hat. Auch konnten sie von ihrem Standort aus nicht sehen, ob Robert bei der (missglückten) Anhaltung bereits auf dem Beifahrersitz gelegen ist. In den ca. 2 Minuten zwischen Einparken des Audi in der kleinen Seitengasse und dem Eintreffen des Streifenwagens, hatte der Lenker genügend Zeit, um unerkannt zu entkommen. Übrigens: Einen Lenker gibt es in dem Verfahren auch. Roberts Freund Jaro aus Polen war auf Besuch und hat den Audi gelenkt. Das wird von Jaro auch schriftlich bestätigt. Robert profitiert davon, dass Polizei und Gendarmerie viel Personal einsparen musste. Somit stehen nicht genug Beamte zur Verfügung, um bei Anhaltungen einen Funkwagen besetzt zu halten, der sofort die Verfolgung aufnimmt.

Alkoholisierter Fahrlehrer

Die junge Fahrschülerin war nicht sehr glücklich. Der Fahrlehrer roch nach Bier wie eine ganze Brauerei. Ein Streifenwagen hielt das Fahrschulauto an. Nun standen die Polizisten allerdings vor einem Problem. Der Fahrlehrer darf nicht betrunken sein. Ein Alkotest darf aber nur am Lenker vorgenommen werden. Nicht am Beifahrer. Das hat der Gesetzgeber entweder nie gewollt oder im Gesetz vergessen. Was nicht im Gesetz steht, darf nicht gemacht werden (Art. 18 Bundesverfassung). Nun war guter Rat teuer. Der Fahrlehrer kannte zwar seine Rechte, aber es war ihm auch klar, dass es nicht in Ordnung ist, betrunken Fahrunterricht zu erteilen. Die Fahrstunde wurde an Ort und Stelle beendet. Strafe gab es keine. Dass der alkoholisierte Fahrlehrer freiwillig auf eine Weiterfahrt verzichtete, ist lobenswert. Gesetzlich hätte das nicht erzwungen werden dürfen. Es wurde auch vergessen, Zwangsmaßnahmen für Beifahrer (Fahrlehrer oder Begleiter) gesetzlich zu verankern.

Microcar

Diese vierrädrigen Leichtkraftfahrzeuge bieten sich als fahrbarer Untersatz für Personen an, denen wegen Alkohol- oder Drogenmissbrauchs der Führerschein entzogen wurde - solange kein behördliches Lenkverbot besteht.

Rundungsproblematik

Bei 1,2 und 1,6 Promille ändern sich die Strafhöhen. Fraglich ist allerdings, ob bei exakt diesen Werten nicht ein Rundungsfehler vorliegen könnte. Dazu gibt es in Österreich noch keine Judikatur. Das wäre ein interessanter Fall für einen Rechtsanwalt.

Fragen

1. *Wie hoch wäre die Strafe für Robert (in Österreich) bei einem Alkoholisierungsgrad von 1,2 Promille gewesen?*
a: Von öS 12.000,-- bis öS 60.000,--
b: Von öS 5.000,-- bis öS 30.000,--.
2. *Darf an einem Bewusstlosen ein Alkotest durchgeführt werden?*
a: Ja *b:* Nein
3. *Darf das Blut eines Bewusstlosen auf Alkohol untersucht werden?*
a: Ja *b:* Nein
4. *Kann Robert wegen Lenkens in alkoholisiertem Zustand bestraft werden, wenn er nicht als Lenker gesehen wurde?*
a: Ja *b:* Nein
5. *Kann er bestraft werden, wenn er den Alkotest verweigert?*
a: Ja *b:* Nein

Antworten: (1.a) (2.b) (3.b) (4.b) (5.a)

Suchtgift am Steuer

Nach einem Streit mit seiner Freundin zeigt diese Andi an. Er würde regelmäßig Haschisch und große Mengen an Alkohol konsumieren. Andi ist völlig unbescholten. Er hat einen guten Job und eigentlich keine Probleme mit der Polizei. Bis zu dieser Anzeige. Eine Untersuchung ergibt überhaupt keinen Hinweis auf Suchtgiftkonsum. Dennoch ist er seinen Führerschein los. In einem an Kafka erinnernden Verfahren wird er monatelang von einem Amtsarzttermin zum anderen geschickt. Er wendet sich an zwei verschiedene Anwälte, die beide zugeben müssen, dass sie vom Führerscheingesetz zu wenig Ahnung haben. Kleine Korrektur: Sie geben es nicht gleich zu, erst nach verlorenem Verfahren und nachdem sie eine saftige Kostennote gelegt hatten. Der Streit mit der Ex-Freundin ist inzwischen beigelegt. Geblieben sind hohe Kosten und viel Ärger. Grund genug, dieses Thema zu beleuchten. Wir haben auch einen Anwalt gefunden, der sich mit der Rechtsmaterie befasst und sehr kompetent ist (Name wird auf Anfrage bekannt gegeben).

Entgegen der Praxis vieler Behörden ist es nicht zulässig, in derartigen Fällen (behaupteter Suchtgiftkonsum oder geringer Suchtgiftkonsum ohne ein Fahrzeug gelenkt zu haben) mit Amtsarzt und Führerscheinentzug vorzugehen. Das hat der Verwaltungsgerichtshof mehrfach bereits entschieden. Wegen der komplizierten Rechtsmaterie raten wir von einem Alleingang ab. Der Rat eines Rechtsanwaltes ist das Vernünftigste. Lassen Sie sich zuerst beraten um dann zu entscheiden, wie Sie vorgehen.

9 Lkw

Überholverbot auf Autobahnen
Friedrich H. schreibt:

**... wofür wurde das Lkw-Überholverbot eingeführt? Damit die Verkehrssicherheit erhöht wird oder die Berufskraftfahrer schikaniert werden?
EG Kontrolle RV 88/85
Weiters gibt es die EG Verordnung VO EG 3820/85, worin steht, dass die Tachoscheibe nur zur Kontrolle der Lenkzeit, Pausen, Schicht und Wochenendruhezeit dient, jedoch nicht zur Geschwindigkeitskontrolle herangezogen werden darf ...**

Sattelkraftfahrzeuge sind keine Lkw
Viele Bestimmungen sind für LKW gültig. Sattelkraftfahrzeuge und Spezialkraftwagen sind laut Begriffsbestimmung im Gesetz jedoch keine LKW. Mit der 21. KFG-Novelle soll eine Änderung dieser Gesetzeslücke kommen. Wir rechnen in der ersten Jahreshälfte 2002 mit dieser Novelle. Allerdings löst die 21. KFG-Novelle die Problematik noch lange nicht. Auch in der StVO müsste eine Gesetzsänderung erfolgen.
Wie ist die Situation jetzt (vor der 21. KFG-Novelle)?

§ 2. Begriffsbestimmungen

8. Lastkraftwagen *ein Kraftwagen (Z 3), der nach seiner Bauart und Ausrüstung ausschließlich oder vorwiegend zur Beförderung von Gütern oder zum Ziehen von Anhängern auf für den Fahrzeugverkehr bestimmten Landflächen bestimmt ist, auch wenn er in diesem Fall eine beschränkte Ladefläche aufweist, ausgenommen Sattelzugfahrzeuge;*

10. Sattelkraftfahrzeug *ein Sattelzugfahrzeug (Z. 11) mit einem so auf diesem aufliegenden Sattelanhänger (Z. 12), daß ein wesentlicher Teil seines Eigengewichtes oder, bei gleichmäßiger Verteilung der Ladung auf der Ladefläche, seines Gesamtgewichtes vom Sattelzugfahrzeug getragen wird;*

11. Sattelzugfahrzeug *ein Kraftwagen, der nach seiner Bauart und Ausrüstung dazu bestimmt ist, einen Sattelanhänger (Z. 12) so zu ziehen, daß ihn dieser mit einem wesentlichen Teil seines Eigengewichtes oder, bei gleichmäßiger Verteilung der Ladung auf der Ladefläche, seines Gesamtgewichtes belastet;*

12. Sattelanhänger *ein Anhänger, der nach seiner Bauart und Ausrüstung dazu bestimmt ist, so mit einem Sattelzugfahrzeug (Z. 11) gezogen zu werden, daß er dieses mit einem wesentlichen Teil seines Eigengewichtes oder, bei gleichmäßiger Verteilung der Ladung auf der Ladefläche seines Gesamtgewichtes belastet;*

Somit unterscheidet der Gesetzgeber klar und deutlich zwischen LKW und Sattelzugfahrzeug.
Wenn Verbote für LKWs gelten, müssen sie nicht automatisch auch für Sattelzugfahrzeuge und Spezialkraftwagen gelten.

Beispiel Wochendfahrverbote

Diese sind im § 42 StVO geregelt. Es gilt für LKW und Sattelkraftfahrzeuge. Spezialkraftwagen fallen nicht unter das Wochendfahrverbot.

Beispiel Überholverbot auf Autobahnen

Dieses gilt laut Verordnung für Lkws, nicht aber für Sattelzugfahrzeuge und Spezialkraftwagen. Lenker (Zulassungsbesitzer) von Sattelzugfahrzeugen und Spezialkraftwagen gehen oft straflos aus, wo Lkw-Lenker bezahlen müssen! Aber nicht immer. Es gibt nach wie vor Exekutivbeamte, die völlig gesetzwidrig auch Sattelkraftfahrzeuglenker bestrafen. Leider hat noch kein Bestrafter den Weg zum Verwaltungsgerichtshof angetreten.

Vorbeifahren ist nicht überholen

§ 17 StVO regelt das Vorbeifahren. Lkws, die auf einer Autobahn an drei hintereinander fahrenden Fahrzeugen vorbeifahren, überholen nicht. Somit gilt ab drei Fahrzeugen (Kolonne) das Überholverbot auf Autobahnen nicht!
Fassen wir zusammen:
Das Lkw-Überholverbot auf Autobahnen gilt nicht für die wirklich schweren Brummis. Bei Kolonnen, wo das Vor-

beifahren besonders lange dauert, darf vorbeigefahren werden. Ein einzelner "Schleicher" darf nicht überholt werden. Wir verstehen Friedrich H. sehr gut, dass er sich schikaniert fühlt.
Brummis, die zum Überholen ausscheren und hinter sich eine Bremsorgie auslösen, machen sich laut Gesetz auch ohne Lkw-Überholverbot auf Autobahnen strafbar..

EG Kontroll RV 88/85
Die zweite Frage von Friedrich H. findet ihre Antwort im § 134 Abs. 3a KFG. Dort ist geregelt, dass Schaublätter des Fahrtenschreibers oder Kontrollgerätes zur Feststellung einer Geschwindigkeitsüberschreitung herangezogen werden können. Ob dies der europäischen Rechtslage entspricht, wäre vom Europäischen Gerichtshof zu klären. Tatsache ist, das sich andere EU-Länder sehr wohl an diese Bestimmung halten, Österreich aber nicht. Ein Frächter sollte damit zum EuGH gehen, dann wissen wir es!

Gewichtskontrolle
Diese bezieht sich auf das höchstzulässige Gesamtgewicht oder die höchstzulässige Achslast. Beachte, dass nur bei zum Verkehr zugelassenen Fahrzeugen Gesamtgewicht und Achslast festgelegt werden.

Ausländische Frächter haben es gut
Erich ist Fuhrwerksunternehmer. Immer wenn einer seiner Chauffeure überladen erwischt wird, zahlt er auch. Nicht so die Unternehmer im Ausland. Dem Lenker kann zwar für seine Übertretung eine Sicherheitsleistung abverlangt werden. Somit zahlt der ausländische Lkw-Lenker genauso wie der inländische. Dem Unternehmer (Zulassungsbesitzer) im Ausland kann die österreichische Behörde nicht an. Einzige Ausnahme ist Deutschland, da ein Rechtshilfeabkommen besteht.

10 Gelblicht

Gelblicht missachtet

Herr Peter V. schwitzt gewaltig. Noch nie hat er sich mit einer Behörde angelegt. Aber nach der Lektüre des Buches "Nie mehr Strafe zahlen (1)" fasst er Mut. Eine Anonymverfügung wegen Missachtung des Gelblichtes (§ 38 Abs. 1a StVO) wird ihm vorgeworfen. Da er die Anonymverfügung nicht bezahlt, bekommt er eine Strafverfügung. ÖS 800,-- soll er bezahlen, obwohl sich sehr bald herausstellen soll, dass er unschuldig ist. Gegen die Strafverfügung erhebt Peter V. Einspruch. Dieser wird abgewiesen. Als Begründung nennt die Behörde den Bericht des Polizisten.

STELLUNGNAHME

Der von mir zur Anzeige gebrachte Fahrzeuglenker befand sich mit seinem Fahrzeug bei Aufleuchten des Gelblichtes der aVLSA ca. 30m vor der Haltelinie, wobei die geschätzte Geschwindigkeit des Fahrzeuges ca. 50 km/h betrug. Ein Reaktionsweg ist dem Fahrzeuglenker nach geltender Rechtssprechung im Hinblick auf das grün blinkende Licht nicht zuzubilligen.
Der Lenker hatte freie Sicht auf die aVLSA und übersetzte die Kreuzung eindeutig bei gelbem nicht blinkendem Licht.
Mein Standort war Wien 13., Kennedybrücke, ca 15m von der do. Haltelinie entfernt.
Ein Irrtum im Ablesen des Kennzeichens ist ausgeschlossen.

Gel.: Ferdinand LINSBICHLER, Bzl Ronald REITER, Insp

Nur irrt der Herr Inspektor gewaltig. Der Verwaltungsgerichtshof hat anders entschieden (VwGH 22. 3. 1991, 86/18/0232). Dem Fahrzeuglenker ist sehr wohl ein Reaktionsweg zuzubilligen. Die Behörde muss anführen: die Geschwindigkeit, die Entfernung von der Ampel und den Anhalteweg (Reaktions- und Bremsweg). Den Beweis für die Unschuld von Peter V. hat der Polizist selbst gelie-

fert. Bei einer Geschwindigkeit von 50 km/h ist ein Reaktionsweg von 30 m zu kurz, um vor der Kreuzung anzuhalten. Im Gesetz steht (§ 38 Abs. 2 StVO):
Fahrzeuglenkern, denen ein sicheres Anhalten nicht mehr möglich ist, haben weiterzufahren.
Die Einstellung des Verfahrens war somit klare Sache.

Fragen

1. *Darf bei Gelblicht in die Kreuzung eingefahren werden, wenn ein sicheres Anhalten vor der Kreuzung nicht mehr möglich ist?*
a: Ja *b:* Nein

2. *Muss die Behörde den Beweis erbringen, dass auf Grund der Geschwindigkeit und des Abstandes ein sicheres Anhalten möglich gewesen wäre?*
a: Ja *b:* Nein

Hinweis: Der anzeigende Polizist muss die Fahrgeschwindigkeit schätzen oder messen. Im Kapitel Schnellfahren ist beschrieben, welche Arten der Geschwindigkeitsschätzung gesetzlich zulässig sind.

Irene, eine Verkehrssünderin?

Am 24. 1. 2000 fährt Irene M. in Wien, 23. Bezirk, auf der Anton Baumgartner-Straße Richtung Atzgersdorfer Platz. Sie biegt in Höhe Prausgasse nach rechts ein. Das Staunen bei Irene ist groß, als sie am 1. 2. 2000 eine Anonymverfügung (öS 600,--) erhält. Sie habe das gelbe Licht der dortigen Ampel missachtet, somit § 38 Abs. 1 lit. a StVO 1960 verletzt. Irene weiß, dass sie bereits vor der Kreuzung mit der Ampel nach rechts abgebogen ist. Die Anonymverfügung ignoriert sie daher.
Am 14. 3. 2000 flattert eine eingeschriebene Strafverfügung ins Haus. ÖS 800,-- muss Irene mittlerweile bezahlen. Falls nicht, droht die Polizei mit 48 Stunden Gefängnis.

"Ich habe nichts falsch gemacht, da ich sehr auf diszipliniertes Fahren achte. Dennoch erhielt ich eine Anonymverfügung" schildert Irene. "Ohne zu wissen,

Antworten: (1.a) (2.a)

wer überhaupt mit meinem Auto gefahren ist und ohne zu wissen, ob irgendeine Vorschrift verletzt wurde, erhalte ich dann eine Strafverfügung mit Gefängnisdrohung. Ich fühle mich behandelt wie ein unmündiger, nicht ernst genommener Idiot."

Früher hätte Irene die Strafe bezahlt und sich geärgert. Aber sie hat "Nie mehr Strafe zahlen" gelesen. Sie erhebt Einspruch und fordert von der Polizei eine Beweisaufnahme.

Irene M.
Betreff: Einspruch gegen die Strafverfügung Zahl ...
An die Bundespolizei, Kommissariat Liesing

Sehr geehrte Damen und Herren!
Das Delikt, dessen ich beschuldigt werde, habe ich nicht begangen. Befragen Sie die anzeigenden Polizisten als Zeugen unter Wahrheitspflicht. Legen Sie eine Skizze vor. Dann werden Sie erkennen, dass sie im Irrtum sind.
Hochachtungsvoll

Der anzeigende Polizist, Inspektor Gerald H. vom Wachzimmer Putzendoplergasse, legt einen Bericht. Darin schreibt er wahrheitsgemäß, dass Irene nach rechts in die Prausgasse eingebogen ist. Er weigert sich eine Skizze anzufertigen.
Danach wird Irene vom Ergebnis der Beweisaufnahme verständigt. Die Strafreferentin glaubt dem Inspektor. Sie verzichtet auf eine Skizze. Im Gegenteil: Obwohl sich sehr bald herausstellen soll, dass Irene völlig unschuldig angezeigt wurde, wird überprüft, ob gegen sie Vormerkungen bekannt sind. Ergebnis: keine Vormerkungen.
Hätte der Herr Inspektor eine Skizze angefertigt, wäre ihm sofort aufgefallen, dass die Prausgasse vor der Kreuzung mit der Ampel rechts einmündet. Hätte die Strafreferentin eine Skizze angesehen, wäre es auch ihr aufgefallen. Aber im alltäglichen Arbeitstrott, dem eine obrigkeitsdenkende

Stimmung anhaftet, wurde Irene ganz einfach nicht ernst genommen. Nun musste Irene von sich aus eine Skizze anfertigen, um dem Herrn Inspektor und der Frau Strafreferentin das klar zu machen, was sie von Amts wegen erkennen hätten müssen.

Am 8. 6. 2000 kam die Mitteilung über die Verfahrenseinstellung. Irene hat 3 Stunden Zeit für diesen Fall verbracht. Zwei eingeschriebene Briefe sowie mehrere Anrufe haben sie die Schlamperei der Polizei gekostet.
Der Polizist und die Strafreferentin haben den Fall selbstverständlich in ihrer Dienstzeit behandelt. Wer bezahlt Irene den Aufwand? Wer entschuldigt sich bei ihr für die falsche Verdächtigung?

Mit dieser simplen Handskizze hat Irene ihre Unschuld bewiesen.

11 Rotlicht

Immer ich

Kennen Sie das? Sie kommen zu einer Ampel und die ist ROT. Sie denken, das gibts doch nicht. Bin ich verrückt oder ein Pechvogel? Sie sind weder verrückt noch ein Pechvogel. Ampeln sind öfter ROT als GRÜN. Wenn der Querverkehr GRÜN oder GELB hat, dann sehen Sie ROT. Somit kann GRÜN nie so lange dauern wie ROT.

Zweitwohnsitz, Ortsabwesenheit

Herbert S. ist freiberuflich tätig. Er ist ein korrekter Mensch und beachtet die Gesetze, entnehmen wir seinem Brief. Die meisten seiner Kunden sind in Wien. Daher hat sich der gebürtige Salzburger in Wien-Neubau niedergelassen (Hauptwohnsitz). Seine beiden Autos und das Motorrad sind in Wien zum Verkehr zugelassen. In Salzburg bewohnt er ein Haus (Nebenwohnsitz). Am 7. 9. 2000 wird es sehr spät. Kurz vor Mitternacht fährt er Richtung Salzburg. Die letzte Ampel vor der Westautobahn steht auf Rot. Herbert hält an, überzeugt sich, dass kein Auto und kein Fußgänger kommen. Bei Rot fährt er durch die Kreuzung. Ca. 20 Meter weiter steht ein Polizist und notiert sich das Kennzeichen. Dass es für den Polizisten bequemer ist, das Kennzeichen zu notieren als Herbert anzuhalten und den Fall mit ihm zu diskutieren, ärgert Herbert noch heute. Herbert erhält eine Anonymverfügung an seiner Wiener Adresse. Da er sie nicht bezahlt, kommt eine Strafverfügung. Auch diese ignoriert Herbert; er ist zu dieser Zeit nicht in Wien. Da er nicht innerhalb von 14 Tagen Einspruch erhebt, wird die Strafverfügung (vorerst) rechtskräftig. Als Nächstes kommt eine Zahlungsaufforderung. Inzwischen sind mehr als 6 Monate vergangen. Erst jetzt wird Herbert aktiv. Er schickt der Behörde ein Fax mit folgendem Inhalt:

Sehr geehrte Damen und Herren!
Zu der Zeit, als Sie mir die Strafverfügung zuschickten, war ich in meinem Haus in Salzburg, wo ich

einen Nebenwohnsitz habe. Das kann meine Frau Elisabeth gerne bezeugen. Ich ersuche Sie daher, das Verfahren gegen mich wieder einzusetzen, damit ich mein Einspruchsrecht wahren kann.
Beilage: Eidesstattliche Erklärung meiner Frau

Hochachtungsvoll

Die Frau von Herbert, Elisabeth, hat folgendes Schreiben beigelegt:

Sehr geehrte Damen und Herren!
Eidesstattlich erkläre ich, dass mein Mann Herbert in der von ihm angeführten Zeit in seinem Haus in Salzburg war.
Hochachtungsvoll
Elisabeth S.

Nun setzt die Behörde das Verwaltungsstrafverfahren in den Stand der Strafverfügung zurück. Herbert hat wieder 14 Tage Zeit, Einspruch zu erheben. Erst jetzt teilt er der Behörde mit, dass er das Fahrzeug seiner Frau Elisabeth überlassen habe. Die Behörde stellt darauf das Verfahren gegen Herbert ein. Gegen Elisabeth ist das Delikt (Rotlicht) verjährt.

Aber ACHTUNG: Was Herbert hier macht, hat einen Pferdefuß. Wenn die Behörde nun Elisabeth als Zeugin zu dem Sachverhalt befragt, dann muss sie die Aussage verweigern oder lügen. Wie wir alle wissen, ist aber eine falsche Zeugenaussage strafbar. Ob es der Behörde gelingen könnte, die falsche Zeugenaussage zu begehen, steht allerdings auf einem anderen Blatt. Wir raten aber dringend ab, eine falsche Zeugenaussage zu machen. Ehegatten haben jedoch die Möglichkeit, die Zeugenaussage zu verweigern - mit der Begründung, dass sie aus prinzipiellen Überlegungen nicht in einem Verfahren gegen den Gatten aussagen. So bleiben alle straflos und keiner macht sich strafbar.

12 Vignette

Abmahnung zulässig

Saftige Beträge haben Vignettensünder 1999 an Strafe bezahlt. Eingetrieben wird die Strafe von Polizei, Gendarmerie und Zollwache. Was diese Abkassiererei mit dem Auftrag, für Ordnung und Sicherheit zu sorgen, zu tun hat, kann wohl keiner der zuständigen Politiker erklären. Wir haben schon zur Kenntnis genommen, dass es beim Straßenverkehrsrecht nicht um die Sicherheit, sondern ums Geldkassieren geht.

Im Gegensatz zu früher müssen Vignettensünder nicht bestraft werden. Exekutivbeamte sind berechtigt hier abzumahnen. Empfohlen wird daher, in einem vernünftigen Gespräch auf eine Abmahnung hinzuwirken und gleichzeitig anzubieten, die Vignette zu kaufen und vorzuzeigen.

Wer ist strafbar

Immer der Lenker.

Hier setzen Schlupflochprofis auch an. Es kommt sehr selten zu Fahrzeugkontrollen auf Autobahnen. Vignettensünder werden zumeist auf Rastplätzen aufgeschrieben. Da es sich um eine Kennzeichenanzeige handelt, bietet sich die volle Palette an Schlupflöchern.

13 Fahrerflucht

Ausländischer Lenker

Dietmar L. ist Autohändler. Da er viele Gebrauchtfahrzeuge zu günstigen Preisen anbietet, kommen oft Kunden aus unseren östlichen Nachbarländern. Dietmar bekommt wieder einmal Post von der Behörde. Er soll bekannt geben, wer mit einem Auto, das mit seinem Probefahrtkennzeichen unterwegs war, gefahren ist. Dietmar gibt wahrheitsgemäß den Ungarn Leo O. als Fahrzeuglenker an. Er staunt nicht schlecht, als er aufgefordert wird, sich zu einem Verkehrsunfall mit Fahrerflucht zu rechtfertigen. Dietmar L. ruft die Strafreferentin an und will wissen, was los ist. Ihre Antwort ist genauso knapp wie unfreundlich. Sie glaube ihm nicht, dass der Ungar Leo O. mit dem Auto gefahren sei. Sie gehe davon aus, dass er selbst der Fahrerflüchtige sei. Dietmar erfährt nun erstmals, dass sein Auto gegen die Beifahrertüre eines nagelneuen Mercedes gerollt ist. Da es sich um einen Gebrauchtwagen mit beschädigter Stoßstange handelt, hat Dietmar den Schaden nicht bemerkt. Beim Mercedes allerdings ist die Beifahrertüre eingedrückt. Ein Zeuge hat den Unfall beobachtet und angezeigt.

Dietmar legt der Behörde seine Aufzeichnungen über Probefahrten vor. Daraus geht eindeutig hervor, dass er sein Auto dem Ungarn Leo O. überlassen hat. Die Strafreferentin will die Führerscheindaten des Ungarn Leo O. wissen. Doch die hat sich Dietmar nicht aufgeschrieben.
Hat Dietmar eine Chance oder wird er zahlen?
Die Strafreferentin argumentiert mit § 103 Abs. 1 KFG.
Der Zulassungsbesitzer darf das Lenken seines Kraftfahrzeuges ... nur Personen überlassen, die die erforderliche Lenkerberechtigung besitzen (...)
Die Strafreferentin geht von folgender Überlegung aus: Dietmar kennt die Führerscheindaten nicht. Er weiß nicht einmal die Führerscheingruppe von Leo O. Daher glaubt sie Dietmar nicht. Außerdem weiß die Strafreferentin,

dass sie von einem Ungarn keinen Schilling zu sehen bekommt. Aber Dietmar ist ein schlauer Autohändler. Es fällt ihm auf, dass im § 103 Abs. 1 KFG steht: *Der Zulassungsbesitzer*. Der Gebrauchtwagen ist aber nicht zum Verkehr zugelassen. Somit gibt es keinen Zulassungsbesitzer. Das Auto war mit Probefahrtkennzeichen unterwegs. § 45 KFG regelt die Probefahrten. Dort gibt es keinen Paragraphen, der dem Besitzer von Probefahrtkennzeichen vorschreibt, den Führerschein des Lenkers zu kontrollieren. Vermutlich wurde eine derartige Bestimmung vergessen. Die Strafreferentin hat das auch nicht gewusst. Dietmar bleibt straflos.

Fragen

1. ***Wird der Zulassungsbesitzer oder der Fahrzeuglenker wegen Fahrerflucht bestraft?***
a: Der Zulassungsbesitzer
b: Der Lenker
2. ***Wie hoch ist die Strafe für Fahrerflucht?***
a: Bis öS 5.000,--
b: Bis öS 10.000,--
c: Bis öS 20.000,--
3. ***Kann eine österreichische Behörde den Ungarn Leo O. wegen Fahrerflucht bestrafen?***
a: Nein
b: Ja
c: Die Behörde kann eine Strafe erlassen, diese jedoch nicht kassieren.
4. ***Wird die Strafe gegen den Ungarn Leo O. im Fahndungscomputer gespeichert?***
a: Ja
b: Nein, das ist im Schengener Abkommen nicht vorgesehen.
5. ***Kann bei einer Grenzkontrolle oder Fahrzeugkontrolle festgestellt werden, dass der Ungar Leo O. wegen Fahrerflucht eine unbezahlte Strafe offen hat?***
a: Ja
b: Nein

Antworten: (1.b) (2.b) (3.c) (4.b) (5.b)

Fahrerflucht am Drive-in?

Sebastian biegt von einer öffentlichen Straße zu einem McDonald's ein. Da er im Drive-in-Bereich zu weit vorgefahren ist, schiebt er ein Stück zurück. Sebastian übersieht das Auto hinter ihm und fährt dagegen. Beide Lenker steigen aus. Sebastian ist der Meinung, dass kein Schaden entstanden ist. Trotzdem zeigt er dem anderen Fahrzeuglenker, nennen wir ihn B., den Führerschein und den Zulassungsschein. Sebastian ist auch der Besitzer des Autos. Er fragt B., ob er die Daten aufschreiben oder eine Visitenkarte haben will. B. nimmt die Visitenkarte von Sebastian entgegen. Im Drive-in-Bereich hat sich inzwischen ein Stau gebildet. Lenker B. ersucht Sebastian auf den Parkplatz zu fahren um einen Unfallbericht auszufüllen. Sebastian lehnt das ab und fährt nach Hause.

Sebastian wundert sich nicht schlecht, dass er eine Lenkererhebung zu diesem Vorfall erhält. Er schreibt wahrheitsgemäß hinein, dass er sein Auto gelenkt hat. Wochen später wird Sebastian von der Polizei aufgefordert, aufs Amt zu kommen, einen bevollmächtigten Vertreter zu schicken oder schriftlich zu den Vorwürfen Stellung zu nehmen. Grund: Ihm wird Fahrerflucht vorgeworfen! Diesem Schreiben liegt die Zeugenaussage einer Angestellten von McDonald's bei. Diese hat den Vorfall beobachtet. Sie gab an, dass Sebastian und B. kurz miteinander geredet haben und Sebastian dann weggefahren sei.

Wer die Einspruchsfrist versäumt, bezahlt auch als Unschuldiger

Sebastian ist wie vor den Kopf geschlagen. Hat er doch Führerschein und Zulassungsschein hergezeigt. Und seine Visitenkarte hergegeben. Das kann doch keine Fahrerflucht sein! Ein Freund erzählt Sebastian Folgendes: Wenn B. der Polizei gesagt hätte, dass Sebastian seine Visitenkarte übergeben und seine Ausweise vorgewiesen hat, dann hätte B. den Polizeieinsatz bezahlen müssen. Verschweigt er dies, dann bezahlt er keinen Euro und Sebastian hat eine Anzeige am Hals.

Sebastian gibt eine schriftliche Stellungnahme ab. Die Strafreferentin der Polizei glaubt ihm nicht und antwortet mit einem Straferkenntnis in der Höhe von öS 1600,--. Sebastian fasst das nicht. Er wird zu Unrecht beschuldigt und soll obendrein noch zahlen. Er schreibt eine Berufung, schildert den genauen Vorfall nochmals und stellt die Frage, was für einen Sinn es machen sollte, vor mehreren Zeugen mit seinem Auto (Kennzeichen gut lesbar) einfach Fahrerflucht zu begehen.

Allerdings schleicht sich jetzt ein kleiner Fehler ein. Sebastian gibt den Brief mit der Berufung wie die übrige Post seiner Sekretärin. Diese bringt ihn nicht am selben Tag, wie von Sebastian gewünscht, sondern einen Tag später auf die Post. Das war allerdings Tag 15. Der UVS weist die Berufung ab, da sie zu spät eingebracht wurde. Da hilft es auch nicht, dass die Sekretärin einen Tag zu spät zur Post ging. Gehilfenhaftung nennt das der Beamte. Sebastian ist für das rechtzeitige Einbringen der Berufung ganz allein verantwortlich. Sebastian hat großes Pech gehabt. Unschuldig, dennoch bezahlt und dazu noch eine Vormerkung wegen Fahrerflucht.

Fragen

1. *Handelt es sich beim Drive in Bereich von McDonald's um eine öffentliche Straße, auf der die Straßenverkehrsgesetze gelten?*

a: Nein, da es eine Privatstraße ist.

b: Ja, da auf der Privatstraße jedermann unter den gleichen Bedingungen fahren kann.

2. *Wenn ein Lenker die Ansicht vertritt, dass kein Schaden entstanden ist, der andere jedoch einen Schaden behauptet, muss die Polizei gerufen werden?*

a: Nein, da kein Unfall vorliegt.

b: Ja, da möglicherweise ein Unfall vorliegt. Weisen sich die Lenker aus und tauschen die Daten aus, kann die Verständigung der Polizei unterbleiben.

3. *Muss Sebastian der Aufforderung, aufs Amt zu kommen, einen Vertreter zu schicken oder schriftlich Stellung zu nehmen, gehorchen?*

a: Ja

b: Nein

4. *Hat Sebastian noch eine Chance, obwohl die Berufung am 15. Tag eingebracht wurde?*

a: Ja, die Sekretärin ist schuld.

b: Nein, Sebastian muss die Frist von 14 Tagen einhalten. Für den Fehler seiner Sekretärin haftet er selbst (Gehilfenhaftung).

Antworten: (1.b) (2.b) (3.b) (4.b)

14 Technische Überprüfung

KFG, besondere Überprüfung

Ronald hat ein altes Motorrad. Unter Fans ein viel bestaunter Oldtimer. Dementsprechend stolz ist Ronald auf sein Eisen. Wenn er es aus der Garage holt, dann fährt er eine gemächliche Runde. Nur bei schönem Wetter, versteht sich. Ronald gehört auch nicht zu den Rasern oder Rowdys. Er arbeitet in einer Bank und zählt zu den vorsichtigen Typen. Bei einer Verkehrskontrolle trifft er auf einen kundigen Gendarmen. Gerade bei technischen Fragen kennen sich nur sehr wenige wirklich aus. Der Herr Inspektor erkennt, dass die Felgen nicht den typengenehmigten entsprechen. Wo genau der Unterschied zu den typengenehmigten liegt, weiß der Herr Inspektor zwar nicht. Aber "Vurschrift ist Vurschrift".

Ronald erhält eine Ladung zur besonderen Überprüfung gem. § 56/1 KFG. Innerhalb von 6 Wochen soll er zur Prüfstelle des Amtes der Landesregierung kommen. Ronald denkt nicht daran, sein Oldtimer-Motorrad umzubauen. Er sieht keinen Sinn darin. Ein Anruf beim Amt der Landesregierung ist nicht gerade viel versprechend.

Frage: Was kann Roland machen?

A) Er meldet das Motorrad ab und muss nicht zur Überprüfung.

B) Er fährt zur Überprüfung und versucht eine Einzelgenehmigung mit diesen Felgen zu erhalten.

C) Er verweigert die Überprüfung.

Antwort C) Verweigerung der Überprüfung ist nicht anzuraten.

Antwort B) ist die normale Vorgangsweise

Antwort A) hat Roland gewählt. Er fährt bis zum Prüftermin und meldet dann das Motorrad ab. Da der Sommer bereits zu Ende ist, hat er damit kein Problem. Somit entgeht er für dieses Jahr der Überprüfung. Aber was ist im nächsten Jahr? Im Fühling lacht nicht nur die Sonne öfters, sondern auch das Herz der Biker. Roland meldet sein Gefährt wieder an. Die Chancen, dass der Trick funktioniert, stehen 50:50. Mehr als dass er wieder eine Vorladung bekommt, kann ihm nicht passieren.

Motorräder

Beiwagen

Fritz U. will wissen, ob sein 10-jähriger Sohn Fritz junior im Beiwagen seines Motorrades mitfahren darf.
Ja, Fritz junior darf im Beiwagen mitfahren. Der Gesetzgeber hat aus Gründen, die uns nicht bekannt sind, für Insassen von Beiwagen kein Mindestalter festgesetzt. Auch besteht keine Verpflichtung für einen Kindersitz. Sie können laut Gesetz ein 3-jähriges Kind im Beiwagen ohne Kindersitz befördern. Aber es kommt noch dicker. Helmpflicht besteht auch nicht. Bei einem Kopfumfang unter 50 cm gibt es auch keine normierten Helme. Somit gilt die Helmpflicht für Kinder de facto nicht.
Wir schlagen vor: Verlassen Sie sich bei dieser und anderen Fragen nicht auf den Gesetzgeber, sondern auf ihren gesunden Menschenverstand.

Eine Frage noch: Wie viele Personen dürfen im Beiwagen befördert werden?
Antwort: Das ist in keinem Gesetz geregelt. Eine Ableitung wäre nur aus der Typisierung möglich.

Abschleppen

Christian will wissen, ob Motorräder von anderen Motorrädern abgeschleppt werden dürfen.
Ja, lieber Christian, das dürfen sie. Laut Gesetz spricht nichts dagegen, dass Motorräder andere Motorräder abschleppen.

15 Adressänderung

Ummeldung vergessen
Daniela hat ein Erlebnis der erfreulichen Art. Bei einer Fahrzeugkontrolle stellt der Polizist fest, dass Daniela die Wohnsitzänderung nicht gemeldet hat.

Was ist passiert?
Daniela hat vor zwei Jahren ein Auto angemeldet. Damals hatte sie einen Haupt- und einen Nebenwohnsitz. Danielas Versicherungsvertreter hat irrtümlich den Nebenwohnsitz bei der Zulassung angegeben. Die Zulassungsstelle hat diesen Irrtum übernommen. Wahrheitsgemäß gibt sie bei der Fahrzeugkontrolle ihren Hauptwohnsitz an. Für die Ehrlichkeit setzt es eine Anzeige. öS 2000,-- kostet der Spaß. Daniela spricht beim Strafreferenten vor. Dieser setzt "großzügig" die Strafe auf öS 1000,-- herab. Daniela hätte aber keinen Schilling bezahlen müssen! Denn es liegt keine Wohnsitzänderung vor. Die Eintragung war von Anfang an falsch.
Wohnsitzänderungen müssen innerhalb einer Woche gemeldet werden. Wer das unterlässt, kann nicht auf Verjährung pochen. Der VwGH (21. 1. 1971, ZVR 1971/141) stuft dies als Dauerdelikt ein. Die Frist für Verjährungen beginnt mit dem Tag der Kontrolle.

Was tun, wenn die Frist von einer Woche versäumt wurde?
Kein Problem. Gehen Sie zu Ihrer Zulassungsstelle und lassen Sie die Änderung eintragen. Uns ist kein Fall bekannt, wo es zu einer Bestrafung gekommen wäre.

Was passiert, wenn Sie in eine Kontrolle geraten und Sie werden ertappt?
Ersuchen Sie um eine Frist, um die Änderung bei der Zulassungsstelle durchführen zu können. Bieten Sie dem Polizisten (Gendarmen) an, dass Sie mit dem geänderten Zulassungsschein vorbeikommen. Dann haben Sie die beste Chance auf eine Abmahnung gem. § 21 VStG.

16 Sonstige Fälle

Leichentrick

Stellen Sie sich vor, Sie sind zu schnell gefahren und sterben, ehe die Strafe eintrudelt. Wieder einmal gespart. Scherz beiseite. Sie müssen nicht gleich sterben um der Strafe zu entgehen. Es geht auch anders.

Bei den Recherchen zum ersten Buch staunte ich nicht schlecht. Ein ranghoher Beamter erzählte mir seinen persönlichen Straflostrick. Immer wenn eine saftige Strafe winkte (er ist leidenschaftlicher Schnellfahrer), gab er einen Verstorbenen an. Wie funktioniert das? Er suchte sich aus den Todesanzeigen eine Person heraus, die nach dem Tatzeitpunkt verstorben war und in seiner Nähe gewohnt hat. Bei der Lenkerauskunft nannte er diese Person nicht als Lenker, sondern als Verfügungsberechtigten (§ 103 Abs. 2 KFG). Verfügungsberechtigte sind verpflichtet, den Behörden Auskunft über den tatsächlichen Lenker zu geben. Bei Toten ist das eine schwierige Aufgabe ...

Besser tot als bestraft

Ein zweites Mal wurde ich auf den Leichentrick aufmerksam. Ein Kriminalbeamter verwendete ebenfalls einen Toten als Verfügungsberechtigten. Der Kriminalbeamte blieb selbstverständlich genauso straflos.

Wir möchten die Anwendung des Leichentricks aus purer Höflichkeit nicht kommentieren.

Strenger Bürgermeister war großzügig

Stockerau in Niederösterreich hat eine ortspolizeiliche Verordnung, die das Anbringen von Flugzetteln an Kraftfahrzeugen verbietet. Es setzte € 218,-- Strafe für Übeltäter, die trotzdem Zettel auf Autos verteilen. Wer nicht zahlt, dem winken bis zu drei Monate Arrest. Sie haben sich nicht verlesen!! Wenn Sie in Stockerau Zettel auf Autos anbringen und die Strafe nicht bezahlen, dann drohen Ihnen bis zu drei Monate Gefängnis. Großzügig zeigte sich Bürgermeister Leopold Richentzky. Er sprach eine Verwarnung aus und kündigte eine Bestrafung erst für den Wiederholungsfall an. Seit bekannt ist, dass die Stockerauer so streng sind, werden dort viel weniger Zettel verteilt. Zum Glück, sonst wäre das Gefängnis überfüllt.

Irrtum im Datum

Herr Z. erhält eine Strafverfügung von der BH Mödling. Es wird ihm vorgeworfen, am 12. 1. 1999 eine Lenkerauskunft nicht gegeben zu haben. Das richtige Datum lautet allerdings 12. 1. 2000. Grundsätzlich gilt, dass die Behörde das richtige Datum anführen muss. Am Beginn eines neuen Jahres wird Behörden allerdings zugestanden (so die Judikatur des VwGH), sich zu irren. Herr Z. muss trotz falschen Datums zahlen.

Handyverbot

Die Judikatur hat früher geregelt, dass nur Lenker bestraft werden können, die tatsächlich telefonieren. Inzwischen ist auch strafbar, wer das Handy ans Ohr hält. Nicht strafbar ist, wer SMS verschickt oder sonst mit dem Handy hantiert. Was ist eigentlich, wenn sie einen Unfall sehen oder einen Stau und Hilfe holen wollen? Auch in diesen Fällen dürfen sie laut Gesetz nur mit Freisprecheinrichtung telefonieren. Ist jedoch der Anruf lebensnotwendig (was sowohl bei Unfällen wie auch bei Staus der Fall sein kann), dann sind Sie nicht strafbar. Es liegt ein Notstand vor. Notstand schließt Bestrafung aus.

Wechselkennzeichen

Robert hat zwei Motorräder. Eine Yamaha und eine Suzuki. Meistens wenn er eine Kennzeichenanzeige erhält, bezahlt er keine Strafe. Der Grund ist einfach. Bei Wechselkennzeichen genügt nicht die Angabe des Kennzeichens. Es muss auch die Marke des Fahrzeuges angeführt sein. Robert bestreitet die Übertretung und gibt an, dass er an diesem Ort nicht unterwegs war. Er behauptet, es liege ein Irrtum im Ablesen des Kennzeichens vor. Gelegentlich führt die Behörde in der Strafverfügung sogar eines von Roberts Motorrädern korrekt an. In diesem Fall stellt Robert den Beweisantrag, wie die Behörde zu Marke und Type des Motorrades gekommen ist. So will Robert wissen, ob diese Daten aus einer Anfrage beim Kennzeichenzentralregister stammen oder von dem Exekutivorgan, das die Anzeige erstattet hat.

Taxler sind clever

Rudi, Leo und Kurt teilen sich ein Taxi. Zulassungsbesitzer ist die Firma A. Tag und Nacht ist das Auto im Einsatz. Die drei Fahrer haben einen fixen Plan, wer wann fährt. Gelegentlich tauschen sie oder verändern den Plan, wenn notwendig. Kurt schreibt, dass sie alle drei nicht zu den Rowdys gehören. Aber mitten in der Nacht, wenn weit und breit kein Auto zu sehen ist, nehmen sie nicht mehr alle Verkehrsregeln so genau. Das "kleine" Problem mit den Parkplätzen in Wien macht gerade Berufsfahrern enorme Schwierigkeiten. So flattern immer wieder Anonymverfügungen oder Lenkererhebungen ins Haus. Als Zulassungsbesitzer erhält klarerweise die Firma A. die Behördenpost. Haben die drei eine Chance, der Strafe zu entgehen? Wie machen sie das?

Bei der Post mittels Fax ortsabwesend melden

Sie wenden den Zustelltrick an. Einer von den dreien wird als Auskunftspflichtiger (§ 103 Abs. 2 KFG) angegeben. Dieser meldet sich für einige Wochen ortsabwesend. Ziel ist es, über die 6-Monats-Frist der Verfolgungsverjährung hinauszukommen, ehe der tatsächliche Lenker der Behörde bekannt gegeben wird. Die drei Taxler lieben ihren Beruf, fahren vernünftig und bleiben straflos.

Pechvogel

Alexander O. schreibt:

Guten Tag, Herr Kleindienst!
Gratulation zu Ihrem Buch. Ich habe heute soeben das 8. Exemplar gekauft (erstmalig online), denn als Geschenk kommt Ihr Buch immer perfekt an. Doch nicht nur deswegen schreib ich Ihnen persönlich, son-

dern aus einer verzwickten und ungerechten Situation und, wie Sie vielleicht schon richtig vermuten, hat es doch glatt mit einer Verkehrsstrafe zu tun. Bevor ich den Fall umfangreich schildere, wollte ich Sie fragen, ob Sie mir persönlich helfen können. Via E-Mail oder kann ich Sie auch anrufen? (Es brennt!) Interessant ist vielleicht auch die Tatsache, dass ich im Jahr ca. ATS 40.000,-- an Strafe zahle, und ich bin wirklich kein Verkehrsrowdy. Mir kommt es eher so vor als wäre ich der Hauptdarsteller in einer polizeiinternen Realityshow, wo sämtliche Kameras auf mich gerichtet sind und nur darauf warten, bis ich wieder irgendeine Rechtsvorschrift verletze. Selbst wenn ich um 2 Uhr nachts auf einer verlassenen Straße nur für 1 Sekunde 1 mm über eine Sperrlinie fahre, bekomme ich garantiert eine Anzeige. So viel zu meiner Situation. Gerne gebe ich freiwillig einen Anteil des Ersparten Ihnen oder irgendeiner Hilfsorganisation, als dass ich weiterhin unsere - wie Sie selbst sagen - "Abzocker-Exekutive" sponsere. Ich würde mich sehr freuen, von Ihnen eine Nachricht zu erhalten.
Mit freundlichen Grüßen
Alexander O.

Aus Zeitgründen und aus rechtlichen Gründen können wir leider keine Rechtsberatungen durchführen. Wir bitten unsere Leser um Verständnis. Aber wenn es wirklich brennt, dann springen wir schon mit einem guten Tipp ein. Erspartes Geld lassen Sie bitte einer Hilfsorganisation zukommen oder gönnen Sie sich ruhig selbst was Nettes.

17 Strafarten, Formelles

Organstrafverfügung

Umgangssprachlich als Strafmandat bekannt. Wird entweder an Ort und Stelle vom Exekutivbeamten kassiert oder mit Erlagschein einbezahlt. Beachte: Der Fall wird bei der Behörde nicht im Detail aufgezeichnet. Nebenfolgen, wie Eintragung in die Vorstrafenkartei, finden nicht statt. Rechtsmittel sind nach Bezahlung nicht mehr möglich.

Anonymverfügung

Eine Verwaltungsübertretung wird bestraft ohne Überprüfung wer die Übertretung begangen hat. Die Anonymverfügung, ergeht auf Grund der Anzeige, ohne behördliche Ermittlung. Eintragung in die Vorstrafenkartei erfolgt nicht. Rechtsmittel sind nach Bezahlung nicht möglich. Unterbleibt die Bezahlung innerhalb der 4-Wochen-Frist, beginnt automatisch das behördliche Strafverfahren.

Strafverfügung

Verfolgungshandlung der Behörde; ergeht auf Grund der Anzeige eines Behördenorgans nach eigener dienstlicher Wahrnehmung. Falls dagegen kein Einspruch eingebracht wird, wird die Strafverfügung rechtskräftig. Damit ist auch eine Eintragung in der Vorstrafenkartei verbunden.

Straferkenntnis

Beendet das Handeln der 1. Instanz. Ergeht nach einem Ermittlungsverfahren, welches die Behörde auf Grund der Anzeige einer Privatperson oder des Einspruchs gegen eine Strafverfügung führen muss.

Berufungsbescheid

Ergeht nach der Berufung gegen ein Straferkenntnis durch den Unabhängigen Verwaltungssenat (UVS).

Strafhöhe

Wird einmal, sei es auch bereits in der Strafverfügung, die

Höhe einer Strafe festgesetzt, so kann diese im weiteren Verfahren zwar herabgesetzt, nicht jedoch erhöht werden. Hinzu kommt bei einem Einspruch gegen eine Strafverfügung ein Kostenbeitrag von 10 % der Strafhöhe. Die Berufung gegen ein Straferkenntnis kostet 20 % der Strafhöhe. Wenn Sie siegen oder zumindest die Verringerung der Strafe erreichen, wird kein Kostenbeitrag eingehoben.

Einspruch, Berufung

Gegen die Strafverfügung erheben Sie Einspruch; gegen ein Straferkenntnis jedoch Berufung. Einspruch und Berufung müssen binnen 14 Tagen erfolgen. Sie können ergänzt, abgeändert und auch zurückgezogen werden. Einsprüche müssen nicht begründet sein. Im Fall von Johanna war die Begründung aber hilfreich. Berufungen müssen begründet sein.

Außerordentliche Rechtsmittel

Haben Sie den Berufungsbescheid des UVS in Händen, dann gibt es nur mehr die Möglichkeit eines außerordentlichen Rechtsmittels. In Frage kommen Verwaltungsgerichtshof, Verfassungsgerichtshof und danach der Europäische Gerichtshof. Aber Achtung, ab hier kann es sehr teuer werden. Es besteht Rechtsanwaltszwang. Die Möglichkeit von Verfahrenshilfe ist bei geringen Einkommen gegeben.

Lenkerauskunft

§ 103 Abs. 2 KFG verpflichtet Zulassungsbesitzer zu einer Lenkerauskunft. Da eine "Selbstbezichtigung" verfassungswidrig ist, wurde die Lenkerauskunft in den Verfassungsrang erhoben. Das ist ein beliebtes Mittel für den Gesetzgeber, um die Verfassung zu umgehen.

Zulassungsbesitzer müssen entweder selbst den Lenker nennen können (Name und Adresse) oder es muss einen Verfügungsberechtigten geben. Dann muss der Verfügungsberechtigte den Lenker (Name und Adresse) nennen. Frist: 14 Tage.

Beweisanträge
Bei Einsprüchen und Berufungen können Sie Beweisanträge stellen. Grundsatz: Je mehr, desto besser. Im Zuge des Verfahrens ergibt sich anhand der Beweise immer wieder, dass eine Übertretung nicht passiert oder nicht beweisbar ist. Dann startet die Behörde von sich aus den Rückzug. Selbst wenn die Behörde die Beweisanträge nicht erfüllt, kann das später vom UVS oder von einem außerordentlichen Gericht (VwGH, VfGH) als Formalfehler angesehen werden.

Beweisanträge:
- Zeugen, etwa die anwesenden Polizisten, einvernehmen
- Zeit-Weg-Diagramm
- Fotos vom Radargerät
- Lokalaugenschein
- Eichprotokolle
- Gültigkeit von Verkehrszeichen in Frage stellen
- Ordnungsgemäße Kundmachung des Verkehrszeichens bestreiten
- Ampelphasenplan usw.

Das Ergebnis der Beweisaufnahme muss dem Beschuldigten zur Kenntnis gebracht werden. Oft finden sich Widersprüche bei den Zeugenaussagen oder sonstige Ungereimtheiten.

18 Führerscheinentzug

Romans Auto war zu schnell

Zwei kurze Blitze schrecken Roman auf. Seine Frau bemerkt vorwurfsvoll. "Fahr nicht immer so schnell". Worauf sich die Laune Romans noch mehr verschlechtern. Dabei wollte sie so rasch wie möglich zur Tante kommen. Roman wäre am liebsten überhaupt nicht hingefahren. Drei Wochen später flattert eine Lenkererhebung ins Haus. Roman weiß sofort Bescheid. Bei Geschwindigkeitsübertretungen kommt normalerweise zuerst eine Anonymverfügung. Erst wenn die nicht bezahlt wird, erfreut eine Strafverfügung oder eine Lenkererhebung das Herz. Droht allerdings ein Fahrverbot, dann kommt zuerst die Lenkererhebung.

Roman braucht den Führerschein für seinen Beruf. Die Strafe könnte er sich leisten. Aber wie erklärt er seinem Chef das Fahrverbot? Flugs wird in "Nie mehr Strafe zahlen" geblättert. Romans Lösung: Ausländertrick. Ein Freund von ihm wohnt in der Slowakei. Roman ruft ihn an, ob er mitmacht. Ob es an der Grenze Schwierigkeiten geben kann, will sein Freund Jaroslav wissen. Nein, auf keinen Fall. Verwaltungsstrafsachen werden nicht in der Fahndungs-EDV (EKIS) gespeichert. Das wäre gesetzlich nicht zulässig. Somit weiß kein Mensch, dass Jaroslav zu schnell gefahren ist. Roman gibt bei der Lenkererhebung seinen Freund aus der Slowakei an. Der Strafreferent glaubt ihm nicht und will von Roman einen Beleg, dass sein Freund tatsächlich hier war.

Was kann Roman nun machen?

Ein Zeuge? Nein, der müsste lügen und somit eine falsche Zeugenaussage machen. Einen Beleg über Jaroslav`s Österreichaufenthalt zur fraglichen Zeit gibt es nicht. Roman lässt sich daher eine schriftliche eidesstattliche Bestätigung schicken.

**Sehr geehrter Herr Roman S.
Hiermit bestätige ich an Eides statt, dass Sie mir Ihr Auto für einige Tage geborgt haben. Wir sind am 3. März 2000 in der Nähe von Linz gefahren. Ein Radar hat aufgeblitzt. Es tut mir leid wenn Sie Schwierigkeiten haben. Die österreichische Polizei hat meine Adresse. Sie soll mir alles zuschicken.
Mit freundlichen Grüssen
Jaroslav G.**

Der Strafreferent weiß nun, dass er rechtlich keine Chance mehr hat. Er stellt das Verfahren ein. Würde er Jaroslav verfolgen, hätte er nur Arbeit, die nichts bringt. Warum soll sich das ein Strafreferent antun? Seine Bezahlung ist nicht üppig. Die Regierung, immerhin sein Arbeitgeber, behandelt ihn nicht gerade freundlich. Seinem Vorgesetzten ist das alles längst egal. Und die Politiker? Die wollen zwar Geld von den Autofahrern, sind aber nicht in der Lage, die Schlupflöcher zu schließen. Gott wird ihn strafen, denkt sich der Referent möglicherweise und schließt den Akt gegen Roman.
65 % der Autofahrer hält sich nicht an Tempo 50 im Ortsgebiet. Das hindert unsere Behörden aber nicht daran, ihre Kontrollen auf schnurgeraden Bundesstraßen durchzuführen. Dort stört das Schnellfahren zwar nicht so, aber es ist mehr Geld zu kassieren.
Achtung: Der Führerschein kann an Ort und Stelle wegen Schnellfahrens abgenommen werden; im Ortsgebiet, wenn um 40 km/h zu schnell gefahren wird; auf Freilandstraßen bei mehr als 50 km/h Geschwindigkeitsüberschreitung; zwei Wochen ist der Schein beim ersten Mal weg. Bis zu sechs Wochen im Wiederholungsfall (jedoch nur innerhalb von zwei Jahren). Ab dem dritten Mal ist der Schein bis zu drei Monate weg. Nachschulung oder verkehrspsychologische Untersuchung winkt zusätzlich.

Führerscheinabnahme durch Behörden

Erhalten Sie einen Bescheid von einer Behörde mit dem Inhalt, das Ihnen der Führerschein abgenommen wird, dann gilt die Frist ab Zustellung des Bescheides. Sollten Sie den Brief nicht von der Post abholen, dann verstreicht die Frist, obwohl Sie den Führerschein nicht abgegeben haben. Falls die Behörde im Nachhinein eine Strafe verhängt, ist es wichtig, dass Sie Ihre Ortsabwesenheit belegen können. Die meisten Behörden unternehmen allerdings überhaupt nichts. Noch dazu wo die Zuständigkeit von der Landesregierung auf die Unabhängigen Verwaltungssenate übertragen wird.

Fragen

1. ***Warum hat Roman gewusst, dass ein Führerscheinentzug droht?***
a: Der Strafreferent hat es ihm gesagt.
b: Da zuerst eine Lenkererhebung kam.
c: Es stand in der Anonymverfügung.
2. ***Ist die Lenkerauskunft eine Verfolgungshandlung mit Auswirkung auf die 6-monatige-Verjährung?***
a: Ja *b:* Nein
3. ***Hat Roman eine Chance auf Straflosigkeit durch die Verfolgungsverjährung, wenn er sich als Lenker angibt?***
a: Ja
b: Nein, denn die Behörde wird innerhalb von 6 Monaten eine Strafverfügung schicken.
4. ***Romans Freund wird als Lenker angegeben. Ist diese falsche Lenkerauskunft strafbar?***
a: Ja, wenn der Behörde der Beweis gelingt
b: Nein
5. ***Kann Romans Freund aus der Slowakei wegen Schnellfahrens bestraft werden?***
a: Ja *b:* Nein
6. ***Hat Österreich mit der Slowakei ein Rechtshilfeabkommen?***
a: Ja *b:* Nein
7. ***Kann Österreich die Strafe jemals kassieren?***
a: Ja *b:* Nein
8. ***Liegt die Strafe im Fahndungscomputer an der Grenze oder sonstwo auf?***
a: Ja *b:* Nein

Antworten: (1.b) (2.b) (3.b) (4.a) (5.a) (6.b) (7b) (8.b)

19 Verkehrszeichen

"Schilderwald - Sterben" im Internet

In allen Orten und Städten Österreichs finden sich ungültige Verkehrszeichen. Team Straflos baut im Internet eine Datei für diesen sterbenden Schilderwald auf. Das hat Bedeutung für Verwaltungsstrafverfahren, die bereits im Laufen sind, genauso wie für zukünftige Verfahren. Eine Strafe anhand eines ungültigen Verkehrszeichens ist nicht zulässig!

Dabei erbitten wir die Hilfe unserer Leser. Schicken Sie uns Fotos von ungültigen Verkehrszeichen. Dazu den genauen Standort und das Datum.

Im Internet (www.kleindienst.cc und www.straflos.at) werden ungültige Verkehrszeichen als Serviceleistung für unsere Leser veröffentlicht. Ehe Sie Strafe bezahlen überzeugen Sie sich, ob das Verkehrszeichen gültig ist.
Fotos von ungültige Verkehrszeichen bitte an folgende Adresse: Verlag Kleindienst, Eduard Klinger Straße 10/7/9, 3423 St. Andrä-Wördern, E-Mail: office@straflos.at.

Verkehrszeichen irreführend

Zusatztafeln müssen dem Gesetz bzw. der Judikatur entsprechen. Beispiel:
Fahrverbot "ausgenommen Anrainer" gilt.
Fahrverbot "ausgenommen für Anrainer" gilt nicht.

Verkehrszeichen - nicht (korrekt) verordnet

Verkehrszeichen gelten nur, wenn sie verordnet sind. Aber warum steht ein Verkehrszeichen am Straßenrand, wenn es nicht verordnet wurde?
Dafür gibt es verschiedene Gründe. Vor allem in kleinen Orten oder Städten werden immer wieder Verkehrszeichen aufgestellt, für die nie eine Verordnung erlassen wurde. Oder die Verordnung wurde wegen Formalfehlern nicht rechtswirksam. Bestes Beispiel sind 30 km/h Zonen,

für die vom Verkehrssachverständigen bauliche Maßnahmen (Schwellen, Verschwenkungen usw.) vorgeschrieben, aber nie errichtet wurden.

Ungültige Verkehrszeichen

§ 48 StVO regelt, wie Straßenverkehrszeichen angebracht werden müssen. Den Gesetzestext finden Sie nach Kapitel A 2 Falsch parken.

In Kapitel A 1 Schnell fahren ist das Beispiel einer fehlenden oder ungültigen Ortstafel beschrieben. Sobald am Verkehrszeichenständer Werbetafeln oder sonstige Tafeln, die nicht der StVO entsprechen, befestigt sind, wird laut Judikatur des VwGH das Verkehrszeichen ungültig.

Im Kapitel A 2 Falsch parken finden Sie auch die Bestimmungen über transportable Halteverbote. Der Großteil dieser Verkehrszeichen ist ungültig.

20 Lenkerauskunft

Strafe ausgefasst
Robert K. schickt ein E-Mail:

ich habe eine lenkererhebung ausgefüllt, mit name, geburtsdatum, führerscheinnummer und postleitzahl des betreffenden lenkers. was ich nicht wusste, woher auch, war der strassenname von demjenigen. die krönung dieser geschichte ist, dass die polizei nun behauptet, ich habe die lenkererhebung nicht ordnungsmäßig ausgefüllt und muss S 2.000,-- strafe bezahlen. ich empfinde das als ungeheuerliche frechheit
mit freundlichen grüßen
robert k

Was sagt das Gesetz? § 103 Abs. 2 KFG:
(2) Die Behörde kann Auskünfte darüber verlangen, wer zu einem bestimmten Zeitpunkt ein nach dem Kennzeichen bestimmtes Kraftfahrzeug gelenkt oder einen nach dem Kennzeichen bestimmten Anhänger verwendet hat bzw. zuletzt vor einem bestimmten Zeitpunkt an einem bestimmten Ort abgestellt hat. Diese Auskünfte, welche den ***Namen und die Anschrift*** *der betreffenden Person enthalten müssen, hat der Zulassungsbesitzer - im Falle von Probe- oder von Überstellungsfahrten der Besitzer der Bewilligung - zu erteilen; kann er diese Auskunft nicht erteilen, so hat er die Person zu benennen, die die Auskunft erteilen kann, diese trifft dann die Auskunftspflicht; die Angaben des Auskunftspflichtigen entbinden die Behörde nicht, diese Angaben zu überprüfen, wenn dies nach den Umständen des Falles geboten erscheint. Die Auskunft ist unverzüglich, im Falle einer schriftlichen Aufforderung binnen zwei Wochen nach Zustellung zu erteilen; wenn eine solche Auskunft ohne entsprechende Aufzeichnungen nicht gegeben werden könnte, sind diese Aufzeichnungen zu führen. (Verfassungsbestimmung)*

Robert hat jede Menge Daten bekannt gegeben, aber nicht die genaue Anschrift. Eine Bestrafung ist zwar kleinlich, da die Behörde leicht die Straße herausfindet. Vom

Gesetz her ist die Behörde im Recht. Was kann Robert machen, wenn er sich die Straße nicht aufgeschrieben hat? Ist Robert verpflichtet die Anschrift auf ihre Richtigkeit zu überprüfen?
Robert muss die Anschrift, so gut er sie weiß, bekannt geben. Hat ihm der Lenker eine falsche Straße genannt, kann Robert das nicht nachprüfen. Für die Behörde ist es eine Leichtigkeit, die richtige Adresse herauszufinden, wenn auch die Führerscheindaten bekannt sind. Robert hätte nur irgend einen Straßennamen hinschreiben müssen und er wäre straflos geblieben. Wenn Sie jetzt einwenden, dass Robert dann unkorrekt gehandelt hat, dann fragen wir Sie: Wie hat die Behörde in diesem Fall gehandelt?

Lenkerauskunft verletzt Verfassungsrecht

Die auch in Österreich gültige Bundesverfassung wird von unseren Politikern nicht immer beachtet. So ist eine Lenkerauskunft auf Grund unserer Verfassung unzulässig. Warum? Unsere Verfassung (übigens jede Verfassung einer glaubwürdigen Demokratie) sagt, dass sich kein Mensch selbst einer strafbaren Tat bezichtigen muss. Auch nicht seine Angehörigen.
Aber was machen Zulassungsbesitzer, wenn sie der Behörde auf die Lenkerauskunft antworten?
Werfen Sie bitte einen Blick auf das letzte Wort im § 103 Abs. 2 KFG. Dort steht *Verfassungsbestimmung*. Das bedeutet, unser Parlament hat die Verfassung in diesem Punkt außer Kraft gesetzt.

"Wir retten unser Verfassungs- und Menschenrecht"

Christoph hat sich mit drei Freunden zur Liga "Wir retten unser Verfassungs- und Menschenrecht" zusammengeschlossen. Animiert vom Buch "Nie mehr Strafe zahlen" nimmt sich Christoph dass was ihm zusteht. Am 27. 2. 2001 flattert ihm eine Lenkererhebung ins Haus. Christoph kann sich gut an den Radarblitz erinnern. Da er am 4. 2. 2001 zeitig in der Früh am Weg zu einem Termin auf der menschenleeren Bundesstraße mit 150 km/h unterwegs war, droht ihm eine saftige Strafe und der Führerscheinentzug. Am 12. 3. 2001 gibt er mittels eingeschriebenem Brief die Lenkerauskunft zur Post. Als Lenker nennt er seinen Freund und Ligagefährten Kurt. Kurt wird von der Behörde mit einer Strafverfügung beglückt. Kurt schickt der Behörde einen Brief, aus dem wir das Wichtigste abdrucken.

... Ich bestreite die mir angelastete Übertretung. Legen Sie mir bitte das Radarfoto vor. Überprüfen Sie bitte, ob das Radargerät ordnungsgemäß geeicht war, und legen Sie den Befund zum Akt. Stellen Sie bitte fest, ob auf den Radarfotos vor und nach meinem eventuell auch Fehler auftreten. Stellen Sie bitte fest, ob das Kennzeichen auf dem Radarfoto manipuliert wurde ...

Die Behörde geht davon aus, dass Kurt tatsächlich zu schnell gefahren ist. Sie verhängt daher eine saftige Strafe und leitet ein Verfahren zur Verhängung eines Fahrverbotes ein. Kurt wollte mit seinem Einspruch Zeit gewinnen. Bis zum 12. September 2001 muss es ihm gelingen, das Verfahren hinauszuzögern. Grundsätzlich ist das kein Problem. Zwar sind die meisten Behörden der 1. Instanz schneller mit dem Verfahren fertig. Aber Kurt beeinspruchte natürlich die Entscheidung der 1. Instanz. Somit kommt das Verfahren vor den Unabhängigen Verwaltungssenat. Auf Grund von Arbeitsüberlastung der Richter des UVS verzögern sich die Verfahren. (Übrigens mit jedem Einspruch, liebe Leser, dauern die Verfahren noch länger.) Am 12. September 2001 schreibt Kurt dem UVS, wo das Verfahren bereits anhängig ist, einen Brief.

... Ich muss einen Irrtum bekannt geben. Herr Christoph Z. hat mich als Lenker seines Kfz angegeben. Tatsächlich habe ich sein Auto nicht am 4. Februar sondern bereits am 4. Jänner gelenkt. Ich habe jetzt mit ihm gesprochen und er hat in seinen Aufzeichnungen ebenfalls den Irrtum bemerkt. Als Beweis, dass ich zur Tatzeit das Auto nicht gelenkt

haben kann, gebe ich an, dass ich an meinem Arbeitsplatz war. Das kann aus der Aufzeichnung über die Anwesenheit am Arbeitsplatz belegt werden. Herr Christoph Z. kann ebenfalls bestätigen, dass er mich irrtümlich als Lenker angegeben hat. Ich fordere Sie daher auf, das Verfahren gegen mich einzustellen.

Was ist jetzt los? Ganz einfach. Christoph und seine Ligafreunde haben sich ihr Verfassungs- und Menschenrecht zurückgeholt. Christoph hat nach dem Gesetz eine falsche Lenkerauskunft erteilt. Allerdings vor mehr als 6 Monaten. Da die Behörde nicht innerhalb von dieser Frist auf die falsche Lenkerauskunft draufgekommen ist, tritt Verjährung ein.
Und Kurt kann nicht bestraft werden, da er nicht mit dem Auto von Christoph gefahren ist!

Fragen

1. ***Warum kann Christoph nicht wegen Schnellfahrens bestraft werden?***
a: Er ist nicht zu schnell gefahren
b: Die Behörde hat innerhalb von 6 Monaten keine Verfolgungshandlung gegen ihn gesetzt.
2. ***Warum kann Christoph nicht wegen falscher Lenkerauskunft bestraft werden?***
a: Er hat keine falsche Lenkerauskunft erteilt.
b: Die falsche Lenkerauskunft ist nach 6 Monaten verjährt
3. ***Warum kann Kurt nicht bestraft werden?***
a: Er hat nichts falsch gemacht.
b: Er kann nicht überführt werden.
4. ***Muss Kurt beweisen können, dass er am 4. Februar 2001 nicht mit dem Auto von Christoph gefahren ist?***
a: Ja
b: Nein

Antworten: (1.b) (2.b) (3.a) (4.a)

Volksanwaltschaft beschwert sich

Am 3. Oktober 2001 wird über die Austria Presseagentur (APA) eine Presseaussendung des Politikers Gerstl veröffentlicht. Angeprangert wird die Wiener Praxis, die Strafe dem Zulassungsbesitzer zu schicken und nicht dem tatsächlichen Lenker. Dies sei nicht rechtsstaatlich. Der zuständige Wiener Stadtrat S. rechtfertigt das Bestrafen der Zulassungsbesitzer: Immerhin würden 80 % zu Recht bestraft. Gratulation, Herr Stadtrat! 80 % sind für eine politische Partei bei einer Wahl ein traumhafter Erfolg. Aber bei der Bestrafung von Menschen sollten Sie sich mit nicht weniger als 100 % Korrektheit zufrieden geben. Aber hier nur mit dem Finger auf die Wiener zu zeigen, ist zu wenig. Alle Bundesländer und die Behörden des Bundes handeln genauso.

21 Verjährung

Herr A. fragt an:

Bezüglich einer Strafverfügung eine Frage: Delikt am 27. 7. 2000 – Strafverfügung erhalten 16. 10. 2000 – Einspruch in der 14-Tages-Frist. – Lenkerauskunft am 5. 12. 2000. – Straferkenntnis am 1. 3. 2001. – Dagegen Berufung. – Am 25. 9. 2001 Verhandlung beim UVA. Kann man hier Verfolgungsverjährung vorbringen?

Sehr geehrter Herr A.!

Verjährung kann nur geltend gemacht werden, wenn die Behörde nicht innerhalb von 6 Monaten den richtigen Lenker mit der richtigen Tat, Ort und Zeit verfolgt. Ihr Delikt stammt vom 27. 7. 2000. Innerhalb von 6 Monaten erhielten Sie eine Strafverfügung. Wenn Sie der Lenker waren, die Tat, Zeit und Ort korrekt angeführt sind, dann wurden Sie bereits von der Behörde verfolgt. Somit ist das Delikt nicht verjährt.Angenommen, Sie wären nicht der Lenker, dann hätten Sie bei der Lenkerauskunft am 5. 12. den richtigen Lenker angegeben. Wenn die Behörde nicht bis 27. 1. 2001 dem richtigen Lenker eine Strafverfügung zugesendet hätte, dann wäre es verjährt.

Irene R. hatte ein ähnliches Problem. Wenige Tage vor Ablauf der 6-Monats-Frist schickte die Behörde eine Strafverfügung ab. Irene R. war ortsabwesend gemeldet. Dennoch gilt die Strafverfügung. Das Datum gilt mit dem Tag, an dem es die Behörde weggeschickt hat.

3 Arten der Verjährung

- Verfolgungsverjährung: 6 Monate ab Delikt
- Strafbarkeitsverjährung: 3 Jahre ab Delikt
- Vollstreckungsverjährung: 3 Jahre ab Rechtskraft

Verjährungsfrist bei Verfolgungsverjährung

Da die Verfolgungsverjährung die wichtigste für Schlupflochprofis ist, sehen wir sie uns näher an.

Gemäß § 31 Abs. 1 VStG ist die Verfolgung einer Person unzulässig, wenn gegen sie innerhalb der Verjährungsfrist von der Behörde keine Verfolgungshandlung im Sinne des § 32 Abs. 2 VStG vorgenommen worden ist.
Gemäß § 31 Abs. 2 VStG beträgt die Verjährungsfrist für die Verfolgungsverjährung 6 Monate, wobei diese Frist von dem Zeitpunkt an zu berechnen ist, an dem die strafbare Tätigkeit abgeschlossen worden ist oder das strafbare Verhalten aufgehört hat. Eine nach Monaten bestimmte Frist endet mit Ablauf desjenigen Tages des letzten Monates, der durch seine Zahl dem Tag entspricht, an dem die Frist begonnen hat (§ 32 Abs. 2 AVG).

Verfolgungshandlung
Ein Schlüsselwort ist: Verfolgungshandlung. Die Behörde muss innerhalb von 6 Monaten eine Verfolgungshandlung machen und abschicken (in der "intergalaktischen" Behördensprache heißt es, *das Schriftstück muss die Sphäre der Behörde verlassen*). Verfolgungshandlung ist gemäß § 32 Abs. 2 VStG jede von einer Behörde gegen eine bestimmte, als beschuldigte Person gerichtete Amtshandlung:
- Ladung
- Vorführungsbefehl
- Vernehmung
- Ersuchen um Vernehmung
- Auftrag zur Ausforschung
- Strafverfügung u. dgl.

Beachte Eine Verfolgungshandlung liegt auch dann vor, wenn die Behörde zu dieser Amtshandlung nicht zuständig war, die Amtshandlung ihr Ziel nicht erreicht oder der Beschuldigte davon keine Kenntnis erlangt hat.

Die Tat
Die Verfolgungshandlung muss sich auf alle die Tat betreffenden Sachverhaltselemente beziehen, wobei die Tat ausreichend zu konkretisieren ist. Beispiel gefällig? Eine die Verjährung unterbrechende Verfolgungshandlung erfordert bei einer Verwaltungsübertretung nach § 7 Abs. 1 StVO einerseits die Konkretisierung, wie weit rechts ein

Fahrzeuglenker mit dem Fahrzeug gefahren ist, und andererseits die konkrete Angabe, wieweit ihm dies zumutbar und möglich war. Fehlen diese Angaben und werden sie erst nach 6 Monaten ergänzt, dann tritt Verfolgungsverjährung ein. Allerdings werden die Behörden nicht von sich aus das Verfahren beenden. Da müssen die Betroffenen schon selbst draufkommen.

Lenkerauskunft ist keine Verfolgungshandlung

Keine Verfolgungshandlungen sind:
Übertragung der Durchführung des Verwaltungsstrafverfahrens gemäß § 29a VStG durch die Bezirkshauptmannschaft (VwGH 27. September 1988, 88/08/0146)
Lenkerauskunft nach § 103 Abs. 2 KFG (VwGH 24. Juni 1988, 88/11/0137).

Täter
Die Behörde muss den "Täter" verfolgen. Also denjenigen, der tatsächlich die Übertretung begangen hat. Wenn die Behörde den Zulassungsbesitzer Kurt verfolgt und nicht den Lenker Leo, dann hat die Behörde Pech. Erfährt die Behörde erst nach 6 Monaten, da Leo der Lenker war, dann kann Leo nicht mehr bestraft werden.

Frist
Die Verjährungsfrist beträgt gemäß § 31 Abs. 2 VStG bei Verwaltungsübertretungen der Gefährdung, Verkürzung oder Hinterziehung von Landes- und Gemeindeabgaben ein Jahr (gebührenpflichtige Kurzparkzone), bei allen anderen Verwaltungsübertretungen sechs Monate. Diese Frist ist gemäß § 31 Abs. 2 VStG von dem Zeitpunkt an zu berechnen, an dem die strafbare Tätigkeit abgeschlossen worden ist oder das strafbare Verhalten aufgehört hat; ist der zum Tatbestand gehörende Erfolg erst später eingetreten, so läuft die Frist erst ab diesem Zeitpunkt.

Verkehrsdelikte 6 Monate, Gebührenpflichtige Kurzparkzone 1 Jahr

Strafbarkeitsverjährung
Sind seit dem in Abs. 2 bezeichneten Zeitpunkt (Tat-

zeitpunkt) drei Jahre vergangen, so darf gemäß § 31 Abs. 3 VStG ein Straferkenntnis nicht mehr gefällt werden. Drei Jahre sind eine lange Zeit, werden Sie jetzt denken. Wie soll da ein Normalbürger über die Frist kommen, wenn er nicht gerade einen Auslandsaufenthalt macht? Liebe Leser, da irren Sie. Viele Verfahren liegen so lange beim UVS, da dort zu wenig Personal vorhanden ist. Der UVS muss Ihnen in dieser 3-Jahres-Frist die Berufungsentscheidung zustellen. Angenommen, Sie haben vor 2 Jahren und 11 Monaten ein Delikt begangen. Durch Berufung und Einspruch liegt das Verfahren noch immer beim UVS. Wenn Sie jetzt im letzten Monat vor Ende dieser 3-Jahres-Frist ortsabwesend sind, dann haben Sie sich die Strafe erspart. Im Gegensatz zur Verfolgungsverjährung genügt hier nicht, dass fristgerecht das Schreiben die Sphäre der Behörde verlassen hat. In diesem Fall muss es in der 3-Jahres-Frist zugestellt werden!

Vollstreckungsverjährung
Ab der Rechtskraft der Strafe muss die Behörde binnen 3 Jahren das Geld eingetrieben haben. Danach ist Verjährung eingetreten und die Strafe verfallen. Angenommen, Sie wurden wegen Schnellfahrens rechtskräftig bestraft und treten einen Auslandsaufenthalt an. Nach 3 Jahren kommen sie nach Österreich zurück. Inzwischen ist die Strafe hinfällig geworden!

Verjährungsfälle
In den Fallschilderungen finden Sie eine Reihe von Praxisfällen, die mit Hilfe der Verjährung gewonnen wurden. Im Stichwortverzeichnis finden Sie diese auf einen Blick.

Polizeispezifisch
Herbert N. ist "Verjährungsspezialist". Lenkerauskünfte, Einsprüche und Berufungen, die von Polizeibehörden bearbeitet werden, gibt er immer in einem Wachzimmer persönlich ab und lässt sich auf einer Kopie eine Bestätigung vermerken. Auf das Schriftstück schreibt er zwar den Grund, das Datum und seine Daten, nicht jedoch die Ak-

tenzahl und das zuständige Polizeikommissariat. Dadurch kann es die Polizei (moderne Bürotechnik fehlt!) nicht zuordnen. Herbert hat seine Pflicht jedenfalls getan.

Wo Verjährung sehr leicht erreicht wird

- Weltenbummler, die viel Zeit auf einem Segelboot verbringen
- Weltreise
- Auslandsarbeit
- Ortsabwesenheit, die nicht gemeldet wurde und beweisbar ist
- Jugendliche die bei den Eltern hauptgemeldet sind und bei Freund/Freundin wohnen.
- Auswanderer
- Menschen, die viel Urlaub machen
- Zweitwohnsitzbesitzer (Wohnort und Arbeitsplatz erfordern getrennte Schlafplätze)
- Menschen, die häufig den Wohnsitz (Freund/Freundin) wechseln
- Krankenhaus- oder Kuraufenthalt
- Studenten, die verschiedene Uni-Standorte haben

Fragen

1. *Die Frist der Vollstreckungsverjährung dauert?*
a: 6 Monate *b:* 3 Jahre
2. *Die Frist der Verfolgungsverjährung dauert?*
a: 6 Monate *b:* 3 Jahre
3. *Die Frist der Strafbarkeitsverjährung dauert?*
a: 6 Monate *b:* 3 Jahre
4. *Ist die Lenkererhebung eine Verfolgungshandlung?*
a: Ja *b:* Nein
5. *Ist die Strafverfügung eine Verfolgungshandlung?*
a: Ja *b:* Nein
6. *Genügt es, wenn der Zulassungsbesitzer verfolgt wird?*
a: Ja *b:* Nein
7. *Muss der Lenker verfolgt werden?*
a: Ja *b:* Nein
8. *Die Behörde muss innerhalb von 6 Monaten den richtigen Lenker mit der richtigen Tat, Ort und Zeit verfolgen*
a: Ja *b:* Nein

Antworten: (1.b) (2.a) (3.b) (4.b) (5.a) (6.b) (7.a) (8.a)

22 Kennzeichenanzeigen

Immer wenn eine Kennzeichenanzeige ins Haus flattert, weiß Karl: Gewonnen. Zu viele Gesetzeslücken gibt es bei Kennzeichenanzeigen. In diesem Buch finden Sie die gängigsten Lücken.

- Zustelltrick
- Verfolgungsverjährung
- Strafbarkeitsverjährung
- Vollstreckungsverjährung
- Ausländertricks

23 Namensanzeigen

Gregor hat das Verfahren gewonnen. Obwohl die Polizei seinen Namen kannte. Die Behörde hat sich in der Tatzeit geirrt. Kleine Fehler mit schönen Folgen für Schlupflochprofis. Grundsätzlich unterscheiden wir:

1) Kennzeichenanzeigen
2) Namensanzeigen. Das sind Strafverfahren mit bekanntem "Sünder". Diese nennen wir Namensanzeigen. Immer wenn der Name den Behörden bekannt ist, fallen eine Reihe von guten Schlupflöchern weg. Die Verfolgungsverjährung (6 Monate) wird nur mehr sehr schwer gelingen. Als nächste Verjährungsfrist (3 Jahre) gilt die Verfahrensverjährung. Da muss jemand schon eine lange Weltreise machen oder unbekannt verzogen sein, um in diesen Genuss zu kommen. Auch die so genannten Ausländertricks und Zustelltricks funktionieren bei den Namensanzeigen nicht.

Was funktioniert dann noch?

Alle Verfahren, bei denen die Behörde einen Fehler macht. Sie müssen daher sehr genau lesen und sich schon intensiv mit der Materie befassen. Die Autoren dieses Buches vertreten die Meinung, dass die Polizei "Verkehrssünder" anhalten sollten. Und nicht wie derzeit hinter einem Baum lauern und nach dem Kennzeichen anzeigen. Bei einer Anhaltung kann die Angelegenheit gleich an Ort und Stelle diskutiert werden. Sie können Gründe für Ihr Verhalten nennen. Polizisten können erklären, was an der Amtshandlung so wichtig ist. Aber bei diesem Gespräch von Auge zu Auge, können Sie straflos davonkommen, wenn Sie gute Kommunikation beherrschen. Diese ist nicht schwer - ganz im Gegenteil. Sie beruht auf sehr einfachen Grundsätzen. Diese gelten für alle Gespräche. Polizisten haben einige Eigenheiten, die zu beachten sind. Damit Sie auch bei Verkehrsanhaltungen Meister sind, finden Sie im Teil C das Kapitel
Mit Worten bist du Meister.

24 Zustellbestimmungen

Dietmar H. schreibt:

Zunächst einmal Gratulation zu Ihrem Buch, das ich bereits 2 x gelesen habe. Aus aktuellem Anlass eine Frage: Was ist, wenn mir die Behörde (Polizei) ein Schriftstück zustellen möchte (RSa-Brief), ich nicht zuhause bin und es auch am Postamt nicht abhole? Es gilt ja dann als nicht zugestellt. Kann das für mich zu einem Problem werden?
Wenn ja, warum?

Lieber Herr Dietmar S.:
Sie ahnen zu Recht, das wird ein Problem für Sie. Wenn Sie an Ihrer Adresse aufhältig sind, dann gilt das Schriftstück als zugestellt! (Auch wenn Sie es nicht abholen). Ab dem Tag der Hinterlegung bleibt das Behördenschreiben zwei bis drei Wochen am Postamt hinterlegt. In dieser Zeit müssen Sie es abholen, außer Sie sind ortsabwesend (Urlaub, Reise, Nebenwohnsitz, bei Freund-In usw.).

Machen wir gemeinsam einen Blick auf die Zeitskala:
1. Tag: Briefträger versucht die Zustellung des Behördenschreibens. Falls nicht möglich, gibts den 1. gelben Schein.
2. Tag: Briefträger versucht zum zweiten Mal die Zustellung. Falls nicht möglich, gibts den zweiten gelben Schein. Ab diesem Datum gilt der Brief als hinterlegt.
Achtung, lieber Dietmar: Ab Tag 2 läuft die 14-tägige Einspruchsfrist (wenn Sie in dieser Zeit an Ihrer Adresse aufhältig sind).
Wo darf die Behörde ihre Schreiben hinschicken? Das regelt § 4 (siehe nachstehenden Gesetzestext). Ist Dietmar nicht an seiner Adresse (Abgabestelle) aufhältig, dann muss er es nachträglich beweisen!!
Wie können Schlupflochprofis mit Zustelltricks straflos bleiben? Die Zustellung einer Strafe ist die Achillesferse des gesamten Verfahrens. Die Behörde ist verpflichtet,

Lenkererhebungen, Strafverfügungen usw. nachweislich zuzustellen. Gelingt das der Behörde nicht, dann haben Schlupflochprofis bereits gewonnen. Innerhalb von 6 Monaten muss die Behörde den tatsächlichen Lenker verfolgen (Verfolgungsverjährung). Innerhalb von 3 Jahren muss der rechtskräftige Strafbescheid bereits zugestellt sein. Hier gewinnen Profis am häufigsten mit Zustelltricks.

Sind Schlupflochprofis Gesellschaftsfeinde?

Bei dieser Gelegenheit eine Frage: Sind Schlupflochprofis Gesellschaftsfeinde, die sich zu viel herausnehmen?

Ehe Sie, werte Leser/Leserin, auf diese Frage antworten, denken Sie bitte nach, ob die Art und Weise, wie Behörden/Gesetzgeber, die Menschen behandeln, wirklich dem sozialen und humanen Standard des 3. Jahrtausends entspricht.

Achtung: E-Mail Falle!

Die Regierung plant ein neues Zustellgesetz (in Kraft ab Frühjahr 2002). Wir haben den Gesetzesentwurf für Sie geprüft. Die wesentlichste Bestimmung für Schlupflochprofis findet sich im geplanten § 17a Zustellgesetz. *E-government* nennt sich das Projekt, wonach Behördenverfahren auf elektronischem Wege abgehandelt werden sollen. Dabei ist eine Zustellung per E-Mail geplant. Sobald die Behörde Ihre E-Mail-Adresse kennt, kann sie Schriftstücke als E-Mail zustellen (immer vorausgesetzt, der geplante § 17a tritt in Kraft).

Was bedeutet das für Sie? Alle Verzögerungen, die Sie jetzt durch Ortsabwesenheit, Aufenthalt am Nebenwohnsitz, Urlaub usw. erreichen, sie dann nicht mehr möglich. Die Zustellung gilt (laut Gesetzesentwurf) sobald Sie auf Ihrem Server gelandet ist.

Woher kennt die Behörde Ihre E-Mail Adresse? Von Einsprüchen, die Sie per E-Mail bereits jetzt an die Behörde schicken. Von Ihrem Briefpapier oder Ihrer Homepage. Was ist zu tun? Wir raten, Behörden nicht mittels privater E-Mail Adresse zu kontaktieren. Auch auf öffentlich zugänglichen Schriftstücken (Visitenkarte, Briefpapier usw.) sollten Sie besser keine private E-Mail Adresse veröffentlichen.

Terminprobleme

Die geplante Bestimmung nimmt auch keine Rücksicht, ob Sie gerade auf Urlaub sind und Ihre E-Mails nicht abrufen. Die 14-Tages-Frist läuft. Nach den Vorstellungen des Gesetzgebers müssen dann Sie beweisen, dass Sie keine Gelegenheit hatten, Ihre E-Mails abzurufen. Ehe Sie sich das antun, sollten Sie lieber keine private E-Mail- Adresse für Behördenangelegenheiten verwenden!
Sobald das Gesetz in Kraft tritt, werden wir es gründlich analysieren und auf unserer Homepage (www.kleindienst.cc) Tipps veröffentlichen.

Wichtige Paragraphen aus dem Zustellgesetz:

Abgabestelle

§ 4. Abgabestelle im Sinne dieses Bundesgesetzes ist der Ort, an dem die Sendung dem Empfänger zugestellt werden darf; das ist die Wohnung oder sonstige Unterkunft, die Betriebsstätte, der Sitz, der Geschäftsraum, die Kanzlei oder der Arbeitsplatz des Empfängers, im Falle einer Zustellung anläßlich einer Amtshandlung auch deren Ort.

Mehrmalige Zustellung

§ 6. Wird das gleiche Schriftstück mehrmals gültig zugestellt, so ist die erste Zustellung maßgebend.

Heilung von Zustellmängeln

§ 7. Unterlaufen bei der Zustellung Mängel, so gilt sie als in dem Zeitpunkt bewirkt, in dem das Schriftstück dem von der Behörde angegebenen Empfänger tatsächlich zugekommen ist.

Änderung der Abgabestelle

§ 8. (1) Eine Partei, die während eines Verfahrens, von dem sie Kenntnis hat, ihre bisherige Abgabestelle ändert, hat dies der Behörde unverzüglich mitzuteilen.

(2) Wird diese Mitteilung unterlassen, so ist, soweit die Verfahrensvorschriften nicht anderes vorsehen, die Zustellung durch Hinterlegung ohne vorausgehenden Zustellversuch vorzunehmen, falls eine Abgabestelle nicht ohne Schwierigkeiten festgestellt werden kann.

Vornahme der Zustellung
Zustellung an den Empfänger

§ 13. (1) Die Sendung ist dem Empfänger an der Abgabestelle zuzustellen. Ist aber auf Grund einer Anordnung einerVerwaltungsbehörde oder eines Gerichtes an eine andere Person als den Empfänger zuzustellen, so tritt diese an die Stelle des Empfängers.

(2) Bei Zustellungen durch Organe der Post oder der Gemeinde darf auch an eine gegenüber der Post oder der Gemeinde zur Empfangnahme solcher Sendungen bevollmächtigte Person zugestellt werden, soweit dies nicht durch einen Vermerk auf der Sendung ausgeschlossen ist.

(3) Ist der Empfänger keine natürliche Person, so ist die Sendung einem zur Empfangnahme befugten Vertreter zuzustellen.

(4) Ist der Empfänger eine zur berufsmäßigen Parteienvertretung befugte Person, so ist die Sendung in deren Kanzlei zuzustellen und darf an jeden dort anwesenden Angestellten des Parteienvertreters zugestellt werden; durch Organe der Post darf an bestimmte Angestellte nicht oder nur an bestimmte Angestellte zugestellt werden, wenn der Parteienvertreter dies schriftlich bei der Post verlangt hat. Die Behörde hat Angestellte des Parteienvertreters wegen ihres Interesses an der Sache oder auf Grund einer zuvor der Behörde schriftlich abgegebenen Erklärung des Parteienvertreters durch einen Vermerk auf der Sendung und dem Rückschein von der Zustellung auszuschließen; an sie darf nicht zugestellt werden.

(5) Außerhalb der Abgabestelle kann vorbehaltlich des § 24 rechtswirksam nur zugestellt werden, wenn die Annahme der Sendung nicht verweigert wird.

(6) Ist keine Abgabestelle im Inland vorhanden, so darf an jedem Ort zugestellt werden, an dem der Empfänger angetroffen wird.

§ 16. (1) Kann die Sendung nicht dem Empfänger zugestellt werden und ist an der Abgabestelle ein Ersatzempfänger anwesend, so darf an diesen zugestellt werden (Ersatzzustellung), sofern der Zusteller Grund zur Annahme hat, daß sich der Empfänger oder ein

Vertreter im Sinne des § 13 Abs. 3 regelmäßig an der Abgabestelle aufhält.

(2) Ersatzempfänger kann jede erwachsene Person sein, die an derselben Abgabestelle wie der Empfänger wohnt oder Arbeitnehmer oder Arbeitgeber des Empfängers ist und die - außer wenn sie mit dem Empfänger im gemeinsamen Haushalt lebt - zur Annahme bereit ist.

(3) Durch Organe der Post darf an bestimmte Ersatzempfänger nicht oder nur an bestimmte Ersatzempfänger zugestellt werden, wenn der Empfänger dies schriftlich bei der Post verlangt hat.

(4) Die Behörde hat Personen wegen ihres Interesses an der Sache oder auf Grund einer schriftlichen Erklärung des Empfängers durch einen Vermerk auf der Sendung und dem Rückschein von der Ersatzzustellung auszuschließen; an sie darf nicht zugestellt werden.

(5) Eine Ersatzzustellung gilt als nicht bewirkt, wenn sich ergibt, daß der Empfänger oder dessen Vertreter im Sinne des § 13 Abs. 3 wegen Abwesenheit von der Abgabestelle nicht rechtzeitig vom Zustellvorgang Kenntnis erlangen konnte, doch wird die Zustellung mit dem der Rückkehr an die Abgabestelle folgenden Tag wirksam.

Hinterlegung

§ 17. (1) Kann die Sendung an der Abgabestelle nicht zugestellt werden und hat der Zusteller Grund zur Annahme, daß sich der Empfänger oder ein Vertreter im Sinne des § 13 Abs. 3 regelmäßig an der Abgabestelle aufhält, so ist das Schriftstück im Falle der Zustellung durch die Post beim zuständigen Postamt, in allen anderen Fällen aber beim zuständigen Gemeindeamt oder bei der Behörde, wenn sie sich in derselben Gemeinde befindet, zu hinterlegen.

(2) Von der Hinterlegung ist der Empfänger schriftlich zu verständigen. Die Verständigung ist in den für die Abgabestelle bestimmten Briefkasten (Briefeinwurf, Hausbrieffach) einzulegen, an der Abgabestelle zurückzulassen oder, wenn dies nicht möglich ist, ander Eingangstüre (Wohnungs-, Haus-, Gartentüre) anzubringen. Sie hat den Ort der Hinterlegung zu bezeichnen, den Beginn und die Dauer

der Abholfrist anzugeben sowie auf die Wirkung der Hinterlegung hinzuweisen.

(3) Die hinterlegte Sendung ist mindestens zwei Wochen zur Abholung bereitzuhalten. Der Lauf dieser Frist beginnt mit dem Tag, an dem die Sendung erstmals zur Abholung bereitgehalten wird. Hinterlegte Sendungen gelten mit dem ersten Tag dieser Frist als zugestellt. Sie gelten nicht als zugestellt, wenn sich ergibt, daß der Empfänger oder dessen Vertreter im Sinne des § 13 Abs. 3 wegen Abwesenheit von der Abgabestelle nicht rechtzeitig vom Zustellvorgang Kenntnis erlangen konnte, doch wird die Zustellung an dem der Rückkehr an die Abgabestelle folgenden Tag innerhalb der Abholfrist wirksam, an dem die hinterlegte Sendung behoben werden könnte.

(4) Die im Wege der Hinterlegung vorgenommene Zustellung ist auch dann gültig, wenn die im Abs. 2 oder die im § 21 Abs. 2 genannte Verständigung beschädigt oder entfernt wurde.

Verweigerung der Annahme

§ 20. (1) Verweigert der Empfänger oder ein im gemeinsamen Haushalt mit dem Empfänger lebender Ersatzempfänger die Annahme ohne Vorliegendes im § 13 Abs. 5 genannten oder eines anderen gesetzlichen Grundes, so ist die Sendung an der Abgabestelle zurückzulassen oder, wenn dies nicht möglich ist, nach § 17 ohne die dort vorgesehene schriftliche Verständigung zu hinterlegen.

(2) Zurückgelassene Sendungen gelten damit als zugestellt.

(3) Wird dem Zusteller der Zugang zur Abgabestelle verwehrt, verleugnet der Empfänger seine Anwesenheit, oder läßt er sich verleugnen, so gilt dies als Verweigerung der Annahme.

Zustellung zu eigenen Handen

§ 21. (1) Dem Empfänger zu eigenen Handen zuzustellende Sendungen dürfen nicht an einen Ersatzempfänger zugestellt werden.

(2) Kann die Sendung beim ersten Zustellversuch nicht zugestellt werden, so ist der Empfänger schriftlich unter Hinweis auf die sonstige Hinterlegung zu ersuchen, zu einer gleichzeitig zubestim-

menden Zeit an der Abgabestelle zur Annahme des Schriftstückes anwesend zu sein. Dieses Ersuchen ist in den für die Abgabestelle bestimmten Briefkasten (Briefeinwurf, Hausbrieffach) einzulegen, an der Abgabestelle zurückzulassen oder, wenn dies nicht möglich ist, ander Eingangstüre (Wohnungs-, Haus-, Gartentüre) anzubringen. Zur angegebenen Zeit ist ein zweiter Zustellversuch durchzuführen. Ist auch dieser erfolglos, ist nach § 17 zu hinterlegen.

Ortsabwesenheit

Wir unterscheiden zwei Arten der Ortsabwesenheit.

1. *Ortsabwesenheit, die der Post bekannt gegeben wird*

Sie müssen bei ihrem Postamt auf dem Formular bekannt geben, von wann bis wann Sie ortsabwesend sind. Auch müssen Sie bekannt geben, ob die normale Post (Zeitungen, Briefe usw.) in den Briefkasten oder beim Postamt bleiben. Wenn zum Beispiel ein Nachbar Ihre Blumen gießt und Ihren Briefkasten entleert, dann kann die normale Post gebracht werden. Nur eingeschriebene Sendungen gehen zurück an den Absender.

Dürfen "Ortsabwesende" zu Hause sein?

Ja! Beispiel: Sie melden sich ortsabwesend, da Sie eine Radtour in der näheren Umgebung machen und im Zelt übernachten. Nach einigen Tagen wird es Ihnen zu ungemütlich und Sie schlafen eine Nacht zu Hause. Das ist bei Ortsabwesenheit kein Problem. Beachten Sie aber bitte, dass Sie im Zweifel mit Zeugen oder Belegen einen Beweis erbringen können, dass Sie ortsabwesend waren.

2. *Ortsabwesenheit, die nicht gemeldet wird*

Leute mit einem Nebenwohnsitz geben normalerweise der Post nicht bekannt, dass sie zum Beispiel 3 Wochen zum Wochenendhaus fahren. Kommt in dieser Zeit eingeschriebene Behördenpost und Sie versäumen eine Frist, dann müssen Sie die Abwesenheit beweisen.

Wie beweise ich, dass ich am Nebenwohnsitz, auf Urlaub, auf Kur oder sonstwo war?

Mit Belegen wie Flugtickets, Kurbestätigung oder mit Zeugen.

Fragen

1. Kann eingeschriebene Post korrekt zugestellt werden, wenn ich ortsabwesend bin?
a: Ja b: Nein

2. Muss ich der Post die Ortsabwesenheit melden?
a: Ja b: Nein

3. Muss ich im Zweifel die Ortsabwesenheit beweisen?
a: Ja b: Nein

4. Unterbricht die Ortsabwesenheit Verjährungsfristen?
a: Ja b: Nein

5. Kann mich die Post für ortsanwesend erklären, obwohl ich mich ortsabwesend gemeldet habe?
a: Ja b: Nein

6. Gilt meine Ortsabwesenheit dennoch, wenn ich den Beweis dafür erbringe?
a: Ja b: Nein

7. Plant der Gesetzgeber eine Zustellung durch E-Mail?
a: Ja b: Nein

Antworten: (1.b) (2.b) (3.a) (4.b) (5.a) (6.a) (7.a)

25 Ausländische Lenker

Ungarische Freundin

Hannes K. hat eine ungarische Freundin. Wie es zwischen Partnern so üblich ist, fährt sie oft mit seinem Auto. Begeht sie eine Verwaltungsübertretung, dann führt jede Bestrafung ins Leere. Die für Hannes' Wohnort zuständige Polizeidirektion Wiener Neustadt ist sehr gewissenhaft, aber auch sehr freundlich und entgegenkommend. Im Schriftverkehr verweist sie auf die Mitwirkungspflicht bei der Angabe von ausländischen Fahrzeuglenkern und beruft sich auf Entscheidungen des VwGH v. 23. 9. 1987, 87/03/0060. Es freut Hannes und andere Bürger sehr, wenn Beamte freundlich und entgegenkommend sind. Aber unabhängig vom Verhalten der Beamten ist die Rechtslage maßgeblich. Die schaut folgendermaßen aus:

Personen mit Wohnsitz im Ausland dürfen Fahrzeuge mit österreichischem Kennzeichen lenken. Sind sie nicht selbst die Zulassungsbesitzer, dann muss der Zulassungsbesitzer deren Namen und Adresse notieren (§ 103 Abs. 2 KFG). Die Behörde hat das Recht, den Namen und die Adresse zu erfragen. Glaubt die Behörde nicht, dass eine Person mit Wohnsitz im Ausland das Fahrzeug hatte, dann kann sie den Zulassungsbesitzer zur weiteren Mitwirkung auffordern.

Fragen, die von Behörden gerne gestellt werden:

- Wann ist diese Person eingereist?
- Wann ausgereist?
- Wo war der Wohnsitz in Österreich?
- Wer kann das bezeugen?

WICHTIG: Zulassungsbesitzer müssen antworten!!
Hannes hat der Behörde folgendermaßen geantwortet:

Meine Freundin ist am Tag der Verkehrsübertretung eingereist und wieder ausgereist. Somit hat sie nicht in Österreich gewohnt. Ich kenne keine Zeugen.

Somit hat Hannes seine Pflicht getan. Jetzt schickt die Behörde einen Brief nach Ungarn zu seiner Freundin. Wenn sie diesen Brief entgegennimmt, dann ist bewiesen, dass es sie gibt. Wenn sie der Behörde antwortet, dass sie die Lenkerin war (oder über das Fahrzeug verfügt hat), dann ist Hannes bereits straflos. Seine Freundin kann de facto nicht bestraft werden. Selbst wenn die Behörde eine Strafverfügung (Straferkenntnis) erlässt, so kann sie nie das Geld kassieren. Im Abkommen von Schengen ist klar geregelt, dass Verwaltungsübertretungen nicht in Fahndungscomputer (EKIS) aufgenommen werden dürfen. Somit kann die Freundin von Hannes ungehindert nach Österreich einreisen. Bei der Grenzkontrolle liegt die Verwaltungsstrafe nicht auf. Selbst bei Verwaltungsstrafen, die sehr hoch sind, wie bei illegalen Prostituierten aus dem Ausland, liegen die Strafen nicht im Fahndungscomputer gespeichert.

Hohe Strafen von illegalen ausländischen Prostituierten sind auch nicht im Fahndungscomputer

Ausländische Zeugen

Rudi hat eine Freundin, die in der Slowakei wohnt. Viel zu selten, findet Rudi, kommt sie ihn besuchen. Bei einer Ausfahrt in Rudis Cabrio sehen sie schon von weitem eine Verkehrskontrolle. Ein Polizist steht mit der Laserpistole, ein zweiter schreibt auf. Rudi bremst sich rechtzeitig ein. Seine Freundin schaut auf den Tacho und stellt fest, dass sie nicht zu schnell fahren. Dennoch flattert eine Anonymverfügung ins Haus. Im Verfahren will Rudi seine Unschuld beweisen und nennt seine Freundin als Zeugin. Die Behörde schickt ihr eine Zeugenladung in die Slowakei. In der Zwischenzeit haben sich die beiden aber getrennt. Die Exfreundin schickt der Behörde ein Fax, in dem sie bestätigt, dass Rudi nicht zu schnell gefahren ist. Als Zeugin nach Österreich zu kommen lehnt sie jedoch ab. Was nun? Österreichische Behörden haben keine Chance, sie zur Zeugenaussage zu zwingen (im Gegensatz zu Zeugen, die in Österreich wohnen). Jetzt wird es für die Behörde unangenehm. Es gibt eine Zeugin. Die kommt aber nicht zur Behörde. Sie hat ein Fax geschickt

mit er Bestätigung, dass Rudi nicht zu schnell gefahren ist. Was wird die Behörde jetzt machen?
Mindestens ein Jahr wird vergehen, bis das Verfahren vom zuständigen Richter beim UVS behandelt wird, falls Rudi Einspruch (Berufung) erhebt. Ob sich dann der Polizist noch an die Amtshandlung erinnern kann?
Das ist ein typischer Fall, von dem keiner voraussagen kann, wie er ausgehen wird. Behörden müssen Beweise nach dem Grundsatz der freien Beweiswürdigung betrachten. Die Chancen für Rudi sind jedenfalls erheblich besser als ohne seine Zeugin aus der Slowakei.

Rechtsvertreter aus dem Ausland

Jaromir ist Rechtsanwalt in Ungarn. In Österreich hat er eine sehr gute Bekannte, Michaela. Sie vertraut ihm voll und ganz. Immer wenn Michaela Anzeigen erhält, dann macht sie Jaromir aus Ungarn als ihren Rechtsvertreter namhaft. Das ist im Verwaltungsstrafverfahren möglich. Österreichische Behörden haben mit dieser Situation wenig Freude und wenig Erfahrung. Es gibt auch noch zu wenig Judikatur darüber. Wo ist der Zustellort? Im Ausland? Nach welchem Zustellrecht? Wie verhält es sich mit den Fristen bei Ortsabwesenheit? Wie kommt die Behörde in diesem Fall mit Verjährungsfristen zurecht? Diese und viele andere Fragen sind offen. Michaela ist eine engagierte Schlupflochsucherin. Sie findet das Spiel mit den Behörden in etwa so unterhaltsam wie andere Menschen die Moorhuhnjagd. Sobald sich eine brauchbare Judikatur aus der Situation mit dem Rechtsvertreter im Ausland herausgebildet hat, werden wir unsere Leser selbstverständlich davon in Kenntnis setzen. Bis dahin wird es Michaela und einigen wenigen anderen vorbehalten bleiben, mit dieser Variante zu operieren. Rechtlich ist ganz einfach zu klären, ob bei ausländischen Rechtsvertretern eine inländische Zustelladresse genannt werden muss.

Häufige Situationen

Behörden stellen alle Haare auf, wenn ihnen Lenker mit Wohnsitz im Ausland gemeldet werden. Klar doch, da haben sie (mit Ausnahme Deutschland) keine Chance. Aber in welchen Situation kommt es dazu, dass Österreichische Fahrzeuge von Lenkern aus dem Ausland benutzt werden?

- Bekannte, Angehörige oder Freunde auf Besuch
- Probefahrten bei Fahrzeugverkauf
- Flüchtige Bekanntschaften (one night)
- Geschäftspartner
- Geschäftsanbahnung.

Fazit: Mehrere Praxisfälle mit Lenkern aus dem Ausland sind im Buch beschrieben. Im Stichwortverzeichnis sind diese Fälle leicht zu finden. Verfahren werden immer dann gewonnen, wenn es den ausländischen Lenker tatsächlich gibt. Sobald er/sie die Behördenpost beantwortet, hat der Zulassungsbesitzer seine Mitwirkungspflicht erfüllt.

Rechtshilfeabkommen in Vorbereitung

Die Innenminister haben sich darauf geeinigt, ein Rechtshilfeabkommen zu beschließen. Das wird noch Monate , wenn nicht Jahre dauern. Und es wird Lücken haben, die wir Ihnen mitteilen werden.

Fragen

1. *Dürfen Personen mit Wohnsitz im Ausland österreichische Fahrzeuge lenken?*
a: Ja   b: Nein

2. *Darf der Zulassungsbesitzer diesen Personen sein Fahrzeug überlassen (Verfügungsberechtigung)?*
a: Ja   b: Nein

3. *Was muss der Zulassungsbesitzer notieren?*
a: Nichts
b: Name, Adresse, Führerschein-, Reisepassdaten
c: Name und Adresse

4. *Muss der Zulassungsbesitzer Fragen der Behörde zu dieser Person beantworten (Mitwirkungspflicht)?*
a: Ja   b: Nein

5. *Muss der Zulassungsbesitzer Näheres über diese Personen wissen (Einreisedatum, Unterkunft, Zeugen usw.)?*
a: Ja   b: Nein

Antworten: (1.a) (2.a) (3.c) (4.a) (5.b)

26 Formulare

Beschwerde beim UVS
(Formvorschrift des § 67c Abs. 3 AVG)

Siegrid Musterfrau
Adresse Datum

Betreff: Beschwerde wegen
1) unmittelbarer verwaltungsbehördlicher Befehls- und Zwangsgewalt
2) Verletzung der Richtlinienverordnung
3) Rechtswidriger Schubhaft

An den
Unabhängigen Verwaltungssenat (UVS)
des Bundeslandes ...
Adresse....

Sehr geehrte Damen und Herren!

Folgende Behörde ....
hat eine rechtswidrige Handlung gesetzt.
Sachverhalt:
(Handlungsablauf, Ort, Zeit, handelnde Personen, Zeugen, Beweise, ...).

Seit der rechtswidrigen Handlung sind noch keine 6 Wochen vergangen. Ich stelle den Antrag, der UVS möge die Rechtswidrigkeit der belangten Behörde feststellen.

Hochachtungsvoll
Unterschrift

Hinweis: Beachten Sie bitte, dass Ihnen Kosten entstehen können (siehe Kapitel Beschwerden). Es besteht keine Anwaltspflicht. Der UVS entscheidet auf Grund der vorgelegten Beweise.

Einspruch

Siegrid Musterfrau
Adresse Datum

Betreff: Einspruch gegen die Strafverfügung Nr. ...

An die
Behörde ...
(eingeschrieben, per fax, persönlich abgegeben)

Sehr geehrte Damen und Herren;

Ich erhebe Einspruch.

Hochachtungsvoll
Siegrid Musterfrau

Wichtig:
Die Berufung muss binnen 14 Tagen nachweislich eingebracht werden. (Bestätigung über eingeschriebenen Brief, Faxbestätigung, Bestätigung über die persönliche Abgabe beim Amt). Begründung ist nicht erforderlich, kann aber hilfreich sein (siehe Johanna's Fall). Der Einspruch bewirkt die Einleitung eines ordentlichen Verfahrens. Einspruch gegen die Strafhöhe ist ebenfalls möglich. Hier wird lediglich über die Höhe der Strafe neu entschieden. Begründungen können nachgeliefert oder zurückgezogen werden. Der Einspruch kann ebenfalls zurückgezogen werden.

Berufung

Siegrid Musterfrau
Adresse   Datum

Betreff: Berufung gegen das Straferkenntnis Nr. ...

An die
Behörde ...
(eingeschrieben, per fax, persönlich abgegeben)

Sehr geehrte Damen und Herren;

Ich erhebe Berufung.
Begründung:
1. ...
2 ....
usw.

Hochachtungsvoll
Siegrid Musterfrau

Wichtig:
Die Berufung muss binnen 14 Tagen nachweislich eingebracht werden. (Bestätigung über eingeschriebenen Brief, Faxbestätigung, Bestätigung über die persönliche Abgabe beim Amt). Die Berufung muss begründet werden. Weitere Begründungen konnen nachgeliefert aber auch wieder zurückgezogen werden. Die Berufung kann auch zurückgezogen werden. Grundsatz: umso mehr Begründungen und Beweisanträge umso besser.

Lenkerauskunft

Die Lenkerauskunft können Sie auf dem Formular der Behörde oder in einem formlosen Schreiben abgeben.

Beachten Sie:
Innerhalb von 14 Tagen muss die Lenkerauskunft nachweislich aufgegeben sein (Bestätigung über eingeschriebenen Brief, Faxbestätigung oder Bestätigung über perönlich Abgabe beim Amt).
Die Lenkerauskunft muss Name und Adresse des Lenkers oder des Verfügungsberechtigten enthalten.
Führerscheindaten müssen Sie nicht angeben. Sehr wohl müssen Sie sich überzeugen, ob eine Person, der Sie das Fahrzeug zum Lenken überlassen, einen entsprechenden Führerschein besitzt.

Wir empfehlen:
Legen Sie sich alle Unterlagen zu einem Verwaltungsstrafverfahren in einen Ordner. So haben Sie immer alles bei der Hand. Erfahrungsgemäß finden sich "Zettel" nach einigen Monaten nicht mehr, wenn sie nicht einen fixen Platz haben.

27 Beschwerden

Beschwerdemöglichkeiten

sehr geehrter herr kleindienst,
dank ihren tipps im buch "nie mehr strafe zahlen" bin ich mittlerweile sehr straflos unterwegs. mein letzter fall war: geschwindigkeitsübertretung um 21 km/h auf der südosttangente, und ein radarkasten hat mich erwischt. ich zögerte den fall bis knapp vor die 6monatige verjährungsfrist hinaus (ich war sehr viel ortsabwesend) und gab dann den lenker bekannt, der allerdings in der steiermark seinen hauptwohnsitz hat. folgendes ist passiert: die lenkererhebung, die ich eingeschrieben aufgegeben habe ist komischerweise nie am koat. favoriten eingelangt. ein postnachforschungsauftrag hat ergeben, dass der brief sehr wohl von der polizei empfangen wurde. es wäre sich allerdings innerhalb der verjährungsfrist nicht mehr ausgegangen den akt zur bpd leoben zu senden um den lenker zu erwischen. sie hätten sich also, wie sie so gut formulieren, den akt in den ablagekasten schieben können. d. h. irgendwer bei der polizei am koat favoriten hat den brief verschwinden lassen. (der kreis läßt sich auf 2 menschen einengen, nämlich: postbote und strafreferent) für mich ist das natürlich alles sehr nützlich, spaßig, ich will aber auch einen kleinen skandal daraus machen.
haben sie vielleicht eine idee an wen ich mich alles wenden kann um diese gaunereien in diesem kommissariat aufzuzeigen?
(dienstaufsichtsbeschwerde, innenministerium? vielleicht mit einem rechtsanwalt?)
herzlichen dank, und ich freue mich schon auf ihr neues buch

Siegrid hat eine Wut im Bauch. Sie wurde von einem Polizisten unkorrekt behandelt. Was kann Siegrid machen? Eine Beschwerde einbringen. Wir unterscheiden

1. *Beschwerden bei der einschreitenden Behörde.* Im Fall des Polizisten ist das seine vorgesetzte Diensstelle bis hinauf zum Innenminister. Diese Beschwerden kosten nichts, bringen aber auch nichts, außer Ärger für alle Beteiligten. Wann macht so eine Beschwerde trotzdem Sinn? Immer dann, wenn die Amtshandlung gesetzwidrig war. Zum Beispiel eine nicht gerechtfertigte Anzeige, eine Misshandlung und dergleichen. Nur so werden Vorgesetzte auf unkorrektes Verhalten aufmerksam. Wenn Sie aus reinem Ärger einen Beschwerdegrund erfinden, dann stärkt das zumeist die Position des Polizisten. Sie können keine Beweise oder Belege vorbringen. Somit sind Sie nicht glaubwürdig.

2. *Beschwerden beim Unabhängigen Verwaltungssenat (UVS).* Diese haben eine andere Qualität. Hier wird das Verhalten des Beamten von einem unabhängigen Gericht beurteilt. Beschwerden vom UVS müssen sich auf ganz bestimmte Vorfälle beziehen und können Geld kosten oder Geld bringen.

Beschwerdemöglichkeit:

- Beschwerde wegen unmittelbarer verwaltungsbehördlicher Befehls- und Zwangsgewalt (Festnahmen, Abschleppung eines Kfz, Führerscheinabnahme, Hausdurchsuchung...)

- Beschwerde wegen Verletzung der Richtlinien über das korrekte Einschreiten (Dienstnummer verweigert, ungebührliches Einschreiten, usw.)

- Beschwerde wegen rechtswidriger Schubhaft.

Die Beschwerde muss innerhalb von 6 Wochen eingereicht werden. Sie hat zu beinhalten: die beschwerte Behörde, einen Hinweis, welches Verhalten rechtswidrig war, den Sachverhalt und den Antrag auf Rechtswidrigkeitserklärung (siehe Kapitel Formulare). Die Kosten bestimmt die Aufwandsverordnung für UVS:

§ 1. Für die Berechnung des Aufwandersatzes im Verfahren vor den unabhängigen Verwaltungssenaten wegen der Ausübung unmittelbarer verwaltungsbehördlicher Befehls- und Zwangsgewalt gemäß § 67c AVG gelten folgende Pauschbeträge:

1. Ersatz für den Schriftsatzaufwand des Beschwerdeführers als obsiegende Partei 8.400 S
2. Ersatz für den Verhandlungsaufwand des Beschwerdeführers als obsiegende Partei 10.400 S
3. Ersatz für den Vorlageaufwand der belangten Behörde als obsiegende Partei 565 S
4. Ersatz für den Schriftsatzaufwand der belangten Behörde als obsiegende Partei 2.800 S
5. Ersatz für den Verhandlungsaufwand der belangten Behörde als obsiegende Partei 3.500 S
6. Ersatz für den Schriftsatzaufwand des Beschwerdeführers für den Antrag auf Wiederaufnahme des Maßnahmebeschwerdeverfahrens gegen die Partei, die den Bescheid oder die Einstellung durch eine gerichtlich strafbare Handlung herbeigeführt oder sonstwie erschlichen hat 6.250 S
7. Ersatz für den Schriftsatzaufwand der Behörde für den Antrag auf Wiederaufnahme des Maßnahmebeschwerdeverfahrens gegen die Partei, die den Bescheid oder die Einstellung durch eine gerichtlich strafbare Handlung herbeigeführt oder sonstwie erschlichen hat 2.100 S

Wenn sich Siegrid beim UVS über die Polizei beschwert und verliert, dann zahlt sie gem.
3. öS 565,--. Hat die Polizei einen Schriftsatz vorgelegt, zusätzlich öS 2.800,--. Gab es eine Verhandlung beim UVS, zusätzlich öS 3.500,--Somit max. öS 6.865,--. Gewinnt Siegrid, erhält sie für ihr Schreiben öS 8.400,--, bei einer Verhandlung zusätzlich öS 10.400,--.
Sabine wird der Führerschein abgenommen. Die Behörde schreibt in den Bescheid, dass die Gendarmerie Sabine observieren soll. Was die Behörde übersieht: Observation ist laut Sicherheitspolizeigesetz nur bei Kriminellen zulässig. Sabine hat die Maßnahmenbeschwerde so gut wie gewonnen.

28 *Radarfallen*

Nur hier finden Sie die Radarstandorte des Innenministeriums in Österreich: www.bmi.gv.at

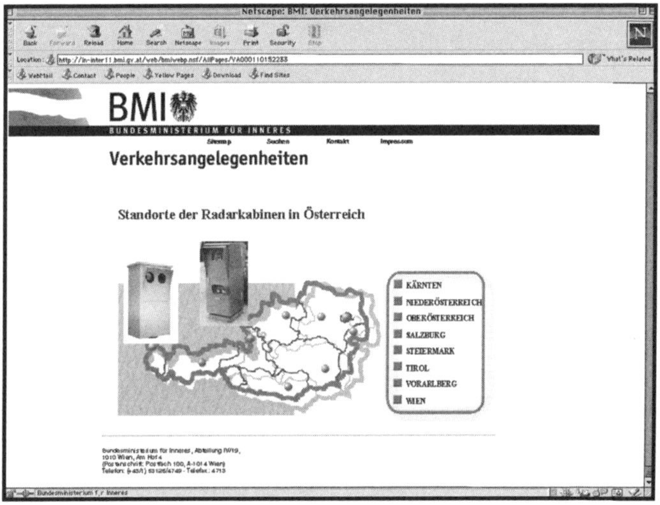

29 Deutsche bleiben straflos in Österreich

Neun von zehn Deutschen zahlen in Österreich unnötig

Unglaublich aber wahr, wie viele Deutsche unnötig Strafe an die Österreicher bezahlen.
Es sind mehr als 90 % aller Strafen. Mit einem Fax an die österreichische Behörde würden sie straflos bleiben. Wie? Durch das Ausnützen einer Lücke im Rechtshilfeabkommen. Ärgern Sie sich nicht über Strafen, die vermeidbar gewesen wären. Aber machen Sie nicht die gleichen Fehler wie in der Vergangenheit!

Kennzeichenanzeigen, Namensanzeigen

Hugo M. aus München schreibt uns:

... vergangenes Jahr war ich mit meiner Frau im Burgenland auf Urlaub. Auf dem Weg durch Wien erhielt meine Frau einen Strafzettel wegen Falschparken. Nun ja, ich als Fahrzeughalter zahlte nicht. Der Urlaub ging zu Ende und wir fuhren nach München. Zweimal kam ein Einschreiben von Regensburg. Ich holte es nicht ab. Schließlich kam das große Schreiben aus Wien mit einem Erlagschein ...

Immer weniger Österreicher bezahlen Strafe. Dafür werden immer mehr deutsche Autofahrer in Österreich zur Kasse gebeten. Und sie bezahlen fleißig. Völlig unnötig, wie Sie sehen werden!

Herr M. konsultierte einen Rechtsanwalt in Deutschland, der allerdings mit der österreichischen Situation nicht genügend vertraut war.

Herr M. hat bezahlt. Aber zum letzten Mal! Wie? Sehr einfach. Die österreichischen Behörden müssen den tatsächlichen Fahrzeuglenker kennen. Hier liegt der entscheidende Unterschied zur deutschen Regelung. Während bei Falschparkdelikten in Deutschland die Halterhaftung gilt, kann in Österreich nur der Lenker bestraft werden. Während in Deutschland der Lenker nicht bekannt gegeben werden muss, besteht in Österreich eine verpflichtende Lenkerauskunft. Wie beim Zusammentreffen von zwei verschiedenen Gesteinsarten Lücken entstehen, ist es auch hier bei Gesetzen zweier verschiedener Länder. Wenn Hugo M. heute eine Strafe aus Österreich erhält, dann antwortet er so:

Hugo M.
Adresse

Betreff: Einspruch gegen die Strafverfügung Nr. ...

An die
Behörde ...
per Fax

**Sehr geehrte Damen und Herren;
Ich erhebe Einspruch. Diesen begründe ich damit, dass ich nicht der Lenker meines Fahrzeuges zur Tatzeit war. Den Lenker gebe ich Ihnen nicht bekannt. Nach deutschem Verfassungsrecht bin ich dazu nicht verpflichtet. Stellen Sie das Verfahren gegen mich bitte ein.
Hochachtungsvoll**

Hugo M. hat damit alles unternommen, was erforderlich ist, um straflos zu bleiben. Aber ACHTUNG: Österreichische Behörden versuchen es trotzdem und schicken fleißig Zahlungsaufforderungen und drohen sogar mit Gefängnis. Herr M. und andere Schlupflochprofis antworten auf Strafverfügungen und Straferkenntnisse aus Österreich immer wieder:

"Sorry, ich war nicht der Lenker. Bestrafen Sie bitte den Lenker und nicht mich."

Gerade für deutsche Fahrzeuglenker, die beruflich oder urlaubend in Österreich unterwegs sind, gibt es einen Riesenunterschied zwischen Kennzeichenanzeigen und Namensanzeigen.
Bei Kennzeichenanzeigen weiß die Polizei nicht, wer das Fahrzeug gelenkt hat. Bei Namensanzeigen sehr wohl. 90 % der österreichischen Anzeigen basieren lediglich auf dem Kennzeichen. Bei Österreichern tun sich die Behörden leichter. Diese sind gem. § 103 Abs. 2 KFG verpflichtet, den tatsächlichen Lenker bekannt zu geben.
Wie kann ein Deutscher wegen einer Verkehrsübertretung in Österreich überhaupt bestraft werden? Zwischen Deutschland und Österreich besteht ein Rechtshilfeabkommen. Bei Strafen über € 25.- helfen sich die Länder untereinander beim Eintreiben der Strafe.
Das Rechtshilfeabkommen mit Deutschland greift voll bei Namensanzeigen. Wenn Deutsche von der österreichischen Polizei (oder Gendarmerie) angehalten werden und der Name des Fahrzeuglenkers notiert wird, dann ist

es unangenehm. In diesem Fall kommt es am billigsten, sofort zu bezahlen. Wenn Sie nicht an Ort und Stelle bezahlen, dann wird das Verfahren aus Österreich geführt, allerdings mit voller Unterstützung der deutschen Polizei (Finanzbehörde).
Seit Jahren kennen einige Schlupflochprofis die Lücke bei Kennzeichenanzeigen. Genauso lange versuchen österreichische Behörden diese Lücke zu schließen. Allerdings erfolglos. Sehen wir uns die behördliche Regelung an:

Überprüfung und Zurückweisung österreichischer Vollstreckungsersuchen i.S. Geldstrafen wegen Verwaltungsübertretungen
OFD-Verfg. V 4.2.1997; S 0277-29/4 St342 und
OFD-Verfg. V. 16.9.1997; S 0277-29/10 St 342.
Betroffen sind davon Straferkenntnisse österreichischer Verwaltungsbehörden im Zusammenhang mit der sogenannten "Lenkeranfrage" nach dem österreichischen Kraftfahrgesetz. In diesen Fällen wird der Halter des Fahrzeuges auch dann mit einer Geldstrafe belegt, wenn er von seinem in der Bundesrepublik Deutschland grundgesetzlich geschützten Recht - Schutz vor einem Zwang zur Selbstbezichtigung - Gebrauch macht, indem er einerseits behauptet, er sei nicht selbst gefahren, andererseits aber die Auskunft über den tatsächlichen Lenker des Fahrzeuges verweigert. Ist mit Sicherheit erkennbar, dass die Vollstreckung die vorstehend beschriebene Grundrechtsverletzung bewirken würde, ist das VE an die ersuchende Stelle zurückzugeben und die Zurückweisung auf Art. 4 des Vertrages der Bundesrepublik Deutschland und der Republik Österreich über Amts- und Rechtshilfe in Verwaltungssachen vom 31.5.1988 zu stützen.

Fassen wir zusammen:

Deutschland	Österreich
Halterhaftung	Lenkerhaftung
Radarfotos von vorne	von hinten
Blitzerampel von vorne	von hinten

Österreichische Behörden können nur den tatsächlichen Lenker bestrafen. Deutsche Schlupflochprofis erheben daher innerhalb von 14 Tagen Einspruch (Berufung) mit der Begründung, dass sie zwar Fahrzeughalter sind, jedoch nicht der Lenker. Den Lenker geben sie nicht bekannt. Somit können sie wegen des Ursprungsdeliktes (Schnellfahren, Falschparken u.a.) nicht bestraft werden. Eine gleich teure Strafe wegen "Nichtbeachten der Lenkerauskunftspflicht" ist in Deutschland wirkungslos.
Fazit: wer bei einer Kennzeichenanzeige aus Österreich bezahlt, ist selbst schuld!

Wann ist diese Straflosmethode anwendbar?
Beim Falschparken, Schnellfahren, bei Rotlicht, Gelblicht und jeder anderen Art von Anzeige, die einzig und alleine auf Grund des Kennzeichens erfolgt.

Fragen

1. *Greift das Rechtshilfeabkommen, wenn ein deutsches Fahrzeug in Österreich beim Schnellfahren angehalten wird?*
a: Ja *b:* Nein

2. *Greift das Rechtshilfeabkommen, wenn die österreichische Behörde nie erfährt, wer der Lenker war, und somit nur eine Strafe wegen Verweigerung der Lenkerauskunft erlässt?*
a: Ja *b:* Nein

3. *Wird der deutsche Schlupflochprofi bei einer neuerlichen Fahrzeugkontrolle in Österreich beanstandet?*
a: Ja, die österreichischen Polizisten finden das Delikt im Fahndungscomputer und können Deutsche belangen.
b: Nein, Verkehrsdelikte sind nicht im Fahndungscomputer gespeichert.

4. *Kann die deutsche Polizei eine Fahrtenbuchauflage erteilen, wenn österreichischen Behörden die Lenkerauskunft verweigert wird?*
a: Ja *b:* Nein

Antworten: (1.a) (2.b) (3.b) (4.b)

Namensanzeige, was nun?
Immer wenn Sie als Person mit Wohnsitz in Deutschland bei einer Verkehrsübertretung in Österreich angehalten werden, wird die Rechtssituation völlig anders. Für diese Fälle hat Österreich mit Deutschland ein Rechtshilfeabkommen getroffen. Sie kommen nicht so leicht aus wie bei Kennzeichenanzeigen. Dennoch gibt es eine Reihe von Schlupflöchern. Diese finden Sie im ersten Teil dieses Buches (Straflos in Österreich). Österreichische Exekutivbeamte sind angewiesen, gegen Touristen sehr "sanft" vorzugehen. Lesen Sie im Kapitel *Mit Worten bist du Meister,* wie Sie im Gespräch erfolgreich bleiben.

Autobahnvignette
Für jene, die Österreich über die Autobahn bereisen oder durchfahren, gibt es ab sofort Erleichterung. Exekutivbeamte in Österreich haben nun auch die rechtliche Möglichkeit, abzumahnen, wenn ein Autobahnbenutzer dabei ertappt wird, dass er keine gültige Autobahnmautvignette aufgeklebt hat. Vorher waren die Beamten ja rechtlich verpflichtet zu strafen. Wer also ohne die Raubritter-Plakette angetroffen wird, hat seit neuestem durchaus Chancen, ohne Strafe davonzukommen.

Für all diese Fälle gilt: Der Ton macht die Musik. Und gewiefte Sünder wissen: "Wie man in den Schilderwald hineinruft, so ruft der Polizist heraus."

Wie verhält es sich auf Rastplätzen?
Detlef hat beruflich viel in Österreich zu tun. Er ist Vertreter für eine Maschinenfirma. Selten, aber doch, muss er mit seinem Privatauto fahren. Gemütlich sitzt Detlef beim Essen, als am Autobahnrastplatz Strafzettel verteilt werden. Für Detlef ist der Fall schnell erledigt. Von der österreichischen Behörde bekommt er eine Strafverfügung. 400,-- Euro soll er bezahlen. Detlef schreibt innerhalb der Einspruchsfrist (14 Tage):

Detlef L.
Adresse
Betreff: Einspruch gegen die Strafverfügung Zahl. ...

An die
Behörde ...
per Fax

Sehr geehrte Damen und Herren;
Da ich zur Zeit der Übertretung mein Auto nicht selbst gelenkt habe, fordere ich Sie auf, das Verfahren gegen mich einzustellen. Den Lenker gebe ich Ihnen nicht bekannt. Nach deutscher Gesetzeslage bin ich dazu nicht verpflichtet.
Hochachtungsvoll

Was geschieht? Die österreichische Behörde kann nur den tatsächlichen Fahrzeuglenker bestrafen. Den kennt sie aber nicht. Nun macht die Behörde das, was sie auch bei einem Österreicher machen würde. Sie verhängt eine Strafe wegen Verweigerung der Lenkerauskunft.
Detlef hat zwei Möglichkeiten:
1. *völlig ignorieren*
Dann wird die Strafe zwar rechtskräftig, aber hier greift das Rechtshilfeabkommen zwischen Österreich und Deutschland nicht. Detlef wird nie bezahlen. Da Verkehrsstrafdelikte im Fahndungscomputer nicht gespeichert werden dürfen (Schengener Abkommen), bekommt er nie Schwierigkeiten.
2. *Detlef erhebt auch gegen diese Strafe Einspruch*. Als Begründung schreibt er:

Die Strafnorm des § 103 Abs. 2 KFG zielt lediglich auf Zulassungsbesitzer in Österreich ab. Als deutscher Fahrzeughalter unterliege ich dieser Bestimmung nicht. Bei uns ist dieser § verfassungswidrig, da er die Grundrechte der Menschen verletzt.
Hochachtungsvoll
Detelf wird nichts bezahlen!

Lkw-Überholverbot auf Autobahnen und andere Schlupflöcher

Auch hier gilt: Anzeigen nach dem Kennzeichen sind mit einem Einspruch positiv zu erledigen.
Während die Brummis in Deutschland nach dem Gesamtgewicht eingeteilt sind, kennen die Österreicher verschiedene Fahrzeugklassen. Danach gilt das Überholverbot nicht für Sattelschlepper und Spezialkraftwagen, denn die gelten laut österreichischer Begriffsbestimmung nicht als Lkw. Ebenso bei einigen Fahrstreifenfahrverboten und bei Nachtfahrverboten. So unglaublich es klingt, Sattelkraftfahrzeuge und Spezialkraftwagen wurden vom Gesetzgeber vergessen. Möglicherweise wird das mit der 21. KFG-Novelle saniert. In diesem Fall veröffentlichen wir das sofort auf unserer Homepage (www.kleindienst.cc).

Aber Österreich hat für Brummischlupflochspezialisten noch einige Lücken frei gelassen:

Lkw-Geschwindigkeitsbeschränkung

Auf den beliebten Transitautobahnen Österreichs wie Pyhrn und Tauern gilt generell bei Nacht für Lkws eine Beschränkung von 60 km/h (und 110 km/h für Pkw). Hier wurde ebenfalls auf Sattelkraftfahrzeuge und Spezialkraftfahrzeuge vergessen.

Wochenendfahrverbot

Das Wochenendfahrverbot gilt zwar dezidiert auch für Sattelschlepper. Spezialkraftwagen wurden hier wieder vergessen.

Kolonne darf "überholt" werden

Das Lkw-Überholverbot gilt übrigens in Österreich auch nicht bei einer Kolonne. Und zwar für jede Schwerfahrzeugklasse. Fahren in Österreich auf der ersten Spur bereits drei Fahrzeuge hintereinander und ein Brummi zischt vorbei, gilt das als Vorbeifahren mit unterschiedlicher Geschwindigkeit (§ 17 StVO), und nicht als Überholen.

Buskontrolle

Österreichische Exekutivbeamte bekommen genauso wie deutsche Kollegen eine Summe vorgegeben, die sie in Form von Strafen einzutreiben haben. So kontrolliert die auf dem Land tätige Gendarmerie gerne Busse im Zuge des so genannten Gelegenheits-Verkehrsgesetzes, aber auch nach dem Kraftfahrliniengesetz. Darunter fällt alles Mögliche: von der Kontrolle des Rauchverbots und der 0,0 Promille-Grenze für Buslenker bis hin zur Reinigung des Busses.

Nur: Die Gendarmerie, für die landesweite Verfolgung von Delikten zuständig, ist vom österreichischen Gesetzgeber gar nicht ermächtigt worden, solche Kontrollen vorzunehmen; es wurde vergessen, sie im Gesetz zu erwähnen!

Wie gibt es das? In Österreich sind Polizei und Gendarmerie zwei unterschiedlichen Behördenstrukturen zugeteilt. Will der Gesetzgeber, dass Polizei und Gendarmerie ein Gesetz kontrollieren, dann muss eine Ermächtigung beschlossen werden. Aus Schlamperei kommt es gelegentlich vor, dass entweder die Polizei oder die Gendarmerie bei der Ermächtigung vergessen wird.

Was können Betroffene machen?

Zuerst den Gendarmen darauf hinweisen, dass er vom Geset her zu dieser Kontrolle nicht berechtigt ist. Das weis er zwar selbst, aber er wird die Kontrolle dennoch machen, da österreichische Behörden auch in diesen Fällen strafen. Allerdings muss bei deutschen Lenkern die Anzeige im Rechtshilfeverfahren eingetrieben werden (Sicherheitsleistungen sind nicht zulässig). Während österreichische Behörden diese Zuständigkeiten nicht so genau nehmen, wäre in Deutschland die Amtshandlung ein klarer Rechtsverstoß. Auf diesen verweisend ist mit hoher Wahrscheinlichkeit anzunehmen, dass deutsche Behörden die Strafe nicht eintreiben. Auch österreichische Behörden verweigern den deutschen Behörden die Rechtshilfe, wenn die Gesetzeslage nicht ganz genau geregelt ist (so werden deutsche Fahrverbote in Österreich nicht berücksichtigt) Wir weisen allerdings darauf hin, dass es noch keinen Präzedenzfall gibt.

Lkw-Kontrolle

Die österreichische Polizei war für die Kontrolle und Durchsetzung des Güterbeförderungsgesetzes bis 1998 nicht zuständig. Wie viele Kontrollen und damit verbundene Bestrafungen in den letzten Jahren trotz der Unzuständigkeit durch die Polizei erfolgt sind, darüber schweigen sich Erfolgsstatistiken vorsorglich aus. Dabei ist die Situation für Trucker in Österreich oft recht gut. Durch die komplizierte Gesetzeslage kennen sich nur mehr ganz wenige Exekutivbeamte mit den Bestimmungen der Güterbeförderung aus.

Die Verkehrsreferenten der Landesregierungen beklagen sich regelmäßig beim Innenministerium, dass viel mehr Geld eingetrieben werden könnte, wenn die Exekutive besser geschult würde. Aber dafür fehlt es an Zeit und Geld.

Alte Führerscheine

Erich bleibt nichts erspart. Immer wieder muss er beruflich nach Österreich. Letztes Mal hielt ihn ein junger, unerfahren der österreichischer Polizist an. Der alte deutsche Führerschein gelte in Österreich nicht. Erich hätte an Ort und Stelle bezahlen sollen.

Aber: Der gute alte deutsche Führerschein gilt sehr wohl in Österreich wie auch in allen anderen EU-Ländern. Ebenso der alte DDR-Führerschein.

Wichtig: Die Person muss auf dem Foto erkennbar sein und die Eintragungen müssen lesbar sein.

Beachte: Wer in Österreich eine Strafe sofort bezahlt, verzichtet auf jedes Rechtsmittel. Konkret bedeutet das: Er hat keine Chance das Geld zurückzubekommen, auch wenn der Bestrafungsgrund falsch war.

Parken

In Kurzparkzonen ohne gültigen Parkschein zu parken ist in Österreich kein Abschleppgrund. Somit kann der Lenker eines Kraftfahrzeuges mit deutschem Kennzeichen nicht bestraft werden, solange die Behörde seinen Namen nicht kennt. In der Kurzparkzone werden die Strafzettel in der Regel von Hilfspersonal verteilt. Dieses ist aber nicht berechtigt, Fahrzeuglenker, auch wenn sie zum Auto kommen, zum Vorweisen der Papiere zu zwingen. Selbst wer seine Papiere vorgewiesen hat, muss deshalb nicht der Lenker zum Zeitpunkt des Falschparkens gewesen sein. Am Strafzettel wird das Kennzeichen notiert. Wenn der Strafbetrag nicht einbezahlt wird, dann gilt grundsätzlich das Rechtshilfeabkommen mit Deutschland. Und hier treffen verschiedene Gesetzesbestimmungen aufeinander. In Österreich gibt es keine Halterhaftung. Es kann nur der Lenker zur Kasse gebeten werden, nicht der Halter des Fahrzeugs. Österreichische Fahrzeugbesitzer sind gesetzlich verpflichtet den Lenker des Fahrzeuges bekannt zu geben. Dies wäre in Deutschland ein klarer Verstoß gegen die Verfassung. Somit erfährt die Österreichische Behörde von den deutschen Kollegen nicht, wer der Lenker des Fahrzeugs war. Kein Lenker, keine Strafe. So einfach ist das. Genaue Vorgangsweise siehe Kapitel *Kennzeichenanzeige*.

Radklammer

Radklammer bei Deutschen nicht erlaubt

Ein wirksames Mittel gegen ausländische Falschparker ist die Radklammer. Diese darf jedoch bei Fahrzeugen mit deutschen Kennzeichen nicht angelegt werden. Der Grund: Da ein Rechtshilfeabkommen zwischen Österreich und Deutschland besteht, ist die Radklammer nicht notwendig und somit nicht zulässig.

Abschleppen gibt es sehr wohl

Wenn ein deutsches Fahrzeug den übrigen Fahrzeugverkehr stark behindert oder gefährdet, dann wird es auch in

Österreich abgeschleppt. Die Abschleppgründe sind ähnlich wie in Deutschland. Das abgeschleppte Fahrzeug wird auf einen bewachten Platz gebracht. Die Behörden verlangen eine Abschleppgebühr von ca. € 100,--. Diese hat der Fahrzeughalter zu berappen. Allerdings werden Fahrzeughalten im Ausland für gewöhnlich nicht verfolgt. Wer nicht zahlen will, lässt sich einen Erlagschein aushändigen und fährt seelenruhig nach Hause.

Alkohol

In Österreich gibt es noch eine zusätzliche Möglichkeit für Schlupflochpiraten, zu entkommen. Es darf einem Bewusstlosen kein Blut abgenommen werden. "Das ist im Hinblick auf die EMRK (Europäische Menschenrechtskonvention, Anm.) menschenrechtswidrig", hat ein österreichisches Gericht befunden.

Auch bei Toten ist es nach österreichischer Straßenverkehrsgesetzgebung nicht erlaubt, Blut abzunehmen, um den Alkoholgehalt festzustellen.

Teil B
Straflos in Deutschland

"Nie mehr Strafe zahlen 2" enthält auch die deutschen Schlupflöcher. Der Grund: die starke Nachfrage von deutschen Autofahrern. Zudem sind sehr viele Deutsche als Urlauber oder beruflich in Österreich unterwegs. Je weniger Österreicher ihre Strafe bezahlen, desto mehr Deutsche werden in Österreich zur Kasse gebeten. Unterm Strich müssen 150 Millionen € in die österreichischen Strafgeldkassen. Aber wie kommen unsere deutschen Freunde dazu, in Österreich die Budgetlöcher zu stopfen? Die Fälle in diesem Buch stammen alle aus der Praxis. Am Deutschlandteil hat maßgeblich ein erfahrener Polizist mitgearbeitet.

1 Schnell fahren

Der Blitz aus der Box

Wachtmeister "Eintreib" arbeitet den Radarfilm auf. Super! Von 05.00 Uhr morgens bis 06.30 Uhr den ganzen Film ausgeknipst. Wenig Autos auf der Bundesstraße, da haben die Raser Platz zum Gasgeben.

Jens, beruflich auf sein Auto angewiesen, mehr als 100.000 km im Jahr auf der Straße, ist einer der Geknipsten. Mit 120 km/h auf der menschenleeren, schnurgeraden Bundesstraße. Am Weg zum ersten Termin, schon wieder ein hektischer Tag. Der Blitz lässt ihn aufschauen. Die haben Sorgen, denkt sich Jens, aber von mir sehen sie keine müde Mark. Wenn ich an einer Schule vorbeirase, ok., aber hier? Sie kennen so eine Situation, haben sich geärgert und trotzdem bezahlt?

Jens fährt seit Jahren mit einer Baseballkappe und Brille. Manchmal heruntergeklappter Sonnenblende, statt Brille. Am Innenspiegel hängen Wimpel von Fußballclubs und ein Stoffbär von seiner Tochter. Was das mit der Anzeige wegen Schnellfahrens zu tun hat?
Ganz einfach. Von Jens erhält die Polizei nur in den seltensten Fällen ein verwertbares Foto. Ohne verwertbares Foto keine Strafe, so einfach ist das.

Kollege Eintreib will auf der nach oben offenen Eintreibskala die Nummer eins in ganz Deutschland werden. Jens hat auch Recht, wenn er keine Strafe zahlt. Schließlich hat nicht er die Schlupflöcher in die Gesetze gemacht. Verantwortungsbewusstes Fahren ist für ihn selbstverständlich. Dafür braucht er keine Polizei, die ihn behandelt wie ein kleines Kind. Aber wen gibt Jens an, wenn er den Anhörbogen von der Radaraufnahme bekommt.
Jens: Na, den Vladimir aus der Tschechei werde ich draufschreiben.

Eintreib kennt diesen Vladimir schon. Allerdings nur von Jens' Anhörbogen. Zu Gesicht hat er ihn noch nie bekommen. Aber warum nehmen Polizisten Autofahrer wie Jens, von denen sie sich angeschwindelt fühlen, nicht näher unter die Lupe?

Vielleicht gibt es in Deutschland den einen oder anderen Kollegen, der auf so was schärfer reagiert. Aber verfolgt wird deshalb keiner. Das würden die Vorgesetzten auch nicht durchgehen lassen. Da wir mit Tschechien kein Rechtshilfeabkommen haben, können wir Vladimir auch nicht bestrafen. Auch bei einer Einreise nach Deutschland hat er keine Probleme, da diese Strafen nicht im Fahndungscomputer gespeichert sind. Das ist im Abkommen von Schengen nicht vorgesehen. Somit haben wir keine Chance bei Vladimir.

Gibt es eigentlich die Möglichkeit, Jens eine Fahrtenbuchauflage zu verpassen? Nein, in diesem Fall nicht. Nur wenn er keinen oder nachweislich einen falschen Lenker angibt, käme eine Fahrtenbuchauflage in Frage. Aber den Vladimir gibt es ja wirklich.

Werfen wir einen Blick ins Straflos-Archiv, um zu sehen, welche Schlupflöcher gesammelt wurden:

Mit achtzig über den Dorfplatz

Im Ortsgebiet darf nur mit 50 km/h gefahren werden. Den Satz kennt jeder. Auch Schlupflochkenner wie Jens. Der würde sich allerdings in diesem Satz nicht auf die 50 km/h, sondern auf das Wort Ortsgebiet konzentrieren. Es gibt da nämlich eine Besonderheit. Und die trifft auf so manche Ortschaft in Deutschland zu. Ein gesetzliches Ortsgebiet besteht nur dann, wenn bei der Zu- und Abfahrt des Ortes, die Sie benutzen, ein Ortsschild steht. Fehlt auch nur bei einer einzigen Zu- oder Abfahrt die Ortstafel, so befindet sich der Lenker, der über diese Straße zu- oder abfährt, rechtlich nicht im Ortsgebiet und ist daher nicht wegen Verstoßes gegen die Geschwindigkeitsbegrenzung von 50 km/h zu belangen. Auch wenn eindeutig erkennbar ist, dass man sich in einem Ort befindet, womöglich sogar seit Geburt in dem Ort lebt und weiß, dass es ein Ortschaft ist. Keine Frage, dass Schlupflochprofis selbstverständlich immer genau bei solchen ungekennzeichneten Zufahrten in den Ort hineingefahren sind. Einen Haken hat die Sache allerdings noch für einen Strafenflüchtling: Gemäß Paragraph 3 StVO muss der Lenker seine Fahrgeschwindigkeit jederzeit an Straßen-, Verkehrs- und Sichtverhältnisse anpassen. Wenn Jens also mit 80 Sachen über den Marktplatz jagen würde, wäre er auch in einem Ort ohne Ortsschild haftbar. Für einen Wissenden wie Jens wäre das kein Problem: Er hält bei der folgenden Fahrzeugkontrolle brav den Mund, ist sehr freundlich und versucht der Bestrafung zu entgehen. Gelingt das nicht, bezahlt er auf keinen Fall. Er ersucht stattdessen höflich um eine Anzeige. Nun wartet er den Bußgeldbescheid ab, erhebt Einspruch, verzögert durch Terminverschiebungen, Beweisanträge usw. Erst nach Ablauf der Drei-Monats-Frist gibt er bekannt, dass er über die X-straße in den Ort gefahren ist und dort kein Ortsschild angebracht war. Nun ist er nach Paragraph 3 StVO (Geschwindigkeit generell) nicht haftbar zu machen. Und eine Bestrafung wegen unangepasster Geschwindigkeit ist auf Grund der Verjährung nicht mehr möglich.

Schlechte Sicht fürs Radar

Mögen die Radarkameras normalerweise auch noch so gestochen scharfe Bilder liefern - wehe, es herrschen mal Regen, Schnee oder Nebel. Schon ist der Lenker nicht mehr eindeutig erkennbar.

--Schlupflochspezialisten fahren mit Schirmkappen, Sonnenbrillen und anderem Mummenschanz. Auch Wimpel, Duftbäume, Babyschuhe und sonstiger Kram sind nicht nur bei den viel geschmähten Mantafahrern beliebt, sondern hängen sehr wohl mit Hintergedanken am Rückspiegel. Radarmessung können durch Bedienungsfehler, unkorrekte Aufstellung, andere Verkehrsteilnehmer usw. falsche Ergebnisse liefern. Im Zweifel unbedingt berufen!

Wer soll das sein?
Sogar mit heruntergeklappter Sonnenklappe fahren einige, um nicht erkannt zu werden. Gegen diesen simplen Trick ist kein Kraut gewachsen. Ja, die Politiker, die könnten Abhilfe schaffen. Sie müssten nur eine Halterhaftung wie im ruhenden Verkehr beschließen, dann könnte Jens mit diesem Trick nichts mehr reißen. Aber so weit ist es noch lange nicht.

Falscher Ort, Herr Wachtmeister!
Überschreitung der erlaubten Höchstgeschwindigkeit mit Anhaltung. Zu schnell gefahren, angehalten, dann angezeigt. Auch davon kann Jens ein Lied singen. Wie er dennoch straflos blieb, entnehmen wir seiner Erklärung aus dem Strafakt:

Ich habe mir genau gemerkt, wo ich angehalten worden bin, die Radarmessung war einige hundert Meter weiter vorne. Allerdings hat der einschreitende Polizist im Verfahren den Anhalteort als Ort der Geschwindigkeitsüberschreitung angeführt. Aber dort bin ich ja nicht zu schnell gefahren, sondern bereits gestanden.
Der Amtsrichter hat das eingesehen und so habe ich mir einige Märker erspart.

Unerkannt
Ein Autofahrer wurde wegen überhöhter Geschwindigkeit geblitzt. Auf Grund des vorliegenden Radarbildes bestand für den Richter kein Zweifel, dass der Beschuldigte auch der Fahrer war. In der Urteilsbegründung stand:

"Eine Einsichtnahme der Videoprintbilder ergab für das Gericht keinen Zweifel an der Fahrereigenschaft des Betroffenen. Wie die auf dem Videoprintbild als Fahrer erkennbare Person hatte der Betroffene in der Hauptverhandlung eine Mittelscheitelfrisur, Brille, schmale Lippen, schmales Gesicht und eine kleine Nase.
Diese Täteridentifizierung reichte dem OLG Bayern aber

nicht aus. Die aufgeführten Merkmale waren nicht individuell genug, um eine einwandfreie Identifizierung des Fahrers zu ermöglichen, da sie auf eine Vielzahl von Personen zutreffen könnten. Demnach muss das Urteil Ausführungen zur Bildqualität enthalten und die Identifizierungsmerkmale präzise beschreiben. Das Urteil wurde aufgehoben.

Erinnerungslücken

In der mündlichen Verhandlung wegen eines Geschwindigkeitsverstoßes vernahm das Amtsgericht jenen Polizeibeamten, der den Verkehrsverstoß zur Anzeige gebracht hatte. Dieser konnte sich an die konkrete Situation aber nicht mehr erinnern und nahm deshalb auf seine Anzeige Bezug. Daraufhin verhängte der Richter gegen den Autofahrer eine Geldbuße von DM 3000,--. Dieser Urteilsspruch hatte jedoch vor dem OLG Düsseldorf keinen Bestand:

Der Amtsrichter hätte vor der Verurteilung klären müssen, ob der Polizeibeamte die volle Verantwortung für den Inhalt der Anzeige übernimmt, in welcher Weise er bei der Anzeigenerstattung beteiligt gewesen ist, ob und inwieweit ein Irrtum ausgeschlossen ist und warum es verständlich erscheint, dass der Polizeibeamte den Vorfall nicht mehr in Erinnerung hatte.
Das Beschwerdegericht hob daher die Verurteilung auf und verwies den Rechtsstreit zur weiteren Sachaufklärung an das Amtsgericht zurück.

Ungenau

Ein Autofahrer befuhr nachts eine Autobahn mit einer Geschwindigkeit von 120 km/h, obwohl die Sichtweite wegen starken Nebels weniger als 50 Meter betrug. Die Geschwindigkeitsüberschreitung wurde durch eine nachfahrende Polizeistreife festgestellt. Das Amtsgericht verurteilte den Autofahrer zu einer Geldbuße von 300 Mark und einem Fahrverbot von einem Monat. Das OLG Hamm kam aber zu dem Ergebnis:

... dass auf diese Weise keine zuverlässige Geschwindigkeitsmessung möglich war.
Für das Gericht war nicht nachvollziehbar, "wie ein in etwa gleichbleibender Abstand des Polizeifahrzeuges zu dem vorausfahrenden Pkw festgestellt werden konnte, wenn die Sichtweite infolge Dunkelheit und Nebel weniger als 50 Meter betrug und nur die Rücklichter des vorausfahrenden Fahrzeuges erkennbar waren". Die unter solchen Umständen offensichtlichen Ungenauigkeiten können in einem derartigen Fall nur durch einen Sicherheitsabschlag, der die Grenze von 15 Prozent erheblich übersteigt, ausgeglichen werden.

Geschätzt

Das gibt es auch bei Schulbusfahrern, die Kinder aussteigen lassen. Der schaltet seine Warnblinkanlage ein. Nun darf nur in Schrittgeschwindigkeit vorbeigefahren werden. Aber wie schnell ist das nun genau? Das weiß auch keiner. Und Schätzungen mit bloßem Auge sind allemal bedenklich. Wenn da ein Schlupflochprofi einhakt, haben Strafbehörden keine Chance.

Übers Ziel geschossen

Sie kamen in der Überzahl, fielen über seine Wohnung und seine Geschäftsräume her. Die Beamten ließen alles mitgehen, was ihnen wichtig genug schien; sogar der Terminkalender wurde beschlagnahmt. Was dem Schwerverbrecher vorgeworfen wurde:
"Er habe die Höchstgeschwindigkeit um 33 Stundenkilometer überschritten". Außerhalb des Ortsgebietes, versteht sich. Das war allerdings sogar dem gestrengen Gericht zu viel:

Bei einer weniger schwerwiegenden OWi darf im Zuge der Ermittlungen keine Wohnungsdurchsuchung beim Beschuldigten angeordnet werden.
Dies würde gegen den Grundsatz der Verhältnismäßigkeit verstoßen, entschied ein Landgericht. Die Aktion sei an-

gesichts des minderschweren Vorwurfs ein "eklatantes Missverhältnis" und ein "offensichtlicher Verstoß gegen den Verhältnismäßigkeitsgrundsatz" gewesen, entschieden die Richter.

Unklar

Auch in einem Bußgeldverfahren muss ein Urteil so formuliert sein, dass alle Prozessbeteiligten nachvollziehen können, auf welche Tatsachen das Gericht sein Urteil stützt und inwieweit es auf die Aussagen des Beklagten reagiert hat. Ist dieser Verfahrensgrundsatz verletzt, hat eine Rechtsbeschwerde mit hoher Wahrscheinlichkeit Erfolg. Die Verkehrsrechts-Anwälte (Arbeitsgemeinschaft Verkehrsrecht im Deutschen Anwaltverein - DAV) verweisen in diesem Zusammmenhang auf ein Urteil des Oberlandesgerichts (OLG) Hamm.

Ein Autofahrer war vom Amtsgericht (AG) wegen Überschreitung der zulässigen Höchstgeschwindigkeit um 57 km/h zu einer Geldbuße von DM 300,- und einem einmonatigen Fahrverbot verdonnert worden. In der Beweiswürdigung des Gerichts stand lediglich, das Urteil beruhe auf den Angaben des Betroffenen, auf dem Auszug aus dem Verkehrszentralregister und eines Messfotos, das alle Prozessbeteiligten gesehen hätten. Diese Ausführungen seien unvollständig und missverständlich, tadelte das OLG die Amtsrichter. So ließe die Urteilsbegründung offen, auf welche Tatsachen man sich gestützt habe, inwieweit die Äußerungen des Beklagten berücksichtigt worden seien, und die Formulierung zum Beweisfoto sei so vage, dass man davon ausgehen könne, sie sei kein Bestandteil der Urteilsfindung. Zum Foto hätte das Gericht die Bildqualität und auch charakteristische Identifizierungsmerkmale des Beschuldigten präzise beschreiben müssen.

Allein hier sei eine Rechtsbeschwerde gegen das Urteil des AG bereits möglich. Das OLG hob deshalb die Entscheidung aus formalen Gründen auf.

Helmpflicht

Und Motorradfahrer, die sich brav an die Helmpflicht halten, sind ja sowieso völlig aus dem Schneider. Denn in diesem Fall ist natürlich das schärfste Foto nutzlos für uns.

Oma

Für ganz Gerissene müssen manchmal sogar greise Stief-Omas als Fahrzeughalter herhalten. Denn ist das Auto erst einmal auf jemand anderen angemeldet, erfreuen sich wissende Liebhaber flotter Fahrweise strafloser Jahre. In Kombination mit anderen Tricks tut sich die fahndende Obrigkeit da recht schwer mit der Zuordnung des Delikts. Denn selbst die Passbilder eventueller naher Verwandter werden nicht die geringste Ähnlichkeit mit der gesuchten Person haben. Dass dieser Trick natürlich nur bei Kennzeichenanzeigen nützt, ist selbstredend.

Schwangere Raser

Beruht ein Geschwindigkeitsverstoß auf einer "Panikreaktion" des Temposünders, kann das Gericht ebenfalls von der Verhängung eines Fahrverbots absehen, wie das Amtsgericht Ludwigslust entschied. Im konkreten Fall war ein Autofahrer auf einer Bundesstraße mit 121 statt der erlaubten 70 Stundenkilometer "geblitzt" worden. Im Verfahren erklärte der Beschuldigte, seine im siebten Monat schwangere Freundin habe auf dem Rücksitz zu stöhnen begonnen und ihm gesagt, sie habe Krämpfe und müsse sich übergeben. Er, der noch nie zuvor in einer solchen Lage gewesen sei, habe Angst gehabt und sei aus Sorge um Freundin und Baby so schnell wie möglich in den nächsten Ort gefahren. Das Gericht beließ es trotz einer einschlägigen Vorbelastung bei einer Geldbuße von 500 Mark für die massive Tempoüberschreitung. Es sei dem Betroffenen nicht zu widerlegen gewesen, dass er "aus Furcht und Schrecken völlig kopflos" gehandelt habe und viel zu schnell gefahren sei. Dies sei zwar eine vollkommen unüberlegte Handlung gewesen, so die Richter, aber keine ein Fahrverbot erfordernde "beharrliche Zuwiderhandlung gegen die Geschwindigkeitsvorschriften".

Kennzeichen allein ist zu wenig

Noch immer kommt es vor, dass Fahrzeughalter Strafe bezahlen, obwohl der Behörde nur das Kennzeichen ihres Fahrzeuges bekannt ist.
Wichtig: Die Behörde kann bei Geschwindigkeitsüberschreitungen nur den Lenker, der ihr bekannt sein muss, bestrafen. Wer Strafe bezahlt, obwohl die Behörde den Lenker nicht kennt, ist selbst schuld.

Warnung

Mittels Lichthupe oder Armzeichen ein Warnsignal abzugeben kann sogar bestraft werden. Autofahrer dürfen jedoch die Lichthupe betätigen, um andere Verkehrsteilnehmer vor drohenden Gefahren zu warnen. Wenn hinter dem anzeigenden Polizisten ein Kind oder ein Hund über die Straße laufen wollte und vor dieser Gefahr wurde mit der Lichthupe gewarnt, dann ist das natürlich nicht strafbar.

Schrittgeschwindigkeit bei Schülertransporten

Sie wissen, bei Schülertransporten, die gerade Anhalten um Schüler aussteigen zu lassen und dabei die Warnblinkanlage anmachen, bei diesen dürfen Sie nur in Schrittgeschwindigkeit vorbeifahren. Wie schnell das ist, wie Sie es mit Ihrem Tacho feststellen sollen sagt das Gesetz nicht. Aber zu Ihrer Beruhigung: Auch Polizisten wissen das nicht so genau.

Temposchilder

Gelten nur, wenn sie von der Behörde aufgestellt sind. Sollten Sie Zweifel an der behördlichen Anordnung eines Temposchildes haben (gelegentlich handeln Baufirmen oder Anrainer eigenmächtig), dann lassen Sie das durch die Polizei überprüfen. Privat aufgestellte Verkehrsschilder müssen nicht beachtet werden.

Messgeräte

Achtung: Alle technischen Messgeräte müssen geeicht sein. Im Verfahren kann die Vorlage der Eichprotokolle verlangt werden. Wenn das Gerät nicht geeicht ist oder der Zeitraum der Gültigkeit überschritten war oder die Polizei das Eichprotokoll nicht findet (was vorkommt) dann gehen Sie straflos davon.

Beifahrer

Kein Beifahrer-Mitverschulden für hohes Tempo des Fahrers. HAMM (DAV). Dem Beifahrer ist in aller Regel kein Vorwurf zu machen, wenn der Fahrer eines Autos bei hoher Geschwindigkeit in einen Unfall verwickelt wird. Eine Mithaftung für eigene Schäden komme deshalb nicht in Betracht, entschied das Oberlandesgericht (OLG) Hamm. Das Urteil wurde von den Verkehrsrechts-Anwälten (Arbeitsgemeinschaft Verkehrsrecht im Deutschen Anwaltverein - DAV) mitgeteilt. In dem zugrunde liegenden Fall war ein Pkw auf der Autobahn mit 200 Stundenkilometer ins Schleudern geraten und verunglückt, weil ein Lkw kurz vor ihm auf die linke Fahrbahn gewechselt war. Die Ehefrau auf dem Beifahrersitz wurde erheblich verletzt. Die Versicherung des Lkw-Fahrers wollte ihr ein Mitverschulden anlasten, weil sie es zugelassen habe, dass ihr Mann so schnell fuhr. Das Gericht verwarf diese Argumentation. Es betonte, in der Rechtsprechung sei bisher einhellig entschieden worden, dass allein das Überschreiten der Autobahn-Richtgeschwindigkeit (130 Stundenkilometer) noch keinen Schuldvorwurf gegenüber dem Fahrer begründe. Erst recht könne man dann der Beifahrerin keinen Verschuldensvorwurf machen, zumal für sie zu Fahrtbeginn kein Anzeichen einer Gefährdung erkennbar gewesen sei. Außerdem, so betonten die Richter, sei es "mehr als zweifelhaft", dass die Unfallfolgen ihre Ursache in der hohen Geschwindigkeit hatten. Immerhin sei es dem Ehemann noch gelungen, einen Zusammenstoß mit dem gefährlich herüberziehenden Lkw zu vermeiden. Eine Kollision hätte wahrscheinlich viel schlimmere Folgen gehabt.

Oberlandesgericht Hamm
Urteil vom 20. Mai 1999
Aktenzeichen: 6 U 24/99

Radarwarner

Die funktionieren recht gut. Interessant ist, dass es (noch) nicht verboten wurde, diese Dinger zu kaufen. Allerding ist die Verwendung nicht gestattet. Wer sich erwischen lässt, ist selber schuld.

Bußgeldrechner

Bußgeldrechner finden sie im Internet unter
www.verkehrsinsel.org
www.radarfalle.de

Radarfallen

Finden Sie im Internet unter
www.radarfalle.de

2 Falsch parken

Fahrzeughalter-Haftung

Zuerst rechnen beanstandete Spezialisten erst einmal scharf nach. Die durchschnittlichen Kosten für eine Strafe bei Falschparken liegen bei 48 Mark. (Euro bei Redaktionsschluss noch nicht beschlossen).

Wenn es für die Behörde unmöglich oder unwirtschaftlich ist, den vom Fahrzeughalter angegebenen Lenker vor Verjährung der Tat zu erreichen, kommen nur die Verfahrenskosten (derzeit 25 Mark) plus Zustellgebühr (elf Mark) zum Tragen. Und diese 36 Mark sind ja oft weit günstiger als die eigentliche Strafe.

Österreicher waren es

Außerdem kann der Fahrzeughalter in einem solchen Fall vom zuständigen Tatortgericht überprüfen lassen, ob der Aufwand zur Ermittlung des Fahrers nicht unangemessen ist.

Schön für die Schlupfloch-Spezialisten, wenn dann etwa der angegebene Lenker ein Österreicher ist - hier entscheidet die Behörde in fast 100 Prozent aller Fälle zu Gunsten des Fahrzeughalters. Und die in 10-Mark-Stufen gestaffelten Verwarnungen sind meist billiger als die ursprüngliche Strafe. Wie mit Hilfe eines Lenkers aus Österreich die Strafe überhaupt gespart werden kann, wird noch ausführlich in Kapitel B 17 berichtet.

Krankhaftes Parken

Falschparken kann nicht vorliegen, wenn das Fahrzeug nicht gehalten, sondern nur angehalten wird.

Das heißt: Gehalten wird, wenn du stehen bleibst, angehalten wird, wenn du stehen bleiben musst. Denn Halten ist jede gewollte, nicht durch die Verkehrslage oder eine Anordnung veranlasste Fahrunterbrechung.

Anhalten müssen bedeutet Liegenbleiben wegen wirklicher oder vermeintlicher Betriebsstörung oder verkehrsbedingtes Abwarten des Gegenverkehrs oder Warten im

Fahrzeugstau vor Parkhäusern oder ähnlichen Zufahrten. Dieses erzwungene Anhalten kann auch wegen plötzlich auftretender starker Schmerzen mit drohender Ohnmachtsgefahr erfolgen. Profis unter den Schlupfloch-Suchern "hatten plötzlich solche starke Schmerzen" und konnten sich deshalb gerade noch in ein Halteverbot retten. Dann "ließen sie sich zum Arzt bringen" (Bestätigung wird im Verfahren vorgelegt; es heißt ja nicht umsonst ONKEL Doktor ...), und waren mit einem Schlag nicht mehr haftbar zu machen.

Notdurft ist nicht Notstand

Also, wenn ich beim Fahren plötzlich unheimlich dringend pinkeln muss, kann ich parken, wo ich will, glauben viele. Irrtum, leider. Es gab schon mehrere Entscheidungen dazu, dass das kleine oder große Geschäft nicht zu den Notstandsgründen zählt, die eine Strafbarkeit solcher Verkehrsdelikte ausschließt. Im Klartext sagt die Behörde also sch ... dir in die Hose, Autofahrer!
Während sich Normalbürger ja vielleicht verblüfft zeigen ob der behördlichen Anweisung, eher ins Auto zu kacken denn falsch zu parken, ziehen Schlupflochspezialisten eine ganz andere Lehre daraus: Sie nutzen den Drang zum Töpfchen einfach nicht als Begründung für ihr Anhalten - sie waren dann schon lieber einer Ohnmacht nahe.

Anwohnerparkzonen

Übrigens, wer hat sich noch nicht über sie geärgert, die da und dort eingerichteten Anwohnerparkzonen und -flächen, auf denen nur Anwohner mit speziellem Ausweis parken dürfen. Wenige aber wissen, dass dies gegen das geltende Straßenverkehrsrecht verstößt, wie das Bundesverwaltungsgericht in einem Grundsatzurteil befand. Das kann für viele Städte bedeuten, dass aus den Anwohnerparkplätzen wieder "normale" Parkplätze gemacht werden müssen. Es bedarf nur rechtsschutzversicherter Lückenspezialisten, die sich dieser Sache annehmen ...

Schild mit Dreh

Eine Autofahrerin stellte ihr Fahrzeug in einer Parkbucht ab, die für die Dauer eines Straßenfestes durch ein mobiles Verkehrszeichen als Behindertenparkplatz gekennzeichnet war. Das Auto wurde auf privates Ersuchen abgeschleppt. Die Autofahrerin klagte gegen die Abschleppkosten mit der Behauptung, das Schild sei zum Zeitpunkt des Einparkens um 180 Grad verdreht gewesen. Das Gericht sah das anders: Ein mobiles Verkehrszeichen, das lediglich umgedreht wurde, verliert demnach nicht seine Gültigkeit, "solange es weiterhin eindeutig einem bestimmten Straßenabschnitt zugeordnet werden kann".
Fazit: Willst du Dein Auto parken, musst du dich schon genauer informieren. Denn, so folgerte das Gericht weise: **es kann nicht ausgeschlossen werden, dass Passanten oder Parkplatzsuchende mobile Verkehrsschilder verstellen.**

Unsichtbar

Allerdings - und das gilt für die erwähnten mobilen Halteverbotsschilder ebenso wie in allen anderen Fällen bei Anzeigen im fließenden Verkehr - bei verschneiten oder durch starken Baumwuchs unsichtbar gewordenen Verkehrszeichen hat auch die gestrenge Obrigkeit ein Einsehen. Wichtig ist auch hier stets die Beweisführung, etwa durch Fotos und/oder Zeugen.

Sperrige Sache

Kein Parkplatz weit und breit, nicht einmal im Halteverbot. Du hast es schon so eilig, dass du sogar ein Strafmandat in Kauf nehmen würdest. Da vorne, ein Lichtblick. Ist zwar eine Sperrfläche, aber es parken ja auch schon zwei andere Fahrzeuge darauf. Du willst dich gerade hinstellen, da fällt dir ein: Die könnten mich ja abschleppen.
Nun, so einfach geht das auch wieder nicht. Das verkehrswidrige Parken auf einer Sperrfläche rechtfertigt laut einem Gerichtsurteil ein Abschleppen eines Fahrzeugs nämlich nur, wenn darüber hinaus vom Auto eine "unmittelbar zu beseitigende Verkehrsbehinderung ausgeht".

Und wenn du derjenige gewesen sein solltest, der diese Parkmöglichkeit "eröffnet" hat und deshalb einer möglichen Strafe entgegensehen musst - bleib cool.
Argumentation aus einem Urteil: Bei einem als erstes auf einer Sperrfläche stehenden Fahrzeug ist keine negative Vorbildwirkung gegeben, die andere Verkehrsteilnehmer dazu verleitet, den übrigen Bereich der Sperrfläche gleichfalls zum Falschparken zu nutzen.
Bedingung ist nur, dass "sich der weitere Sperrflächenverlauf in erheblicher Weise vom Abstellort des ersten Autos unterscheidet".

Der Mittelfeldspieler

Die Parkplatznot zwingt uns Autofahrer ja regelrecht zur Erschließung neuer "Möglichkeiten". Die Behörden wiederum sind findig beim Formulieren des Behinderungsargumentes.
Ein Autofahrer parkte seinen Wagen auf einem ausreichend breiten, durch Bordsteine abgesetzten Mittelstreifen einer Straße. Dass das Parken dort nicht zulässig war, gab der Autofahrer zu. Er verweigerte jedoch die Bezahlung der Abschleppkosten, da er niemanden behindert habe.
Das Verwaltungsgericht Berlin teilte diese Auffassung nicht. Die Behinderung durch den Pkw sahen die Richter nämlich nicht so sehr im eigentlichen Parken, sondern im An- und Abfahren des Wagens. Hierzu musste der Autofahrer nämlich zwangsläufig auf den linken, regelmäßig zum Überholen benutzten Fahrstreifen fahren, wodurch nach Ansicht der Richter die Gefährdung anderer Verkehrsteilnehmer nicht auszuschließen war.

Falscher Vorwurf

- Der Autofahrer hat nicht geparkt, sondern nur weniger als 3 Minuten angehalten.
- Der Wagen hatte einen Motorschaden und ist auf der Autobahn liegen geblieben, also keine absichtliche Handlung.

Berechtigter Vorwurf, aber keine Rechtswidrigkeit

- Der Fahrer musste einen Schwerkranken schnellstens einliefern und parkte deshalb regelwidrig vor dem Krankenhaus.

Berechtigter Vorwurf, kein schuldhaftes Verhalten

- Der Wagen wurde abends vorschriftsmäßig abgestellt und das Verbotsschild erst am nächsten Morgen aufgestellt.

3 Rotlicht

Wer hat das gesehen?

Jens ist in eine Kreuzung mit Haltelinien eingefahren - Anzeige. Schlupflochkenner prüfen zunächst: War es eine so genannte "Blitzer-Ampel" oder waren Beamten dabei im Spiel? Bei "gezielter Rotlichtüberwachung" durch einen Beamten wird allerdings der Darstellung des Polizeibeamten immer geglaubt. Die Gerichte neigen dazu, diese gezielte Überwachung im Rahmen von Straßenverkehrsverstößen als ausreichend zu betrachten, obwohl die Polizisten bei gleichzeitigem Im-Auge-Behalten von Fahrzeug, Ampel, Geschwindigkeit, Brems- und Anhalteweg sowie Uhr wahrlich zum Robocop mutieren müssen ...

Und trotzdem: Die Aussage der kontrollierenden Polizeibeamten, die Verkehrsampel habe beim Passieren des beschuldigten Autofahrers "bereits etwa zwei Sekunden" oder "bereits ziemlich lange" Rot angezeigt, rechtfertigt keinen so genannten qualifizierten Rotlichtverstoß. In einem konkreten Gerichtsfall konnte auf Grund der ungenauen Beobachtungen der Polizeibeamten daher auch kein Fahrverbot gegen einen Rotlichtsünder verhängt werden (OLG Düsseldorf).

Hat die Behörde aber die "dienstliche Wahrnehmung" einer Ampelkamera zu Papier gebracht, sind die "roten" Schlupflochkenner hocherfreut; denn nun gilt es, wieder einmal den Amtsschimmel zu mästen.

"Blitzer-Ampeln"

sind eines der Lieblingsspielzeuge unserer Verkehrsbehörden. Allein in Berlin gibt es rund 20 solcher Dinger. Laut Statistik aus dem Jahr 1997 wurden damit 120.773 Rotlichtverstöße registriert. An diesen "Blitzer-Ampeln" sind automatische Kameras installiert, die bei Rotlichtverstößen das jeweilige auslösende Fahrzeug fotografieren. Auf Grund des KFZ-Kennzeichens wird dann ein Ermittlungsverfahren gegen den Fahrzeughalter eingeleitet (sog. "Kennzeichenanzeige").

Von den "Blitzer-Ampeln" sind allerdings nicht alle so installiert, dass ein Frontfoto von dem Kraftfahrzeug gemacht wird und somit die Identifizierung des Fahrers möglich ist. Anlagen nehmen ein Foto vom Heck des Kraftfahrzeugs auf. Sofern lediglich ein Heckfoto vorliegt, erreichen Wissende im anschließenden Ermittlungsverfahren nach Einsicht in die Akten oft die Einstellung des Verfahrens. Denn sie wissen: Was die Kamera nicht sieht, ist etwa, ob man nur deshalb bei Rotlicht in die Kreuzung eingefahren ist, weil ein nachkommender Brummi nicht rechtzeitig mit dem Bremsen begonnen hat und nur durch Einfahren bei Rotlicht ein Unfall vermieden werden konnte. Und das Vermeiden eines Unfalls ist allemal wichtiger als das schlichte Beachten des Rotlichts. Abgesehen davon, wer soll bestraft werden, wenn der Lenker nicht erkennbar ist? Jens würde schon wieder seinen Freund Vladimir ins Spiel bringen.

Mengenrabatt

Überfährt ein Autofahrer nacheinander zwei verschiedene Straßenkreuzungen bei Rot, handelt es sich um zwei selbstständige Verkehrsverstöße. Gegen den Verkehrssünder sind daher zwei Geldbußen zu verhängen. Einen "Mengenrabatt" in Form einer Gesamtgeldbuße gibt es im Ordnungswidrigkeitenrecht nicht, so meinte jedenfalls das OLG Düsseldorf.

Nicht jedes Rotlichtfoto ist verwertbar

Achten Sie, ob auf dem Foto erkennbar ist, dass Ihr Fahrzeug die Kreuzung überfahren hat. Achten Sie, dass auf dem Foto kein weiteres Fahrzeug sichtbar ist, dann hat es keine Beweiskraft. Verlangen Sie im Verfahren die Vorlage der Eichprotokolle. Falls keine gültige Eichung vorliegt, ist das Foto nicht beweiskräftig.

4 Gurtepflicht

Wer soll das beweisen?
Auch mit der Gurtepflicht ist das so eine Sache. Abgesehen davon, dass mündige Autofahrer wohl selbst bestimmen könnten, ob sie den Sicherheitsfaktor um den Gurt erhöhen wollen - auch diese Vorschrift ist kaum überprüfbar. Nicht erst einmal erwartete ein Autofahrer die Polizisten bei der Kontrolle freundlich mit der Hand am Gurt: "Nicht angeschnallt? Ich? Herr Wachtmeister, ich muss schon bitten, das muss ein Irrtum sein. Ich hab mich gerade eben erst abgeschnallt. Als Sie zum Auto gekommen sind ..."

Was kann ein diensteifriger Wachtmeister wie Eintreib in einem solchen Fall tun?
Gar nichts kann er tun. Denn wie soll er die Gurtepflicht effizient kontrollieren können? Mit dem Fotoapparat lauern geht nicht. Sollte der Wachtmeister dennoch kassieren wollen, bleibt der Schlupflochkenner weiter freundlich - und bezahlt nicht. Denn das Imperium schlägt erst nach erfolgter Anzeige zurück ...

Ausnahmen
Abgesehen davon gibt es aber auch andere Fälle, bei denen Autofahrer trotz nicht angelegten Gurts straflos entkommen. Die Behörde kann nämlich Ausnahmegenehmigungen von der Gurtanlegepflicht ermöglichen - beschränkt auf Fälle, in denen Gurtbenutzung zu ernsthaften Gesundheitsschäden führen würde.
An die Erteilung werden allerdings strenge Anforderungen gestellt, bloße Verursachung selbst starker Schmerzen durch den Gurt rührt die Obrigkeit nicht!

5 Hupverbot

Lauernde Gefahren

Unter den Schlupflochspezialisten gibt es auch solche, die gerne und oft hupen. Und dennoch deswegen nie Strafe zahlen. Nicht weil sich Wachtmeister Eintreib inzwischen dran gewöhnt hätte, nein. Sondern weil Wissende immer gleich die passende Ausrede parat haben: "Herr Wachtmeister, ich habe nur gehupt, um einen anderen vor Schaden zu schützen. Ein Kind wäre da vorn fast auf die Fahrbahn gelaufen. Durch das Hupen hat seine Mutter das erkannt und das Kind zurückgehalten. Wo? Na da vorne, etwa 50 Meter hinter Ihrem Rücken, Herr Wachtmeister ..."
Ist doch wunderbar, was die richtige Begründung in Bezug auf Straflosigkeit alles bewirkt.

6 *Alkohol und Drogen am Steuer*

Robert aus München

Roberts Audi gerät in der Nacht in eine Verkehrskontrolle. Mit 100 km/h befährt er eine deutsche Bundesstraße. Dieses Beispiel gilt in Deutschland genauso wie in Österreich. Als der Audi-Fahrer die Anhaltekelle sieht, verringert er die Geschwindigkeit, bleibt jedoch nicht stehen. Die Polizisten laufen zum Streifenwagen und nehmen die Verfolgung auf. Der Lenker weiß, dass er nicht weit kommen würde. Wenige hundert Meter weiter bleibt er in einer kleinen Seitengasse stehen. Als der Streifenwagen eintrifft, ist die Fahrertür geöffnet. Robert liegt zusammengekauert auf dem Beifahrersitz und stellt sich schlafend. Die Polizisten wecken ihn auf und behandeln ihn wie den Fahrzeuglenker. Alkotest: 1,2 Promille - Führerschein, Schlüssel weg. Robert stimmt dem Alkotest zu. Er bestreitet jedoch sofort, der Lenker zu sein. Monate später wird das Verfahren gegen ihn eingestellt. Zuvor hat sein Anwalt den alles entscheidenden Lokalaugenschein durchgesetzt. Der Strafreferent überzeugt sich, dass die Polizisten in der Nacht nicht erkennen konnten, wer den Audi gelenkt hat. Auch konnten sie von ihrem Standort aus nicht sehen, ob Robert bei der (missglückten) Anhaltung bereits auf dem Beifahrersitz gelegen ist. In den ca. 2 Minuten zwischen Einparken des Audi in der kleinen Seitengasse und dem Eintreffen des Streifenwagens, hatte der Lenker genügend Zeit, um unerkannt zu entkommen. Übrigens: Einen Lenker gibt es in dem Verfahren auch. Roberts Freund Jaro aus Polen war auf Besuch und hat den Audi gelenkt. Das wird von Jaro auch schriftlich bestätigt.

Straflos-Schlupflochsammlung

Nüchterne Schlangenlinie

Bei einem Blutalkoholwert von 0,3 Promille ist in aller Regel nicht davon auszugehen, dass ein Fahrer fahruntüchtig ist. Das hat das Saarländische Oberlandesgericht entschieden und die entgegengesetzten Urteile der Vorinstanzen aufgehoben. Der Angeklagte war nach Zeugenaussagen auf der Autobahn Schlangenlinien gefahren und hatte schließlich die Leitplanke gestreift.

Die spätere Blutprobe ergab eine Alkoholkonzentration von 0,2 Promille. Amtsgericht und Landgericht kamen zu der Überzeugung, dem Angeklagten sei wegen alkoholbedingter Fahrfehler fahrlässige Trunkenheit im Verkehr vorzuwerfen. Es wurde eine zweimonatige Bewährungsstrafe und ein Fahrverbot von drei Monaten verhängt. Das OLG hob beide Entscheidungen auf. Es verwies auf die überwiegende Ansicht in Rechtsprechung und Fachliteratur, wonach erst bei einem Wert von mindestens 0,3 Promille eine alkoholbedingte Fahruntüchtigkeit in Betracht kommt.

Zwar werde vereinzelt die Ansicht vertreten, auch mit einer niedrigeren Blutalkoholkonzentration sei bei gleichzeitigen Fahrfehlern eine Verurteilung möglich. Für diese Annahme gebe das angefochtene Urteil in seiner Begründung aber keine hinreichende Grundlage. Allein die Zeugenaussage über gefahrene Schlangenlinien reiche für den Nachweis nicht aus.

So nicht, Herr Chef

Eines muss man der Polizei lassen. Die meisten deutschen Polizisten schreiten auch bei Vorgesetzen korrekt ein. Nicht sehr erfreut war darüber der Leiter einer Zentralen Bussgeldstelle. Wegen Alkohol am Steuer musste er seine Lenkerberechtigung abgeben. Das der Chefposten kurz darauf neu besetzt wurde, versteht sich von selbst.

Will die Polizei einmal dein Blut, wisse: Nur wer Drogen nimmt, der hat es gut

Wusstest du, lieber Kraftfahrer, dass es zwar genaue Grenzwerte für die Fahrtüchtigkeit der Alkolenker, nicht aber für Drogensüchtige gibt? Das deutsche Bundesgericht befand Ende 1998, dass "der Nachweis von Drogenwirkstoffen im Blut des Fahrzeuglenkers für sich alleine NICHT ausreiche", diesen als fahruntüchtig anzusehen.
Und auch die Beeinträchtigung der Sehfähigkeit auf Grund der drogenbedingten Pupillenstarre "genüge dafür nicht ohne weiteres".
Ein Drogenabhängiger hatte, um seine Sucht zu finanzieren, eine Tankstelle überfallen. Auf der Flucht war er - beim Ausparken - einer Streife aufgefallen, die ihn festnahm. Neben der Strafe für den Raub verdonnerte die erste Instanz den Mann auch wegen vorsätzlichen Vergehens gegen Paragraph 316 StGB (in Bezug auf die Fahruntüchtigkeit wegen des Genusses "anderer berauschender Mittel"). Und so sollte ihm unter anderem auch die Fahrerlaubnis mit einem Jahr Sperrfrist entzogen werden. Der Mann legte Berufung ein - und bekam recht. Obwohl sich in seinem Blut und Urin deutliche Spuren von Heroin, Kokain und Haschischprodukten gefunden hatten, befand das Bundesgericht, dass diese nicht ausreichten, um eine Fahruntüchtigkeit zur Tatzeit zu begründen.

Während sich nämlich für die Behörden längst schon allein aufgrund statistischer Werte bestimmen lässt, wie die jeweilige Verfassung eines Menschen nach Alkoholkonsum ist oder war - gibt es solche gesicherten wissenschaftlichen Erkenntnisse für den Drogenkonsum noch nicht. Somit ist unter diesen Umständen einer, der rechnerisch einen Schluck zuviel getrunken hat, schlechter dran, als einer, der, wie im obigen Fall, ein halbes Gramm Heroin gespritzt hat und sich dann noch eine Ladung Kokain verpasste. Bemerkenswert in diesem Zusammenhang auch dieser Auszug aus einem anderen Urteil:

Regelmäßiger oder gewohnheitsmäßiger Cannabiskonsum ist nicht schon für sich allein geeignet, berechtigte Zweifel an der Fahreignung zu begründen. Entscheidend ist die Fähigkeit, Konsum und Führen von Kraftfahrzeugen zu trennen.

Wer war der Lenker?

Einmal machte Wachtmeister Eintreib ein böses Gesicht (was ihm trotzdem nichts half):

Nachdem er in der Nacht ein Auto angehalten hatte, staunte er nicht schlecht. Alle Fahrzeuginsassen sind auf den Rücksitzen oder am Beifahrersitz gesessen. Die Ausrede war einhellig: "Nein, Herr Wachtmeister, wir können uns einfach nicht mehr erinnern, wer gefahren ist."

Wem gehört das Urin?

"Unbestätigten Gerüchten" zufolge, soll es vorkommen, das zur Urinprobe schon ein Becherlein mitgebracht wird. Wie es Probanten dann anstellen, das "Pinkelgeräusch" richtig zu dosieren, bleibt Privatsache. Tatsache ist: "Fremdurin" kann nicht nachgewiesen werden!

7 Fahrtenbuch

Fahrtenbuch, fahr wohl ...

Gibt ein Fahrzeughalter nach einer Kennzeichenanzeige den Fahrzeuglenker nicht wahrheitsgemäß an, so kann er von Amts wegen die Auflage erhalten, ein Fahrtenbuch zu führen. Allerdings ist das nur leere Drohung, weil eine ziemlich zahnlose Maßnahme (abgesehen davon, dass dagegen ein Einspruch möglich ist).

Denn: Wie soll ein Polizist bei der Fahrzeugkontrolle wissen, dass diese - nirgends vernetzt abrufbare - Auflage überhaupt besteht? Was sich in unserer hochtechnisierten Zeit kaum jemand vorstellen kann, ist wahr. Die Polizei kann nicht im Fahndungssystem speichern, ob eine Fahrtenbuchauflage besteht oder nicht.

Und letztlich braucht der zum Fahrtenbuch führen Verdonnerte ja nur sein Fahrzeug zu wechseln und schon ist er den Klotz am Bein los ...

Hintertüre

Außerdem hat auch die Rechtsprechung einige Hintertürchen für Interessierte geöffnet. So muss die Behörde, bevor sie einem Autofahrer die Führung eines Fahrtenbuchs auferlegt, ihren Ermittlungsspielraum voll ausnutzen.

Ermittlungsspielraum muss voll ausgenützt werden

In einem Fall:

Die Halterin des geblitzten Fahrzeugs ließ durch ihren Anwalt mitteilen, "sie wolle erst den Abschluss der Ermittlungen abwarten" und Akteneinsicht nehmen, bevor "sie sich möglicherweise äußere".

Die Behörde ließ sich daraufhin vom Einwohnermeldeamt Passbilder der Halterin und ihres Ehemanns schicken. Als die Behörde auch damit nicht weiterkam, wurde das Verfahren gegen die Frau kurzerhand eingestellt - ohne mit ihr oder ihrem Anwalt weiteren Kontakt aufzunehmen. Weil der Ehemann als Fahrer verdächtigt wurde, wurde der Frau die Fahrtenbuch-Auflage aufgebrummt. "Rechtswidrig", meinten die Verwaltungsrichter.

Die Behörde hätte der Betroffenen ihren Kenntnisstand übermitteln und ihr damit Gelegenheit zu einer Stellungnahme über die Identität des Fahrers geben müssen, hieß es in dem Beschluss.

Fahndung?

Angenommen Sie geraten in eine Verkehrskontrolle. Angenommen für ihr Fahrzeug besteht eine Fahrtenbuchauflage. Angenommen der Polizist weiss das nicht. Was glauben Sie, findet der Polizist im Fahndungscomputer ihre Fahrtenbuchauflage?

Wenn Sie auf NEIN tippen, dann liegen Sie richtig. Derartige Eintragungen haben im Fahndungscomputer nichts verloren. Woher soll der Polizist also wissen, das eine Fahrtenbuchauflage besteht?

8 *Fahrverbot*

Wer weiß davon?

Nur in Bayern sind über EDV Fahrverbote abrufbar. In allen anderen Bundesländern nicht? In Bayern werden aber nur die Fahrverbote der Zentralen Bußgeldstelle (ZBGS) gespeichert und nicht die der Gerichte. Und, als Krönung, Polizisten aus anderen Bundesländern haben auf die bayerische Datei gar keinen Zugriff.

Die Bayrische Polizei betreibt ein Intranet, in dem sie Daten speichert, die laut Schengener Abkommen nicht vorgesehen sind. Fraglich ist, wann ein Datenschützer hier einen Riegel vorschiebt.

Bei gerichtlich verhängten Fahrverboten ist die örtlich zuständige Staatsanwaltschaft Vollstreckungsbehörde, die Mitteilung an das Verkehrszentralregister macht. Das kann halt mal einige Wochen dauern. Und genau da liegt der Dreh. Der Polizist müsste sich erst in Flensburg erkundigen. Und das macht kaum ein Polizist. Somit sind wir wieder bei der kuriosen Situation. Nur in Bayern sind die von der Bußgeldstelle verhängten Fahrverbote in der EDV gespeichert und für Polizisten bei einer Kontrolle rasch abrufbar. Nicht gespeichert sind die Fahrverbote der bayerischen Gerichte und der anderer Bundesländer.

Schlupflochsammlung:
O welch Not, ein Fahrverbot droht

Zunächst einmal die Fakten. Wird gegen den Betroffenen wegen einer OWi, die er unter "grober oder beharrlicher Verletzung der Pflichten eines Kraftfahrzeugführers" begangen hat, eine Geldbuße festgesetzt, so kann ihm die Verwaltungsbehörde (oder das Gericht) in der Bußgeldentscheidung für die Dauer von einem Monat bis zu drei Monaten ein Fahrverbot aufbrummen.

Für Verstöße, die als besonders schwerwiegend betrachtet werden, sieht der Bußgeldkatalog als Regelfolge ein Fahrverbot vor. Dabei besteht die Möglichkeit, den Beginn des Fahrverbots innerhalb von vier Monaten nach Rechtskraft

der Bußgeldentscheidung selbst zu bestimmen (aber nur, wenn nicht innerhalb von zwei Jahren vor der OWi schon ein Fahrverbot verhängt wurde und wenn auch bis zur Bußgeldentscheidung kein anderes Fahrverbot gegen den Betroffenen verhängt wird).
Der Betroffene erhält also in bestimmten Grenzen die Möglichkeit, das Fahrverbot selbst in einen günstigen Zeitraum (z.B. Urlaub) zu legen.
Und dann ist da natürlich auch die magische 18. Achtzehn Punkte für begangene Verkehrsverstöße im Verkehrszentralregister in Flensburg eingetragen und die Behörde entzieht die Fahrerlaubnis. So weit wollen es die Schlupflochlkenner natürlich gar nicht erst kommen lassen. Dafür gibt es ja allerhand Urteile und Behördenentscheidungen, an denen sich Kenner der Materie gerne orientieren ...

Vergesslichkeit kann helfen
Wer mehr als 60km/h in einer 30-km/h-Zone fährt, kann mit einem Fahrverbot rechnen. Anders entschieden hat das OLG, da eine Autofahrerin glaubhaft angab, sie hatte das Auto einige Tage in der Zone geparkt - sie war auf Besuch - und hat nicht mehr daran gedacht, dass sie sich in einer 30-km/h-Zone befinde. Das Gericht hat das eingesehen und verhängte kein Fahrverbot, lediglich ein Bußgeld.

Fahr lässig oder fahrlässig?
Ein Fahrverbot darf also nur verhängt werden, wenn sowohl objektiv als auch subjektiv der Verstoß als grob zu bewerten ist.
Ein Autofahrer, der wegen einer fahrlässigen Geschwindigkeitsüberschreitung zu einer Geldbuße von 200 Mark und einem Fahrverbot von einem Monat verurteilt worden war, machte in der Berufung glaubhaft, dass er das Schild, das nur eine Höchstgeschwindigkeit von 20 km/h erlaubte, einfach übersehen hatte.
Ihm wurde vom Instanzgericht zugestanden, dass 'es sich dabei zwar um einen objektiv schwerwiegenden Ver-

kehrsverstoß handelt, der zwar nicht vorkommen darf, aber erfahrungsgemäß auch dem sorgfältigen und pflichtbewussten Kraftfahrer unterläuft'.

Und weshalb kein Fahrverbot?

Weil ihm somit das für ein Fahrverbot erforderliche grob pflichtwidrige Verhalten nicht vorgeworfen werden kann. Der Grund für die Geschwindigkeitsüberschreitung liegt doch darin, dass er die Geschwindigkeitsbegrenzung einfach nicht wahrgenommen hat. Etwas anderes wäre es, wenn gerade diese Fehlleistung auf grober Nachlässigkeit oder Gleichgültigkeit beruhen würde.

Ja, vergessen. Da gibt es auch so ein Urteil

Und demnach musste ein Temposünder, der im Ortsgebiet mehr als 30 km/h zu schnell war, auch nicht automatisch mit einem Fahrverbot rechnen. Er hat einfach die Geschwindigkeitsbeschränkung vergessen.

Meinte auch das OLG Hamm. Im konkreten Fall war ein Autofahrer in eine korrekt ausgeschilderte Tempo-30-Zone eingefahren und hatte sich dort längere Zeit aufgehalten. Schaufensterbummel, Restaurant besucht, ein alltäglicher Stadtbesuch eben. Beim Wegfahren hatte der Ortsunkundige nicht mehr an die Tempo-30-Zone gedacht und war prompt mit überhöhter Geschwindigkeit erwischt worden. Das OLG meinte dazu, dass in einem solchen Fall auf ein Fahrverbot verzichtet werden kann, wenn der Grund für das zu schnelle Fahren vor allem in der Vergesslichkeit des Fahrers liegt und deshalb eine verkehrserzieherische Einwirkung auf den Temposünder, wie es ein Fahrverbot an sich darstellt, nicht erforderlich ist (bezieht sich auf das so genannte Zonenbewußtsein; es muss aber hinzukommen, dass die Straßenführung und ihr Zustand nicht auf eine verkehrsberuhigte Zone hindeuten).

Mit der Verfügung eines Fahrverbotes soll laut Gesetzesauftrag ja erzieherisch auf den Verkehrsteilnehmer eingewirkt werden. Das Ziel ist laut einem Richterspruch in der Regel dann nicht mehr zu erreichen, wenn zwischen Tat und Verurteilung ein längerer Zeitraum liegt. Was

Schlupflochkenner natürlich dazu bewegt, Verfahren möglichst lange hinauszuziehen. Nach dem Motto: "Du sollst den Amtsschimmel füttern."

Schau genau

Dass allein aus der Höhe der in einer Autobahnbaustelle begangenen Geschwindigkeitsüberschreitung nicht auf einen groben Verstoß geschlossen und ein Fahrverbot verhängt werden kann, sagt das Gericht.
Übrigens - und das dürfen sich eifrige Fallensteller wie Wachtmeister Eintreib hinter die Dienstkappe schreiben. Wird eine Messung unmittelbar hinter einem Ortseingangsschild durchgeführt, kann auch nicht ohne weiteres ein grober Verstoß bejaht und damit ein Fahrverbot verhängt werden. Da gibt es ein Urteil vom bayerischen OLG.

Rot allein genügt nicht

Auch ein Rotlichtverstoß muss nicht zu einem Fahrverbot führen. So blieb ein Autofahrer straflos, der eine Baustellenampel bei Rot passiert hatte. Und auch jener, der zu nächtlicher, verkehrsarmer Zeit im Schritttempo bei Rot über die Kreuzung rollte. Denn letztlich gilt das auch im Fall eines offensichtlichen Wahrnehmungsfehlers, so meint zumindest das OLG Hamm.
Kann man dann eigentlich auch angeben, dass die einfallende Sonne die Ampel so angestrahlt hat, dass man geglaubt hat, es sei Grün?
Nun, das ist nach Auffassung des Oberlandesgerichts Hamm wiederum eine schlechte Ausrede. Die Richter verwiesen auf ein Gutachten, wonach eine solche Verwechslung nahezu ausgeschlossen ist. Der Sachverständige kam unter anderem zu dem Ergebnis, insbesondere die Streuscheibe des Grünlichts an Ampeln vermeide eine starke Reflexion des Sonnenlichts. Während beispielsweise bei der gelben Streuscheibe noch leichte Reflexe zu erkennen gewesen seien, war dies bei der grünen Streuscheibe nicht der Fall. Eher könne durch einfallendes Sonnenlicht noch der Eindruck entstehen, an einer Ampel herrsche konstantes Rotlicht.

Fahrverbot nicht immer

Das OLG Frankfurt verhängte über eine gehbehinderte Frau kein Fahrverbot, lediglich höheres Bußgeld, obwohl sie mehr als 50 km/h im Ortsgebiet zu schnell war. (AZ 2WS/B/57/95 OwiG). Wichtig: Machen Sie glaubhaft, dass Ihr Verhalten keine konkrete Behinderung oder Gefährdung dargestellt hat. Machen Sie klar, dass ein Fahrverbot eine unangemessene Härte wäre (Folge könnte Arbeitslosigkeit sein, Verlust des Einkommens, Hilfe die Sie leisten, wäre nicht mehr möglich - Versorgung von gebrechlichen Personen, Schulweg für Kinder nicht anders möglich ...).

Kreditschutz einmal anders

Auch Schulden können manchmal helfen ein Fahrverbot abzuwenden. Bei einem Betroffenen, der bisher verkehrsrechtlich jungfräulich geblieben war und dessen wirtschaftliche Existenz am seidenen Faden hing - sein Jungunternehmen war mit erheblichen Zahlungsverpflichtungen aus Krediten belastet - sah ein Gericht ausnahmsweise von der Verhängung eines Fahrverbots ab.
Begründung: Durch die Verhängung eines Fahrverbots wäre die Firma schwerwiegend beeinträchtigt oder sogar in ihrem Bestand gefährdet. Der Betroffene wurde ausdrücklich darauf hingewiesen, dass bei einem weiteren Verstoß von einem Fahrverbot nicht mehr abgesehen werden könnte, selbst wenn er dadurch in wirtschaftliche und Existenznot gebracht würde. Die Geldbuße wurde allerdings verdoppelt.

Flotter Taxler

Und auch ein allzu schneller Taxifahrer kam ohne Fahrverbot wegen Überschreitung der vorgeschriebenen Höchstgeschwindigkeit davon. Begründung: Die Tat lag im Grenzbereich des Regelfahrverbots, es wäre eine Existenzgefährdung des Betroffenen (selbständiger Taxiunternehmer im EinMannbetrieb) wahrscheinlich, und der bisher unauffällig gebliebene Betroffene fuhr seit über 34 Jahren Taxi.

Koch müsste man sein

Auf dem Weg von der Arbeit nach Hause überfuhr ein Koch eine Ampel, die bereits 1,93 Sekunden Rot anzeigte. Das zuständige Amtsgericht sah trotzdem von der Verhängung eines an sich gebotenen einmonatigen Fahrverbots ab, hob allerdings das Bußgeld auf 500 Mark an.

Der Amtsrichter meinte, dass ein Fahrverbot für den Mann eine außergewöhnliche Härte darstellen würde. Das Oberlandesgericht Dresden schloss sich dieser Auffassung an. Der Autofahrer war als Koch in Wechselschicht tätig und wohnte 25 Kilometer vom Arbeitsplatz entfernt. Er hatte keine Möglichkeit zur Benutzung öffentlicher Verkehrsmittel oder einer Fahrgemeinschaft.

Ein Fahrverbot hätte somit den Verlust des Arbeitsplatzes zur Folge gehabt. Das Gericht empfand es bei seinem Einkommen als Koch außerdem als unzumutbar, für die Dauer des Fahrverbots die tägliche Wegstrecke von zweimal 25 Kilometern mit einem Taxi zurückzulegen.

Manchmal besser nicht!

Ein Ortsunkundiger fuhr in eine Kreuzung ein, die bereits mehr als eine Sekunde Rotlicht anzeigte. Das Amtsgericht verhängte daher gegen ihn eine Geldbuße von 250 Mark und ein einmonatiges Fahrverbot. Die vom Autofahrer eingelegte Rechtsbeschwerde hatte aber beim OLG Stuttgart Erfolg. Eine schwere Pflichtverletzung, die eine Verhängung eines Fahrverbotes gerechtfertigt hätte, konnte im konkreten Fall nicht festgestellt werden.

Denn: Dem Gericht war aus zahlreichen Verfahren bekannt, dass gerade an dieser Kreuzung überdurchschnittlich viele Rotlichtverstöße registriert wurden, weil die "sehr hoch über der Fahrbahn angebrachte Ampelbrücke" von Ortsfremden übersehen wurde.

Die Richter nahmen unter diesen Umständen lediglich einen auf einfache Fahrlässigkeit zurückzuführenden Wahrnehmungsfehler des verurteilten Autofahrers an. Da keine anderen erschwerenden Umstände hinzukamen, entkam der Fahrer dem Fahrverbot.

Rote Eisbären

Eine Autofahrerin konnte bei spiegelglatter Fahrbahn ihr Fahrzeug vor einer Ampel nicht mehr anhalten. Sie rutschte in die Kreuzung hinein, als die Ampel bereits 1,95 Sekunden auf Rot stand. Nachdem sie sich vergewissert hatte, dass weder Fußgänger noch andere Verkehrsteilnehmer von ihr gefährdet wurden, entschloss sie sich, die Kreuzung bewusst bei Rotlicht zu überqueren, um nicht noch irgendeinen Schaden anzurichten. Das OLG Dresden ging unter diesen Umständen nicht von einer "groben Verletzung der Pflichten eines Fahrzeugführers" aus und sah, obwohl die Ampel bereits fast zwei Sekunden Rot gezeigt hatte, von der Verhängung eines Fahrverbots ab. Die Rotlichtfahrerin kam mit einer Geldbuße von 250 Mark davon.

Gesund gestraft

Erhebliche Gesundheitsprobleme können einem Autofahrer das eigentlich angemessene Fahrverbot zumindest verkürzen. Dies entschied das Amtsgericht Gießen in einem Urteil, das die Verkehrsrechts-Anwälte des Deutschen Anwaltvereins veröffentlicht haben. Ein Fahrer war binnen drei Jahren zum sechsten Mal wegen einer Geschwindigkeitsüberschreitung aufgefallen. Zuletzt wurde er auf der Autobahn mit 145 statt der erlaubten 100 Stundenkilometer "geblitzt". Eigentlich war für ihn jetzt neben dem Bußgeld ein achtwöchiges Fahrverbot fällig. Dass der Mann als Unternehmensberater mit 8000 Kilometern monatlicher Fahrleistung auf sein Auto angewiesen war, beeindruckte das Gericht nicht. Dies gelte auch für eine Vielzahl anderer Betroffener, hieß es.

Allerdings litt der Mann unter Multipler Sklerose und galt als zu 80 Prozent schwer behindert. Dies, so das Gericht, mache es für ihn unbedingt notwendig, unmittelbar an seine beruflichen Einsatzorte gelangen zu können. Unter diesem Aspekt beließ es das Gericht noch einmal bei vier Wochen Fahrverbot, die der Betroffene während seines Urlaubs ableisten könne. Allerdings wurde die Geldbuße deutlich auf 800 Mark erhöht.

Auch die persönlichen Verhältnisse eines Kraftfahrers, gegen den ein Fahrverbot verhängt werden soll, sind von der zuständigen Behörde zu berücksichtigen. Im konkreten Fall sollte über einen Querschnittsgelähmten erstmalig ein Fahrverbot verhängt werden.
Das AG Hof befand, dass es eine unbillige Härte darstellen würde, wenn "man hier nicht auf die persönlichen Verhältnisse Rücksicht nehmen würde".
Die staatliche Rücksichtnahme ging allerdings auch hier nicht so weit, dass nicht gemäß dem Melkkuhsyndrom statt des eigentlich erwirkten Fahrverbots wenigstens ein erhöhtes Bußgeld verhängt wurde.

Singles unterwegs
Auch Einsamkeit rührt Richter manchmal. Ein Autofahrer überschritt auf der Autobahn die zulässige Höchstgeschwindigkeit von 100 km/h um 44 km/h. Trotzdem sah das AG Plön von der Verhängung des an sich fälligen Fahrverbots ab. Bei dem flotten Fahrer lagen keine einschlägigen Voreintragungen vor. Außerdem befand er sich während der Geschwindigkeitsüberschreitung - wie sich aus den Messfotos ergab - "allein auf weiter Flur", so dass eine Gefährdung anderer Verkehrsteilnehmer praktisch ausgeschlossen war. Jaja, es hat schon auch so seine Vorteile, ein Singledasein zu führen ...

Ersttäter
Diese können innerhalb einer Frist von vier Monaten nach rechtskräftiger Verhängung des Fahrverbots über den Antritt entscheiden. Dadurch kann Unannehmlichkeiten besser begegnet werden. Aber bis zum Fahrverbot sollten Sie erst gar nicht kommen lassen ...

Vorläufiger Entzug der Fahrerlaubnis nicht immer gerechtfertigt
Fast acht Monate nach einem Verkehrsdelikt darf einem Autofahrer die Fahrerlaubnis in aller Regel nicht mehr vorläufig entzogen werden. Dies sei allenfalls zulässig, wenn der zuständigen Behörde die Gründe für einen

Entzug erst zu einem späteren Zeitpunkt bekannt werden, heißt es in einem Beschluss des Landgerichts Zweibrücken. Die Entscheidung wurde von den Verkehrsrechts-Anwälten (Arbeitsgemeinschaft Verkehrsrecht im Deutschen Anwaltverein - DAV) veröffentlicht.
Ein Autofahrer hatte Ende Januar einen Unfall verursacht und war geflüchtet. Anfang Juni erhob die Staatsanwaltschaft Anklage, beantragte aber nicht die vorläufige Einziehung der Fahrerlaubnis. Den für Mitte August vorgesehenen Termin der Hauptverhandlung verlegte das Amtsgericht auf Antrag des Verteidigers des Angeklagten auf Anfang November. Gleichzeitig verfügte es den vorläufigen Entzug der Fahrerlaubnis.
Dies sei nach siebeneinhalb Monaten nicht mehr ohne weiteres zulässig, entschied das Landgericht als Beschwerdeinstanz. Es handle sich um eine Maßnahme der Gefahrenabwehr, für die dringende Gründe vorliegen müssten. Nur wenn dem Gericht diese dringenden Gründe erst nachträglich bekannt würden, sei der vorläufige Entzug auch noch nach Monaten zulässig. Hier aber sei nur der Termin der Hauptverhandlung verlegt worden. Dies rechtfertige keine vorläufige Einziehung so lange nach der Tat, hieß es. Wenn fast acht Monate lang keine dringenden Gründe bestanden hätten, könne jetzt auch bis zum Ende der Hauptverhandlung gewartet werden.

Landgericht Zweibrücken Beschluss vom 13. September 1999

Aktenzeichen: Qs 122/99 4040 Js 1840/99

Augenblicksversagen

ZWEIBRÜCKEN (DAV). Wenn ein Autofahrer lediglich auf Grund eines so genannten Augenblicksversagens ein Tempolimit übersieht, darf gegen ihn nicht automatisch ein Fahrverbot verhängt werden. Nur wenn die Pflichtverletzung "subjektiv auf grobem Leichtsinn, grober Nachlässigkeit oder Gleichgültigkeit" beruhe, sei eine solche Maßnahme angemessen, entschied das Pfälzische Oberlandesgericht Zweibrücken. In dem Fall, den die Verkehrsrechts-Anwälte (Arbeitsgemeinschaft Verkehrsrecht im Deutschen Anwaltverein - DAV) veröffentlicht haben, war ein Autofahrer auf der Autobahn bei Tempo-100-Geschwindigkeitsbegrenzung mit 150 Stundenkilometer "geblitzt" worden. Vor dem Amtsgericht berief er sich ohne Erfolg darauf, er habe das Schild offenbar schlicht übersehen und bekam zusätzlich zur Geldbuße von 200 Mark ein vierwöchiges Fahrverbot aufgebrummt. Das OLG hob das Urteil auf. Es bemängelte, die erste Instanz habe nicht berücksichtigt, dass bei objektiv schwerwiegenden Verkehrsverstößen Situationen gegeben sein können, die "erfahrungsgemäß auch dem sorgfältigen und pflichtbewussten Kraftfahrer unterlaufen". Beim Tempolimit sei dies beispielsweise der Fall, wenn der Begrenzung kein "Geschwindigkeitstrichter" vorangegangen war oder das entsprechende Schild für den Fahrer erstmals auftauchte. Offenbar hatte es in diesem Fall keinerlei "Vorwarnung" gegeben - in der erneuten Verhandlung verzichtete das Amtsgericht auf die Verhängung des Fahrverbots.

Pfälzisches Oberlandesgericht Zweibrücken,

Beschluss vom 15. Dezember 1997, Aktenzeichen: 1 Ss 311/97

Alter kein Grund für Fahruntüchtigkeit

SAARBRÜCKEN (DAV). Allein das hohe Alter eines Autofahrers darf für die zuständige Straßenverkehrsbehörde kein Anlass sein, an seiner Fahrtüchtigkeit zu zweifeln. Es müssen vielmehr - wie bei allen anderen Verkehrsteilnehmern - konkrete Anhaltspunkte bestehen, die Zweifel an seiner Kraftfahreignung zu begründen, entschied das Verwaltungsgericht des Saarlandes. Der Beschluss wurde von den Verkehrsrechts-Anwälten (Arbeitsgemeinschaft Verkehrsrecht im Deutschen Anwaltverein - DAV) veröffentlicht. In dem Fall ging es um einen 90 Jahre alten Autofahrer. Nachbarn hatten der Polizei berichtet, der Mann gefährde mit seiner Fahrweise Leib und Leben der Anwohner. Die zuständige Behörde hatte daraufhin eine amtsärztliche Untersuchung angeordnet, ohne die Angaben der Nachbarn durch eigene Ermittlungen nachzuprüfen. Der Betroffene wies alle Anschuldigungen kategorisch zurück. Die Verwaltungsrichter hielten die Anordnung der Untersuchung für unrechtmäßig. In dem Beschluss kritisierten sie, dass sich die Behörde ohne weitere Prüfung auf die Angaben der Nachbarn gestützt hatte. Auch die amtliche Argumentation, Autofahrern könne jenseits von 80 Jahren Lebensalter keine generelle Fahreignung mehr unterstellt werden, fand vor Gericht keine Zustimmung. Diese Unterstellung sei weder durch gesetzliche Vorschriften noch durch wissenschaftliche Erkenntnisse gestützt und "geradezu willkürlich", betonten die Richter. Sie hoben die Behördenentscheidung auf.

Verwaltungsgericht des Saarlandes, Beschluß vom 13. Januar 1999,

Aktenzeichen: 3 F 82/98

Traktorfahren ausnahmsweise erlaubt

Wenn einem Alkoholsünder am Steuer der Verlust des Arbeitsplatzes droht, kann er vor Gericht zuweilen mit Nachsicht rechnen. So erlaubte das Landgericht Dessau einem Traktorfahrer, die Fahrerlaubnis Klasse 5 zu behalten, während ihm ansonsten die Erlaubnis zum Führen von Kraftfahrzeugen entzogen wurde. In dem Fall, der von den Verkehrsrechts-Anwälten (Arbeitsgemeinschaft Verkehrsrecht im Deutschen Anwaltverein - DAV) veröffentlicht wurde, war der Beschuldigte mit knapp 2,7 Promille am Steuer seines Pkw erwischt worden. Es war das erste Mal, dass er in dieser Form auffällig wurde. Außerdem konnte er vor Gericht glaubhaft machen, er würde seinen Arbeitsplatz verlieren, wenn er nicht mehr Traktor fahren dürfte.Vor diesem Hintergrund erlaubten ihm die Richter, weiterhin im Zuge seiner Arbeit mit der Fahrerlaubnis Klasse 5 auf Traktoren unterwegs zu sein, zumal er an seiner Arbeitsstelle bislang nie alkohlbedingte Probleme verursacht hatte. Es sei auch nicht zu befürchten, dass er die Ausnahmebewilligung missbrauchen und mit dem Traktor "Privatfahrten" auf öffentlichen Straßen unternehmen werde, war sich das Gericht sicher.

Landgericht Dessau Urteil vom 28. August 1998

Aktenzeichen: 2 Qs 232/98

Einmaliges Rasen ohne Folgen

Die Fahrerlaubnis kann einem Autofahrer nicht allein deshalb entzogen werden, weil er in einer Ortschaft gerast ist, das zum ersten Mal. Auf dieses Urteil des Oberverwaltungsgerichtes (OVG) Lüneburg weisen die Verkehrsrechts-Anwälte (Arbeitsgemeinschaft Verkehrsrecht im Deutschen Anwaltverein - DAV) hin. Ein Autofahrer war in einer Innerortsstraße 51 km/h zu schnell gefahren. Sonst war dem Mann nichts vorzuwerfen. Trotzdem wurde ihm die Fahrerlaubnis entzogen, außerdem sollte er ein Gutachten über seine charakterliche Eignung (MPU-Gutachten) als Autofahrer vorlegen. Das hielten die Richter für überzogen. Nur wenn ein Autofahrer bereits 18 Punkte im Zentralregister in Flensburg habe, könne ihm die Fahrerlaubnis ohne weiteres entzogen werden. Ansonsten müssten weitere Verfehlungen zu der Raserei hinzukommen. Da dies jedoch nicht der Fall war, komme für den Verkehrsrowdy nur ein befristetes Fahrverbot plus Bußgeld in Betracht. Die Richter betonten jedoch, dass der dauerhafte Verlust der Fahrerlaubnis dann berechtigt gewesen wäre, wenn der Fahrer zugleich gegen weitere Verkehrsvorschriften verstoßen oder einen Menschen gefährdet hätte.

OVG Lüneburg, Az.: 12 M 4601/ 99, vom 2. 12. 1999

Kokain bei Trabrennpferd

Wie diese Aussendung des OLG Hamm beweist, sind Fahrverbote nicht nur auf Straßen ein Thema.

Der Rennausschuss des Zentralverbandes für Traber-Zucht und -Rennen in Münster hatte im September 1999 gegen einen aus Nordrhein-Westfalen stammenden Trainer wegen Dopings ein Fahrverbot von 3 Monaten und eine Geldbuße von 3.000,00 DM verhängt. Seinem Pferd war nach einem Rennen eine positive Dopingprobe entnommen worden. Es wurde Kokain nachgewiesen. Ein Pfleger hatte das Pferd am Vorabend auf der Rennbahn in einer unverschlossenen Box ohne Bewachung zurückgelassen. Der Rennausschuss hat seine Entscheidung damit begründet, dass es zwar keine Anhaltspunkte dafür gegeben habe, dass der Trainer selbst die verbotene Substanz verabreicht oder von den Umständen auch nur Kenntnis gehabt habe. Ihm sei jedoch der Vorwurf zu machen, dass er nicht alle gebotenen Maßnahmen ergriffen habe, um ein Doping zu verhindern. Für das Pferd habe eine Stallwache organisiert werden müssen.

Gegen diese Entscheidung war der Weg zu den ordentlichen Gerichten gegeben. Die Klage des Trainers um Aufhebung der Entscheidung und Freispruch scheiterte in erster Instanz vor dem Landgericht Münster. Mit seiner Berufung hatte er jetzt teilweise Erfolg. Das Oberlandesgericht Hamm hat das Fahrverbot aufgehoben und die Geldbuße auf 2.000,00 DM reduziert. Auch das Oberlandesgericht hat sich auf den Standpunkt gestellt, dass die durch den Rennausschuss festgestellten Tatsachen die Bestrafung des Trainers rechtfertigten. Die für ihn geltende Trabrennordnung verlange vom Trainer die Sicherstellung eines dopingfreien Einsatzes des Pferdes. Dem Trainer obliege es, in jeder Situation alles zu tun, um die Anwendung von Dopingmitteln zu verhindern. Diese Bestimmung solle ersichtlich den Trainer anhalten, auch Doping durch dritte Personen zu verhindern. Deshalb sei die Wertung des Rennausschusses im Rahmen der Überprüfungsmöglichkeiten durch die staatlichen Gerichte nicht zu beanstanden. Sie finde ihre Stütze in der Trabrennordnung und sei nicht grob unbillig oder willkürlich. Der Trainer hätte für den Fall, dass die zur Verfügung stehenden Ställe aus welchem Grund auch immer nicht verschlossen werden konnten, die Bewachung des Pferdes anordnen müssen. Eine solche Anordnung habe es nicht gegeben. Da der Vorwurf gegen den Trainer im organisatorischen Bereich liege, hat das Gericht die Geldbuße reduziert und kein Fahrverbot verhängt.

OLG Hamm - 8 U 193/00 - (Urteil vom 19. September 2001)

9 Kennzeichenanzeigen im Fließverkehr

Wer hat gelenkt?

Nicht immer gibt es Fotos, auf denen der Lenker deutlich erkennbar ist. Hier liegt die Chance. Bei einer Vielzahl von Verkehrsverstößen ermittelt die Behörde ja zunächst nur den begangenen Verstoß und das polizeiliche Kennzeichen des Kfz, etwa bei automatischen Geschwindigkeitsmessungen. Erst dann wird der Fahrzeughalter ermittelt. Dieser bekommt einen Anhörungsbogen zu dem begangenen Verstoß.

Allein aus der Haltereigenschaft darf jedoch nicht der Schluss gezogen werden, dass der Verkehrsverstoß auch von dem Halter begangen wurde. Im Klartext: Das Halten eines Fahrzeugs lässt nicht den Schluss zu, dass man mit diesem auch einen Verkehrsverstoß begangen hat. Die Behörde hat vielmehr die bestehenden und zumutbaren Ermittlungsmöglichkeiten zur Aufklärung in vollem Umfang einzusetzen.

Etwa ein Österreicher?

Schlupflochspezialisten sind im Allgemeinen aber große Österreichfans. Nicht nur, weil dort das Gesetz noch mehr Lücken bietet als bei uns (davon haben sie schließlich nur dann etwas, wenn sie in Österreich fahren), sondern weil sie dort gerne Urlaub machen, ein paar Ortsansässige kennen lernen - kein Problem in einem Touristenland. Mit den neuen Freunden treffen die Spezialisten dann eben auch mal ein Arrangement. Nach dem Motto: Mach Urlaub in Österreich und bleibe zu Hause straffrei.

Aus welchem Land der angegebene Ausländer (die Ausländerin) stammt, spielt zwar grundsätzlich keine Rolle. Der Genannte sollte aber problemlos mit dem Auto nach Deutschland gekommen sein können. Denn sobald etwa Uncle Ben aus Amerika der Lenker gewesen sein soll, ist der (Luft-)Weg allzu leicht nachvollziehbar.

Wenn der genannte Ausländer aber mit dem Auto oder der Bahn etwa aus einem EU-Land, eben zum Beispiel Österreich, einreisen konnte, ist das alles kein Problem - ein gültiger Einreisestempel ist schließlich nicht mehr erforderlich. Die gewieften Sünder achten nur darauf, dass es diesen Lenker tatsächlich gibt. Alles andere regelt sich quasi von selbst. Denn ein Österreicher hat es nicht schwer, deutsche Verkehrsbehörden abzuschütteln. Schlupflochkenner behelfen sich auch gerne mit Bürgern der ehemaligen Ostblockstaaten. Und legen zur Untermauerung reuevolle Briefe in rührend schlechtem Deutsch vor, in denen etwa tschechische Lenker ihren Verstoß gegen deutsche Vorschriften bedauern.
Aber nicht bezahlen ...
Wichtig ist, dass die Behörde davon überzeugt wird, dass es einen ausländischen Lenker gab. Das kann mit einer schriftlichen Bestätigung des ausländischen Lenkers oder mit einem Zeugen erfolgen.

Nichts tun bringt Verjährung

Wie geht die Amtshandlung weiter, wenn der deutsche Fahrzeughalter einen Österreicher als Lenker genannt hat? Die deutsche Behörde schickt dem Österreicher den Anhörbogen. Wenn einige Wochen später der Briefträger die deutsche Behördenpost beim österreichischen Schlupflochkenner abliefert, weiß der schon, was er zu tun - oder besser eben nicht zu tun - hat.
Er wird auf Verwarnung oder Anhörungsbogen gar nicht erst reagieren. Dann kommt der Bußgeldbescheid per Einschreiben. Und genau hier fällt die Strafe in die Verjährungsfalle.
Die Post wird bekanntlich tagsüber gebracht. Schlupflochspezialisten sind auch arbeiten und daher tagsüber nicht zu Hause. Jetzt ist es wichtig, dass niemand die eingeschriebene Behördenpost übernimmt (Frau, Eltern usw.). Die Begründung für das Nichtübernehmen ist einfach: Ich weiß nicht, wann er/sie wieder nach Hause kommt. Nun hinterlegt der Postbedienstete einen so genannten

Abholschein und trägt das Schreiben wieder ins Postamt. Am 2. Tag kommt der Postbote wieder mit dem eingeschriebenen Brief zu unserem österreichischen Freund. Dieser ist arbeiten, niemand übernimmt den Brief. Der Postbote hinterlegt wieder einen Abholschein im Briefkasten. Den Brief selbst bringt er auf das Postamt, wo dieser 21 Tage liegen bleibt.

Hier besteht ein wesentlicher Unterschied zum deutschen Lenker. Sobald der die Zustellurkunde im Briefkasten hat, gilt der Bußgeldbescheid als ordnungsgemäß zugestellt.

In Österreich jedoch nicht. Hier muss der Bußgeldbescheid tatsächlich übernommen worden sein. Da der Brief nicht von der Post abgeholt wird, wandert er zurück nach Deutschland zur Zentralen Bußgeldstelle des jeweiligen Bundeslandes.

Diese muss zum nächsten Schritt übergehen. Inzwischen kommt aber auch die Verjährungsfrist schon mit Riesenschritten näher.

Kommt der Brief also unzustellbar zurück, muss die zuständige Behörde in Österreich um Amtshilfe bei der Zustellung ersucht werden. Womit diese erfahrungsgemäß wenig Freude hat, was sich unter anderem auch in der Geschwindigkeit der Durchführung äußert.

Sollte tatsächlich dann ein Polizist in seiner Eigenschaft als Briefträger für deutsche Behörden bei ihm auftauchen, würde sich der Kenner der Materie die Annahme unter Hinweis auf eine bereits in Deutschland erfolgte Verjährung verweigern.

Fassen wir zusammen:

In Österreich gilt das österreichische Zustellgesetz. Wenn der Bußgeldbescheid nicht binnen 14 Tagen ab dem Tag seiner Ausstellung vom österreichischen Lenker übernommen wurde, dann gibt es keine Hemmung der 3 monatigen Verjährungsfrist. Alles, was Österreicher somit tun müssen, ist nichts! Nichts in dem Sinn, dass sie deutsche Behördenpost nicht vom Postamt abholen.

Aber wie erkennt der österreichische Freund, dass es sich um deutsche Behördenpost handelt? Ganz einfach. Am Absender. Dieser wird von der Post auf dem Abholschein vermerkt.

Fristenlösung

Das verfahrensrechtlich größte Problem der deutschen Behörden ist, dass sie den Bußgeldbescheid innerhalb von 14 Tagen, ab der Ausstellung, ordnungsgemäß zustellen müssen. Wenn nicht binnen 14 Tagen zugestellt ist, ist die Verjährung nicht unterbrochen worden.
Neben der 14-tägigen Zustellfrist gibt es noch die drei Monate dauernde Verfolgungsverjährung. Das heißt, innerhalb dieser Zeit muss die Behörde ihre Verfolgungshandlung korrekt gesetzt haben, sonst ist die zu bestrafende Tat verjährt.
Nach jeder Unterbrechung des Verfahrens beginnt die Verjährung von neuem. Insgesamt aber muss die Verfolgung durch die Behörde binnen zwei Jahren abgeschlossen sein.
Die so genannte Vollstreckungsverjährung - sie tritt nach weiteren drei Jahren ein - bedeutet, dass die Behörde eine gültig verhängte Strafe binnen drei Jahren eintreiben muss. Sonst gibt es kein Geld mehr.
Eine Verlängerung kann übrigens auch der zu Bestrafende begehren - in besonderen Fällen kann die Behörde die Bezahlung der Strafe stunden.

Zustellung

Bei uns gilt bereits als ordnungsgemäß zugestellt, wenn der Brief mit Postzustellurkunde innerhalb dieser 14 Tage am ordentlichen Wohnsitz (dort, wo der Mittelpunkt der Lebensinteressen besteht) hinterlegt wird. Auch wenn der Brief nicht abgeholt wird.
Eine "Ersatzzustellung durch Niederlegung" ist erst zulässig, wenn vorab die Ersatzzustellung an einen zur Familie gehörenden erwachsenen Hausgenossen erfolgt. Die Ersatzzustellung ist nur in der vorgesehenen Reihenfolge zulässig (§§ 181 - 184 ZPO).

Hielt sich der Lenker am Wohnsitz auf und hat den Brief nicht abgeholt, gilt dies als ordnungsgemäß zugestellt. Er hat keine Chance mehr, sich auf einen Zustellmangel zu berufen.
War er hingegen in Urlaub, kann er die "Wiedereinsetzung des Verfahrens" bei der ZBGS verlangen. Und auch bei Umzügen des Betroffenen tut sich die Behörde schwer (siehe weiter unten).

In Österreich gibt es keine Postzustellurkunde. Wäre der Lenker ein Österreicher, gilt der Behördenbrief schon dann nicht mehr als ordnungsgemäß zugestellt, wenn der "Ösi" den behördlichen Brief nicht annimmt oder mit der Begründung nicht abholt, dass er "ortsabwesend war" (etwa in Urlaub oder am Zweitwohnsitz).

Schwachstelle Zustellurkunde
Aber oft müssen die Schlupflochsucher gar nicht von sich aus tätig werden. Dabei hilft ihnen eine weitere große Schwachstelle. Immer häufiger sind es nämlich falsch oder nicht korrekt ausgefüllte Postzustellungsurkunden, die ein Verfahren nichtig machen.
Wer sich so eine Urkunde einmal näher angeschaut hat, der weiß, dass es leicht passieren kann, dass ein gestresster Zusteller schnell überfordert ist.
Und Hand aufs Formular - wem von uns würde es nicht passieren, dass bei einer der über 50 (!) verschiedenen Eintragungs- und Ankreuzmöglichkeiten auf dem Formular mal etwas danebenginge.
Neben falsch ausgefüllten Zustellurkunden kommen einige der verfahrensrelevanten Notizen manchmal auch gar nicht mehr zur Behörde zurück.
Der aufgeblähte Verwaltungsapparat zeitigt eben - und gerade nach der Umstrukturierung der Post - so seine Folgen. Schlecht für die Behörde, gut für Strafenflüchtlinge.

Was steht, das gilt
Denn: Was auf der Zustellungsurkunde steht, gilt. Der Zusteller muss nicht vernommen werden. Ist die Urkunde

falsch ausgestellt, hat die Behörde eben Pech. Und wieder zieht irgendwo einer straflos von dannen ...
Wird am richtigen Wohnsitz korrekt zugestellt, ist die Zustellung rechtlich wirksam.
Es sei denn, der Betroffene weist nach, dass er zu der Zeit und innerhalb der folgenden zwei Wochen, in denen er eine Einspruchsfrist hat, nicht zu Hause war (Urlaub, Dienstreise etc.).
Da kann er wie erwähnt die so genannte Wiedereinsetzung in den vorherigen Stand verlangen. Wenn er seine Abwesenheit glaubhaft machen kann, wird dieser Antrag von der ZBGS nicht abgelehnt werden.
Wichtig ist nur, dass dieser Antrag binnen einer Woche nach Rückkehr des Betroffenen bei der Behörde eingeht.
Sollte die Behörde diesen Antrag dennoch ablehnen, kann man innerhalb von 14 Tagen einen Antrag auf Überprüfung der Sachlage durch die ZBGS stellen. Und das Spiel kann von vorn beginnen ...

Cool Man

Manchmal warten Schlupflochprofis cool alle Behördenaktionen ab und nehmen den Bescheid stillschweigend zur Kenntnis.
Und kommen Monate später zur Behörde, um ihre damalige Ortsabwesenheit (wie auch immer, aber eben glaubhaft) zu belegen. Außerdem bieten sie mindestens einen Zeugen dafür auf, dass der berühmte Antrag auf Wiedereinsetzung in den vorigen Stand fristgerecht zur Post gebracht worden ist.
Wenn dieser Brief, der nicht eingeschrieben aufgegeben werden muss, nicht bei der zuständigen Behörde angekommen ist, kann ja der Beanstandete nichts dafür. Oder?!

Jagd auf Zugvögel

Eine beliebte Variante ist das Spiel mit zwei Wohnsitzen.
Weil seit 1.3.1998 der Bußgeldbescheid am richtigen Wohnsitz (das ist jener, der im Mittelpunkt der Lebensinteressen steht) zugestellt werden muss, warten die Beschuldigten oft ein Weilchen, melden sich erst nach

der Verjährung und zielen im Verfahren auf einen Zustellmangel. Dazu die mit Zeugen - falls es welche gibt - vorgebrachte Begründung: Sie hätten sich die ganze Zeit am anderen Wohnsitz aufgehalten, deshalb leider nichts von dem Verfahren gewusst ...
Manchmal wird es stimmen, manchmal nicht. Die Behörden sind machtlos, so unglaublich einfach das klingt: Der Trick führt zur Straflosigkeit. Und wird immer öfter angewandt ...

Umgezogen

Eine andere Sache treibt pflichtbewussten Beamten wie Wachtmeister Eintreib die grauen Haare geradezu büschelweise aus der Kopfhaut: wenn etwa der Beanstandete während der Verfahrenszeit umzieht. Es ist nämlich Sache der Behörde, den richtigen Wohnsitz ausfindig zu machen. Was kann denn schließlich der zu Bestrafende dafür, wenn er so oft seinen Mittelpunkt verlagert, nicht wahr ...
Und was die Jungs von der Schlupflochbrigade auch längst wissen: Sind verschiedene Wohnsitze im Spiel, müssen sich auch andere Verwaltungsbehörden oder Gemeinden im Zuge der Amtshilfe mit diesen "Fremdakten" beschäftigen. Was sie nur äußerst ungern und daher oft mit vernachlässigbarem Aufwand tun.
Solche und ähnliche Geschichten sind keine Seltenheit. Natürlich beruhen die Angaben der Schlupfloch-Piraten zumeist nicht auf der Wahrheit. Und dennoch sind unsere Behörden auf Grund der Rechtslage machtlos dagegen.

Was sagt die Fahndung?

Schwierigkeiten bei einer eventuellen Einreise nach Deutschland hat ein als Fahrzeugführer in einer Bußgeldsache angegebener Ausländer auch nicht zur erwarten, es gibt keine EDV-Vernetzung für diese Dinge.
Mit dem Ausländertrick verliert auch das Fahrverbot, wegen seiner ausgeklügelten Vollstreckungs-Maschinerie im Allgemeinen ja das Horrorszenario aller Verkehrssünder, seinen Schrecken.

Ist der Lenker nämlich Österreicher, braucht er nur eines zu tun: seinen Führerschein nicht abzugeben. Denn die Beschlagnahme des Führerscheins wird in Österreich von den Behörden nicht durchgeführt.
Die Amtshilfe greift nicht, weil österreichische Behörden der Ansicht sind, dass sie diese Amtshandlung nicht zu vollziehen haben - auch wenn ihre deutsche Kollegenschaft meint, dass dies aus EU-rechtlicher Sicht sehr wohl erfolgen müsste.
Und wenn das verhängte Fahrverbot einmal in der EDV-Datenbank ist, trachtet der Österreicher einfach danach, sich nach Wiedereinreise - in Bayern - nicht erwischen zu lassen. Wie erwähnt ist nämlich nur dort ein Fahrverbot per EDV abrufbar.
Und: Selbst wenn er kontrolliert wird, die bayerische Polizei zuvor ein Fahrverbot verhängt und in der EDV gespeichert hat, darf sie dem Österreicher den Führerschein nicht abnehmen. Es liegt ja kein Beschlagnahmeauftrag vor.

Rote Tafel

Verkehrsexperten kritisieren immer häufigeren Missbrauch von roten Kennzeichentafeln. Ja, so ist es im Leben: was den Schlupflochprofi freut, das kann so manchen Verkehrsexperten schon mächtig ärgern.

10 TÜF

Der Polizist im Techno-Fieber

Jedes Fahrzeug braucht seine Betriebserlaubnis vom TÜV (das Gesetz nennt dies Hauptuntersuchung. Aber TÜV hat sich eingebürgert, obwohl Hauptuntersuchungen bei allen anerkannten Prüfstellen durchgeführt werden können). Werden (technische) Teile geändert, hat das - formal gesehen - zur Folge, dass die Betriebserlaubnis erlischt. Nur: Es gibt natürlich unglaublich viel an technischen Teilen und alltäglichem Zubehör. Angefangen von verschiedenen Lenkrädern, über Anhängerkupplungen, Auspufftöpfen, Krümmern, Schürzen, Tieferlegungen bis hin zu Felgen, Reifen etc.

Und es gibt ebenso viele Entscheidungen der Gerichte dazu, so dass kaum ein Polizist mehr den Durchblick hat, somit beim besten (Beanstandungs-)Willen auch nicht wissen kann, dass die Betriebserlaubnis eventuell erloschen ist.

Außerdem ist die Lage der breitbereiften Nation bereits derart unübersichtlich, dass etwa ein nachträglich montierter Spoiler, der ja laut Gesetz schon die ABE erlöschen lassen würde, sehr wohl generell genehmigt sein kann. In solchen Fällen lohnt sich ein klärender Anruf beim TÜV, wissen Spezialisten.

Die Veränderung von Fahrzeugteilen führt letztlich nur dann zum Erlöschen der Betriebserlaubnis, wenn zu erwarten ist, dass dadurch andere Verkehrsteilnehmer gefährdet werden. Das Gleiche gilt für die formale Feststellung, dass Fahrzeugteile nicht den Vorschriften entsprechen. Selbst die Benutzung von Reifengrößen, die nicht in den Fahrzeugpapieren eingetragen sind, führt im Regelfall nicht zum Erlöschen der Betriebserlaubnis, wie das OLG Köln kürzlich befand.

Das enge Korsett, in welches das Gesetz die Bürger zwingt, bildet logischerweise auch für die vollziehenden Beamten einen eingeschränkten Ermessensspielraum, innerhalb dessen sie sich bewegen müssen. Und an dem

sie nicht nur Freude haben, auch wenn es nicht immer danach aussieht.
Die Polizei bastelt schon seit langem an einem Katalog, aus dem die Zulässigkeit von Zubehörteilen hervorgeht. Aber die ständigen Änderungen, unterschiedlichen Gerichtsbeschlüsse und Vielzahl der Anbauteile haben bis heute diesen Katalog Wunschtraum bleiben lassen und die Kontrollpläne der Exekutive durchkreuzt. Und so wird es wohl auch in Zukunft sein.

Was wissen Richter?
Sollte sich dennoch ein Polizist an diese komplizierte Materie heranwagen und sich tatsächlich auch noch auskennen, so bleiben Schlupflochkenner cool. Denn bei Staatsanwälten und Richtern haben sie noch immer große Chancen, auf einen technischen Laien zu treffen, der sich nicht länger mit dieser Materie herumschlagen will und das Verfahren einstellt.

11 Steuerfrei

Der Fiskus macht es wieder gut

Übrigens: So mancher Gewerbetreibende weiß, wie er auch aus einer verhängten Strafe noch das Beste machen kann - er holt sich das Geld über den Fiskus wieder. Wenn nämlich nicht er selbst der Bestrafte ist, sondern ein Angestellter, kann er die Strafe eventuell als Betriebsausgabe geltend machen, "wenn es zur Erfüllung der betrieblichen Aufgaben notwendig war", die Ordnungswidrigkeit zu begehen.
In diesem Fall kommt es also wieder mal nur darauf an, wer das Fahrzeug zur Tatzeit gelenkt hat.

12 Flensburger Grüsse

Neue Punkteregelung seit 1999

Das Punktesystem ist neu geregelt und auf eine gesetzliche Grundlage gehoben worden. Während das bisherige System nur der Feststellung von Defiziten galt, enthält das neue ‚Angebote und Hilfestellungen'. Durch Aufbauseminare und verkehrspsychologische Beratungen können Mängel in der Einstellung zum Straßenverkehr erkannt und abgebaut werden. Doch nur der freiwillige Besuch dieser Seminare und Beratungen führt dabei zu einem Abbau von 2 oder 4 Punkten. Das neue Punktesystem sieht im Wesentlichen die folgenden Regelungen vor:

Bei 8-13 Punkten erfolgt die Verwarnung mit dem Hinweis auf die freiwillige Teilnahme an einem Aufbauseminar. Die Teilnahme an einem Aufbauseminar wird bei einem Punktestand bis zu 8 Punkten mit einem Abzug von 4 und bei 9-13 Punkten mit einem Abzug von 2 Punkten honoriert.

Bei 14-17 Punkten wird die Teilnahme an einem Aufbauseminar angeordnet. Hat der Betroffene innerhalb der letzten 5 Jahre bereits an einem Aufbauseminar teilgenommen, wird eine Verwarnung ausgesprochen. Bei einem freiwilligen Besuch an einer verkehrspsychologischen Beratung werden immer noch 2 Punkte abgezogen.

Bei 18 Punkten und mehr? Wer trotz der Möglichkeiten und Hilfestellungen des Punktsystems 18 Punkte und mehr erreicht, dem wird die Fahrerlaubnis entzogen.

Der Besuch eines freiwilligen Aufbauseminars oder einer freiwilligen verkehrspsychologischen Beratung führt jeweils nur einmal innerhalb von 5 Jahren zu einem Punkteabzug.

Neues für den Fahranfänger auf Probe

Die zweijährige Probezeit bleibt für den Fahranfänger bestehen. Sie verlängert sich jedoch um 2 auf 4 Jahre, wenn er innerhalb der Probezeit mit einem schwerwiegenden oder dem zweiten weniger schwerwiegenden Delikt auffällig wird. Die Fahrerlaubnisbehörde wird darüber hinaus die Teilnahme an einem Aufbauseminar anordnen.Sollte der Fahranfänger nach Teilnahme an dem Aufbauseminar innerhalb der Probezeit erneut mit einer schwerwiegenden oder dem zweiten weniger schwerwiegenden Delikt auffällig werden, wird ihm die Teilnahme an einer verkehrspsychologischen Beratung nahegelegt. Die Fahrerlaubnis wird entzogen, sollte innerhalb der Probezeit erneut eine Zuwiderhandlung begangen werden.

Was sagt das Kraftfahrt-Bundesamt zum Punkt?

Welche Folgen haben Punkte?

Von einem bestimmten Punktestand ab informiert das Kraftfahrt-Bundesamt das für den Verkehrsteilnehmer zuständige Straßenverkehrsamt.

Maßnahmen des Straßenverkehrsamtes

8 – 13 Punkte *Verwarnung und Hinweis, freiwillig an einem Aufbauseminar teilnehmen zu können.*

14 – 17 Punkte *Anordnung, an einem Aufbauseminar teilzunehmen.*

Falls innerhalb der letzten fünf Jahre ein Aufbauseminar besucht wurde, schriftliche Verwarnung mit dem Hinweis, freiwillig an einer verkehrspsychologischen Beratung teilzunehmen.

Hinweis, dass bei 18 Punkten die Fahrerlaubnis entzogen wird.

18 Punkte *Entziehung der Fahrerlaubnis*

Das Fahrerlaubnisrecht liegt im Zuständigkeitsbereich der einzelnen Bundesländer.

Wie lange behalte ich Punkte?

Eintragungen über Ordnungswidrigkeiten und Straftaten im Verkehrszentralregister werden nach Ablauf feststehender Fristen zuzüglich einer Überliegefrist von drei Monaten gelöscht. Die Tilgungsfristen betragen zwei, fünf oder zehn Jahre.

Nach dem Grundgedanken der Bewährung erfolgt eine Tilgung nur dann, wenn innerhalb dieser Fristen keine weiteren Verkehrsverstöße begangen werden.

Neue Eintragungen innerhalb dieser Fristen blockieren die Tilgung bereits vorhandener (Tilgungshemmung!).

Verkehrszuwiderhandlungen

2 *Jahre* bei einer Ordnungswidrigkeit (bei Tilgungshemmung jedoch nicht länger als fünf Jahre).

5 *Jahre* bei Straftaten, die nicht im Zusammenhang mit Alkohol oder Drogen stehen.

5 *Jahre* bei Verboten oder Beschränkungen, ein fahrerlaubnisfreies Fahrzeug zu führen.

10 *Jahre* bei Straftaten, die im Zusammenhang mit Alkohol und Drogen stehen.

10 *Jahre* bei Entziehung, Versagung oder Erteilungssperre der Fahrerlaubnis.

Einträge und Punktestände sind nach Ablauf der Tilgungsfrist gelöscht und nicht mehr nachvollziehbar.

Wie baue ich Punkte ab?

Durch die freiwillige Teilnahme an Aufbauseminaren und verkehrspsychologischen Beratungen können Sie bis zu 4 Punkte abbauen. Die Teilnehmer können in Gruppengesprächen und durch eine Fahrprobe beweisen, dass ihre Mängel in der Einstellung zum Straßenverkehr und im verkehrssicheren Verhalten erkannt und abgebaut wurden. Punkte können nur einmal in 5 Jahren abgebaut werden.

Bonussystem

Bis 8 Punkte

Die Teilnahme am Aufbauseminar führt zum Abzug von 4 Punkten

9 - 13 Punkte

Die Teilnahme am Aufbauseminar führt zum Abzug von 2 Punkten

14 - 17 Punkte

Die Teilnahme an einer verkehrspsychologischen Beratung führt zum Abzug von 2 Punkten

18 Punkte

Entzug der Fahrerlaubnis

Gesamtübersicht Stand: 1. Januar 1999

Gesetzliche Grundlage:

- Straßenverkehrsgesetz (StVG)
- Verordnung über die Zulassung von Personen zum Straßenverkehr
- (Fahrerlaubnis-Verordnung – FeV)

Fundstellen:

- StVG: Bundesgesetzblatt I 1998 Nr. 24 S. 747 ff.
- FeV: Bundesgesetzblatt I 1998 Nr. 55 S. 2214 ff.

Registerinhalt:

- Rechtskräftige Entscheidungen der Strafgerichte – soweit sie wegen einer im Zusammenhang mit dem Straßenverkehr begangenen rechtswidrigen Tat stehen.
- Rechtskräftige Entscheidungen wegen einer Ordnungswidrigkeit, wenn ein Fahrverbot oder eine Geldbuße von mindestens 80 DM festgesetzt wurde.
- Verwaltungsbehördliche Entscheidungen über Maßnahmen zur Fahrerlaubnis (z. B. Entziehung).
- Bescheinigungen über die Teilnahme an einem Aufbauseminar (§ 28 StVG in Verbindung mit § 59 FeV).

Punktbewertung:

Straftaten werden je nach Art und Schwere mit 5 – 7 Punkten, Ordnungswidrigkeiten mit 1 – 4 Punkten bewertet.

Maßnahmen:

Das Punktsystem sieht folgende abgestufte Maßnahmen (§ 4 Abs. 3 StVG) vor:

8 bis 13 Punkte Verwarnung mit Hinweis auf die Möglichkeit der freiwilligen Teilnahme an einem Aufbauseminar

14 bis 17 Punkte Anordnung, an einem Aufbauseminar teilzunehmen, sofern innerhalb der letzten 5 Jahre kein Aufbauseminar besucht wurde.

14 bis 17 Punkte Erneute schriftliche Verwarnung mit Hinweis auf die Möglichkeit der freiwilligen Teilnahme an einer verkehrspsychologischen Beratung, sofern bereits ein Aufbauseminar besucht wurde.

18 Punkte und mehr Entziehung der Fahrerlaubnis (automatisch)

Für die nach dem Punktsystem zu treffenden Maßnahmen sind ausschließlich die Fahrerlaubnisbehörden der Länder zuständig.

Punkteabzug:

Ein Punkteabzug ist nur einmal innerhalb von 5 Jahren (§ 4 Abs. 4 StVG) möglich.
4 Punkte Abzug bei freiwilliger Teilnahme an einem Aufbauseminar und einem Punktestand bis 8 Punkte
2 Punkte Abzug bei freiwilliger Teilnahme an einem Aufbauseminar und einem Punktestand von 9 bis 13 Punkte
2 Punkte Abzug bei freiwilliger Teilnahme an einer verkehrspsychologischen Beratung bei einem Punktestand von 14 bis 17 Punkten
Die angeordnete Teilnahme führt zu keinem Abzug!
Auskunft nur über den eigenen Punktestand:
Sie erhalten kostenlos Auskunft über die zu Ihrer Person registrierte(n) Entscheidunge(n) und eingetragenen Punkte. Senden Sie Ihren Antrag unter Angabe Ihrer Personendaten (Geburtsdatum, Geburtsname, Familienname, Vorname(n), Geburtsort) und der Anschrift sowie einem Identitätsnachweis (§ 30 Abs. 8 StVG) an das Kraftfahrt-Bundesamt, Verkehrszentralregister in 24932 Flensburg.
Als Identitätsnachweis wird anerkannt
1. die amtliche Beglaubigung der Unterschrift
2. die amtlich beglaubigte Ablichtung des Personalausweises, des Passes oder des behördlichen Dienstausweises.
Der Identitätsnachweis dient dem Schutz der im Verkehrszentralregister eingetragenen Personen. Mit ihm ist gewährleistet, dass jeder nur über die eigene Person Auskunft erhält.
Für die Auskunft an einen beauftragten Rechtsanwalt ist eine Vollmachtserklärung oder deren beglaubigte Ausfertigung erforderlich.
Die Auskunft ist kostenlos

Löschung:

Mit der Tilgung (Löschung) aus dem Verkehrszentralregister werden auch die Punkte gelöscht (§ 29 StVG).

Tilgung der Punkte:

Die Eintragungen im Verkehrszentralregister werden nach Ablauf bestimmter Fristen (§ 29 StVG) gelöscht.

Tilungsfristen:

2 Jahre Bei Entscheidungen wegen einer Ordnungswidrigkeit
5 Jahre Bei Entscheidungen wegen Straftaten, die nicht im Zusam-

menhang mit Alkohol und Drogen stehen (§§ 315c Abs. 1 Nr. 1 Buchstabe a, 316 und 323a StGB und Entscheidungen, in denen die Entziehung der Fahrerlaubnis nach §§ 69 und 6b StGB oder eine Sperre nach § 69a Abs. 1 Satz 3 StGB angeordnet worden ist). Bei Verboten oder Beschränkungen durch die Fahrerlaubnisbehörde, ein fahrerlaubnisfreies Fahrzeug zu führen. Die Bescheinigung über die Teilnahme an einem Aufbauseminar oder einer verkehrspsychologischen Beratung
10 Jahre Bei Fahrerlaubnisentziehung, Versagung und Verzicht auf die Fahrerlaubnis und allen übrigen Fällen.

Beginn der Frist:
Die Tilgungsfrist beginnt bei strafgerichtlichen Verurteilungen mit dem Tag des ersten Urteils.
Bei Entziehung oder Versagung der Fahrerlaubnis bzw. der Anordnung einer Sperre nach § 69a Abs. 1 Satz 3 StGB oder bei einem Verzicht auf die Fahrerlaubnis beginnt sie mit der Erteilung oder Neuerteilung der Fahrerlaubnis, spätestens nach 5 Jahren nach der Entscheidung oder dem Verzicht.
Bei gerichtlichen und verwaltungsbehördlichen Bußgeldentscheidungen wegen Ordnungswidrigkeiten beginnt die Frist mit dem Tag der Rechtskraft. Bei Verwaltungsentscheidungen ist die Unanfechtbarkeit der beschwerenden Entscheidung maßgebend.
Bei der Bescheinigung über die Teilnahme an einem Aufbauseminar oder einer verkehrspsychologischen Beratung beginnt die Frist mit dem Ausstellungstag.
Bei Verzicht auf die Fahrerlaubnis beginnt sie mit dem Tag der bei der zuständigen Behörde eingegangenen Verzichtserklärung.

Überliegefrist:
Eintragungen werden nach Eintritt der Tilgungsreife zuzüglich einer Überliegefrist von drei Monaten vollständig vernichtet, wenn keine Tilgungshemmung durch neue Entscheidungen besteht. Die Tilgung (Löschung) erfolgt automatisch. Sie gewährleistet, dass keine Auskünfte mehr erteilt werden.

Tilgungshemmung:
Die Tilgung (Löschung) einer bzw. mehrerer Eintragungen wird auf bestimmte Zeit oder auf Dauer gehemmt, wenn eine weitere Ein-

tragung innerhalb der 2, 5 oder 10jährigen Tilgungsfrist hinzukommt (§ 28 Abs. 3 Nr. 9 StVG). Abweichend hiervon werden eingetragene Ordnungswidrigkeiten spätestens 5 Jahre nach Rechtskraft getilgt. Ausnahme: Ordnungswidrigkeiten als Alkoholdelikt (§ 24a StVG).

Quelle: www.kba.de

13 EU-Führerschein und Fahrerlaubnisrecht

I. Der neue EU-Führerschein

1. Grundlagen

Der Ministerrat der Europäischen Gemeinschaften hat bereits 1980 mit der Ersten Richtlinie über den Führerschein erste Schritte zur Harmonisierung des Fahrerlaubnisrechts unternommen. Die Richtlinie enthielt im wesentlichen:

- die gegenseitige Anerkennung der Führerscheine im grenzüberschreitenden Verkehr und bei vorübergehenden Aufenthalten als Tourist oder Besucher,
- den prüfungsfreien Umtausch der Führerscheine bei der Verlegung des Wohnsitzes der Inhaber in einen anderen Mitgliedsstaat,
- Mindestanforderungen an die theoretische und praktische Fahrerlaubnisprüfung sowie die Tauglichkeit der Fahrerlaubnisbewerber und -inhaber und
- die Einführung des einheitlichen rosa EG-Modells für den Führerschein.

Im Jahre 1991 hat der Ministerrat der Europäischen Gemeinschaften die Zweite Richtlinie über den Führerschein verabschiedet. Ihre wesentlichen Bestimmungen sind

- die gegenseitige unbefristete Anerkennung der Führerscheine, auch wenn der Inhaber seinen Wohnsitz in einen anderen Mitgliedsstaat verlegt,
- die Einführung der internationalen Einteilung der Fahrerlaubnisklassen mit den Klassen A bis E und der Möglichkeit von Unterklassen,
- detailliertere Mindestanforderungen an die theoretische und praktische Fahrerlaubnisprüfung,
- detailliertere Mindestanforderungen an die Tauglichkeit der Fahrerlaubnisbewerber und -inhaber und

- die Einführung eines einheitlichen Führerscheinmusters im Scheckkartenformat als Alternative zum herkömmlichen Papiermuster.

Richtlinien gelten in den Mitgliedsstaaten nicht unmittelbar, sondern müssen in das nationale Recht umgesetzt werden. Dies ist in der Bundesrepublik Deutschland im Wesentlichen geschehen durch·

- das Gesetz zur Änderung des Straßenverkehrsgesetzes und anderer Gesetze vom 24. April 1998 (BGBl. I S. 747) und
- die Verordnung über die Zulassung von Personen zum Straßenverkehr (Fahrerlaubnis-Verordnung) und zur Änderung straßenverkehrsrechtlicher Vorschriften vom 18. August 1998 (BGBl. I S. 2214, Heft 55; die Verordnung wird darüber hinaus mit Begründung abgedruckt im Verkehrsblatt Heft 20, Erscheinungsdatum 30. 10. 1998).

Das Gesetz und die Fahrerlaubnis-Verordnung treten am 1. Januar 1999 in Kraft. Das Gesetz enthält vor allem die Grundsätze des neuen Fahrerlaubnisrechts sowie die Vorschriften für die Fahrerlaubnis auf Probe und das neue Punktsystem. Alle übrigen wesentlichen fahrerlaubnisrechtlichen Bestimmungen, insbesondere die Fahrerlaubnisklassen und die Voraussetzungen für die Erteilung einer Fahrerlaubnis, sind in der neuen Fahrerlaubnis-Verordnung zusammengefasst. Die Vorschriften für die Ausbildung der Fahrschüler finden sich in der Verordnung zur Änderung fahrlehrerrechtlicher Vorschriften (BGBl. I S. 2307).

2. Fahrerlaubnisklassen

Klasse A

Krafträder mit oder ohne Beiwagen

Klasse A 1

Krafträder mit einem Hubraum von nicht mehr als 125 cm^3 und einer Motorleistung von nicht mehr als 11 kW (Leichtkrafträder). Für 16- und 17-jährige Leichtkraftradfahrer gilt eine durch die Bauart bestimmte Höchstgeschwindigkeit von nicht mehr als 80 km/h.

Klasse B

Kraftfahrzeuge mit einer zulässigen Gesamtmasse von nicht mehr als 3.500 kg und mit nicht mehr als 8 Sitzplätzen außer dem Führersitz (auch mit Anhänger bis 750 kg Gesamtmasse oder bis zur Höhe der Leermasse des Zugfahrzeugs bei einer zulässigen Gesamtmasse der Kombination von nicht mehr als 3.500 kg)

Klasse C

Kraftfahrzeuge - ausgenommen jene der Klasse D - mit einer zulässigen Gesamtmasse von mehr als 3500 kg (auch mit Anhänger bis 750 kg Gesamtmasse)

Klasse C 1

Kraftfahrzeuge - ausgenommen jene der Klasse D - mit einer zulässigen Gesamtmasse von mehr als 3500 kg, aber nicht mehr als 7500 kg (auch mit Anhänger bis 750 kg Gesamtmasse)

Klasse D

Kraftfahrzeuge zur Personenbeförderung mit mehr als 8 Sitzplätzen außer dem Führersitz (auch mit Anhänger bis 750 kg Gesamtmasse)

Klasse D 1

Kraftfahrzeuge zur Personenbeförderung mit mehr als 8 Sitzplätzen außer dem Führersitz, aber nicht mehr als 16 Sitzplätzen (auch mit Anhänger bis 750 kg Gesamtmasse)

Klasse BE, CE, C1E, DE, D1E

Kraftfahrzeuge der Klassen B, C, C1, D oder D1 mit Anhänger mit einer zulässigen Gesamtmasse von mehr als 750 kg (Ausnahme bei Klasse B, siehe Abschnitt "Anhängerführerscheine"). Bei den Klassen C1E und D1E darf die zulässige Gesamtmasse der Kombination 12.000 kg und die zulässige Gesamtmasse des Anhängers die Leermasse des Zugfahrzeugs nicht übersteigen. Bei der Klasse D1E darf der Anhänger außerdem nicht zur Personenbeförderung verwendet werden.

Klasse M

Kleinkrafträder und Fahrräder mit Hilfsmotor mit einer

durch die Bauart bestimmten Höchstgeschwindigkeit von nicht mehr als 45 km/h und einem Hubraum von nicht mehr als 50 cm^3.

Klasse T

Zugmaschinen mit einer durch die Bauart bestimmten Höchstgeschwindigkeit von nicht mehr als 60 km/h und selbstfahrende Arbeitsmaschinen mit einer durch die Bauart bestimmten Höchstgeschwindigkeit von nicht mehr als 40 km/h, die jeweils nach ihrer Bauart zur Verwendung für land- oder forstwirtschaftliche Zwecke bestimmt sind und für solche Zwecke eingesetzt werden (jeweils auch mit Anhängern).

Klasse L

Zugmaschinen, die nach ihrer Bauart zur Verwendung für land- oder forstwirtschaftliche Zwecke bestimmt sind und für solche Zwecke eingesetzt werden, mit einer durch die Bauart bestimmten Höchstgeschwindigkeit von nicht mehr als 32 km/h und Kombinationen aus diesen Fahrzeugen und Anhängern, wenn sie mit einer Geschwindigkeit von nicht mehr als 25 km/h geführt werden und, sofern die durch die Bauart bestimmte Höchstgeschwindigkeit des ziehenden Fahrzeugs mehr als 25 km/h beträgt, sie für eine Höchstgeschwindigkeit von nicht mehr als 25 km/h durch Geschwindigkeitsschilder (§ 58 der Straßenverkehrs-Zulassungs-Ordnung) gekennzeichnet sind, sowie selbstfahrende Arbeitsmaschinen und Flurförderzeuge (z. B. Gabelstapler u. ä.) mit einer durch die Bauart bestimmten Höchstgeschwindigkeit von nicht mehr als 25 km/h und Kombinationen aus diesen Fahrzeugen und Anhängern.

Für folgende Kraftfahrzeuge wird keine Fahrerlaubnis, sondern nur eine Prüfbescheinigung verlangt:

- Einspurige, einsitzige Fahrräder mit Hilfsmotor bis 25 km/h (Mofas; besondere Sitze für die Mitnahme von Kindern unter sieben Jahren dürfen angebracht sein).
- Nach der Bauart zum Gebrauch durch körperlich gebrechliche oder behinderte Personen bestimmte Kraft-

fahrzeuge (motorisierte Krankenfahrstühle) mit einem Sitz, einem Leergewicht von nicht mehr als 300 kg und einer durch die Bauart bestimmten Höchstgeschwindigkeit von mehr als 10 km/h, aber nicht mehr als 25 km/h.

Für folgende Fahrzeuge ist weder eine Fahrerlaubnis noch eine Prüfbescheinigung erforderlich:·

- Motorisierte Krankenfahrstühle bis 10 km/h·
- Selbstfahrende Arbeitsmaschinen, Zugmaschinen, die nach ihrer Bauart für die Verwendung für land- oder forstwirtschaftliche Zwecke bestimmt sind, und Flurförderzeuge (z. B. Gabelstapler u. Ä.) jeweils mit einer durch die Bauart bestimmten Höchstgeschwindigkeit von nicht mehr als 6 km/h, sowie einachsige Zug- und Arbeitsmaschinen, die von Fußgängern an Holmen geführt werden.

Für die Beförderung von Fahrgästen in Taxen, Mietwagen, Krankenkraftwagen sowie in Personenkraftwagen im Linienverkehr (§§ 42, 43 des Personenbeförderungsgesetzes) und in Personenkraftwagen bei gewerbsmäßigen Ausflugsfahrten oder Ferienziel-Reisen (§ 48 des Personenbeförderungsgesetzes) ist neben der allgemeinen Fahrerlaubnis eine zusätzliche Fahrerlaubnis zur Fahrgastbeförderung erforderlich.

Gegenüberstellung der Fahrerlaubnisklassen
Fahrerlaubnisklassen alt, Fahrerlaubnisklassen neu

1: Leistungsunbeschränkte Krafträder
A: Leistungsunbeschränkte Krafträder

1a: Krafträder bis 25 kW, nicht mehr als 0,16 kW/kg Erwerb der Klasse 1 nur möglich nach mind. 2-jährigem Besitz der Klasse 1a und ausreichender Fahrpraxis (mind. 4000 km)
A: Berechtigung zum Führen leistungsunbeschränkter Krafträder erst nach mind. zwei Jahren Fahrerfah-

rung auf Krafträdern bis 25 kW, nicht mehr als 0,16 kW/kg "Direkteinstieg" in die unbeschränkte Klasse A ab 25 Jahren möglich

1b: Krafträder bis 125 cm^3, bis 11 kW; für 16- und 17-jährige 80 km/h bauartbedingte Höchstgeschwindigkeit

A1: Inhalt unverändert

2: Kfz über 7500 kg Züge mit mehr als drei Achsen

C: Kfz über 3500 kg mit Anhänger bis 750 kg

CE: Kraftfahrzeuge über 3500 kg mit Anhänger über 750 kg

3: Kfz bis 7500 kg Züge mit nicht mehr als 3 Achsen (d.h. es kann ein einachsiger Anhänger mitgeführt werden; Achsen mit einem Abstand von weniger als 1 m voneinander gelten als eine Achse)

B: Kraftfahrzeuge bis 3500 kg mit Anhänger bis 750 kg oder mit Anhänger über 750 kg, sofern die zulässige Gesamtmasse des Anhängers die Leermasse des Zugfahrzeugs und die zulässige Gesamtmasse des Zuges 3500 kg nicht überschreiten

BE: Kombinationen aus einem Zugfahrzeug der Klasse B und einem Anhänger, die nicht in die Klasse B fällt

C1: Kfz zwischen 3500 kg und 7500 kg mit Anhänger bis 750 kg

C1E: Kfz der Klasse C1 mit Anhänger über 750 kg, sofern die zulässige Gesamtmasse des Anhängers die Leermasse des Zugfahrzeugs und die zul. Gesamtmasse der Kombination 12.000 kg nicht überschreiten

---

2,3: je nach dem zulässigen Gesamtgewicht des Fahrzeugs + Fahrerlaubnis zur Fahrgastbeförderung in Kraftomnibussen

D: Kraftfahrzeuge mit mehr als 8 Plätzen

DE: Kraftfahrzeuge der Klasse D mit Anhänger über 750 kg

D1: Kraftomnibusse mit mehr als 8, aber nicht mehr als 16 Sitzplätzen

D1E: Kraftfahrzeuge der Klasse D1 mit Anhänger über 750 kg sofern die zulässige Gesamtmasse des Anhängers die Leermasse des Zugfahrzeugs und die zulässige Gesamtmasse der Kombination 12.000 kg nicht überschreiten. Der Anhänger darf nicht zur Personenbeförderung verwendet werden.

Nationale Fahrerlaubnisklassen für Fahrzeuge, die nicht unter die Richtlinie fallen:

4: Kleinkrafträder und Fahrräder mit Hilfsmotor bis 50 cm3 / 50 km/h

M: Kleinkrafträder und Fahrräder mit Hilfsmotor bis 50 cm3 / 45 km/h

---

5: Krankenfahrstühle, Arbeitsmaschinen bis 25 km/h, Zugmaschinen bis 32 km/h, mit Anhängern bis 25 km/h

L: selbstfahrende Arbeitsmaschinen und Flurförderfahrzeuge (z.B. Gabelstapler u. ä.) mit Anhänger bis 25 km/h; land- und forstwirtschaftliche Zugmaschinen bis 32 km/h, mit Anhängern bis 25 km/h

T: land- und forstwirtschaftliche Zugmaschinen bis 60 km/h und selbstfahrende land- und forstwirtschaftliche Arbeitsmaschinen bis 40 km/h, jeweils auch mit Anhängern

---

Fahrerlaubnis zur Fahrgastbeförderung in Taxen, Mietwagen und Krankenkraftwagen sowie Pkw bei gewerbsmäßigen Ausflugsfahrten und Ferienziel-Reisen bleibt unverändert, künftig aber auch erforderlich für PKW im Linienverkehr

---

Mofa: Fahrrad mit Hilfsmotor bis 25 km/h
Mofa bleibt unverändert. Krankenfahrstühle bis 25 km/h werden Mofas gleichgestellt

Hervorzuheben ist Folgendes:

Stufenführerschein für Krafträder

Die bisherigen Klassen 1a und 1 gehen in der neuen Klasse A auf. Inhaltlich bleibt der Stufenführerschein jedoch bestehen. Die Klasse A (Mindestalter 18 Jahre) ist für die ersten beiden Jahre auf Krafträder mit 25 kW Leistung und einem Verhältnis Leistung/Gewicht von nicht mehr als 0,16 kW/kg (= mindestens 6,25 kg/kW) beschränkt. Nach Ablauf der zwei Jahre dürfen automatisch leistungsunbegrenzte Krafträder geführt werden. Der Ausstellung eines neuen Führerscheins bedarf es nicht, wenn schon ein Scheckkartenführerschein vorhanden ist.·

Für Personen, die 25 Jahre und älter sind, besteht ab 1. Januar 1999 die Möglichkeit des "Direkteinstiegs" in die unbeschränkte Klasse A. Sie können dann mit Erwerb der Fahrerlaubnis sofort Krafträder aller Kategorien führen.

Wer die alte Klasse 1a oder die beschränkte Klasse A besitzt und 25 Jahre alt ist, kann vor Ablauf der zwei Jahre die unbeschränkte Klasse A erwerben, wenn er zusätzliche eine praktische Ausbildung und eine praktische Prüfung auf einem schweren Kraftrad absolviert.

Grenze zwischen der Pkw- und der Lkw-Klasse

Die Grenze zwischen der Pkw-Klasse (3/B) und der Lkw-Klasse (2/C) wird von 7 500 kg auf 3 500 kg zulässige Gesamtmasse herabgesetzt. Wer Fahrzeuge zwischen 3 500 kg und 7 500 kg führen will, muß künftig mindestens die Fahrerlaubnis der Klasse C1 erwerben. Für Inhaber einer Fahrerlaubnis der Klasse 3 gibt es Regelungen zum Schutz ihres Besitzstandes (siehe Abschnitt 8 "Besitzstandsregelungen").

Personenbeförderung in Kraftomnibussen

Im Bereich der Personenbeförderung in Kraftomnibussen wird das bisherige Nebeneinander von allgemeiner Fahrerlaubnis der Klasse 2 oder 3 und der besonderen Fahrerlaubnis zur Fahrgastbeförderung zugunsten einer einzigen Fahrerlaubnis der Klasse D aufgegeben.·

Anhängerführerschein

Für das Mitführen von Anhängern mit einer zulässigen Gesamtmasse von mehr als 750 kg ist ein eigener Anhängerführerschein, die Klasse E, erforderlich. Eine vor allem für die Besitzer von Wohnwagen und Sportanhängern bedeutsame Ausnahme gibt es bei der Klasse B: Ein Führerschein dieser Klasse genügt auch bei Anhängern mit einer höheren zulässigen Gesamtmasse als 750 kg, wenn die zulässige Gesamtmasse der Kombination nicht mehr als 3 500 kg beträgt und die zulässige Gesamtmasse des Anhängers die Leermasse des Zugfahrzeugs nicht übersteigt.

Stufenführerschein bei Klasse T

Das Mindestalter für Klasse T beträgt 16 Jahre. Bis zur Vollendung des 18. Lebensjahres dürfen nur Zugmaschinen bis 40 km/h (mit Anhänger) geführt werden.

3. Ordentlicher Wohnsitz

Fahrerlaubnisbewerber müssen ihren ordentlichen Wohnsitz in der Bundesrepublik Deutschland haben, d.h. - vereinfacht gesagt - hier während mindestens 185 Tagen im Jahr wohnen. Fahrerlaubnisse, die eine Person mit ordentlichem Wohnsitz in der Bundesrepublik Deutschland im Ausland - auch im EU-Ausland - erwirbt, sind hier nicht gültig.

4. Mindestalter

Das Mindestalter beträgt

25 Jahre:	für die unbeschränkte Klasse A beim "Direkteinstieg" oder beim Erwerb vor Ablauf der zweijährigen Frist beim Stufenführerschein,
21 Jahre:	bei den Klassen D, D1, DE und D1E,
18 Jahre:	für die Klassen A bei stufenweisem Zugang, B, C, C1, BE, CE und C1E,
16 Jahre:	für die Klassen A1, L, M und T,
15 Jahre:	für fahrerlaubnisfreie Kraftfahrzeuge.

Während das Mindestalter für die Klasse 2 bisher 21 Jahre betrug, gilt für die dieser Klasse entsprechenden Klassen C und CE künftig ein Mindestalter von 18 Jahren. Wer noch nicht 21 Jahre alt ist, darf jedoch von seiner Fahrerlaubnis nur dann uneingeschränkt Gebrauch machen, wenn er eine abgeschlossene Ausbildung als Berufskraftfahrer besitzt. Andernfalls darf er nur Beförderungen durchführen, die nicht unter die Vorschriften der Verordnung (EWG) 3820/85 ("EG-Sozialvorschriften") fallen.

5. Vorbesitz einer Fahrerlaubnis anderer Klassen

Die Fahrerlaubnis der Klassen C, C1, D oder D1 darf nur erteilt werden, wenn der Bewerber die Klasse B besitzt, d. h. einen entsprechenden Führerschein in Händen hält, oder zumindest die theoretische und praktische Prüfung für die Klasse B bestanden hat. Die Prüfungen für die Klasse B und die höhere Klasse können nacheinander in einem Termin absolviert werden. Die Fahrerlaubnis der Klasse E darf nur erteilt werden, wenn der Bewerber bereits die Fahrerlaubnis für das ziehende Fahrzeug besitzt, d. h. einen entsprechenden Führerschein in Händen hält, oder zumindest die theoretische und praktische Prüfung für die Klasse des Zugfahrzeugs bestanden hat. Auch hier können die Prüfungen nacheinander in einem Termin absolviert werden.

6. Ärztliche Untersuchungen/ Geltungsdauer der Fahrerlaubnis

Bewerber um eine Fahrerlaubnis der Klassen A, A1, B, BE, M, L und T haben sich einem Sehtest zu unterziehen. Eine ärztliche Untersuchung wird nur angeordnet, wenn dazu ein besonderer Anlass besteht. Die Fahrerlaubnis dieser Klassen wird unbefristet erteilt. Bewerber um eine Fahrerlaubnis der Klassen C, C1, CE, C1E, D, D1, DE und D1E haben sich einer Untersuchung ihres Sehvermögens und einer ärztlichen Untersuchung zu unterziehen und hierüber der Fahrerlaubnisbehörde entsprechende Nachweise vorzulegen. Die Fahrerlaubnis dieser Klassen wird jeweils längstens für folgende Zeiträume erteilt:

Klassen C1, C1E:

bis zur Vollendung des 50. Lebensjahres, danach jeweils für fünf Jahre,

Klassen C, CE:

für fünf Jahre,

Klassen D, D1, DE und D1E:

für fünf Jahre, längstens jedoch bis zur Vollendung des 50. Lebensjahres, danach jeweils für fünf Jahre,

Fahrerlaubnis zur Fahrgastbeförderung:

für fünf Jahre, längstens jedoch bis zur Vollendung des 60. Lebensjahres, danach jeweils für fünf Jahre.

Voraussetzung für die Verlängerung ist die Vorlage eines Zeugnisses oder Gutachtens über ausreichendes Schvermögen und einer ärztlichen Bescheinigung, aus der hervorgeht, dass keine für das sichere Führen eines Kraftfahrzeugs bedeutsamen Beeinträchtigungen vorliegen.

Bewerber

- um die Erteilung einer Fahrerlaubnis der Klassen D, D1, DE, D1E und der Fahrerlaubnis zur Fahrgastbeförderung,
- um die Verlängerung einer Fahrerlaubnis der Klassen D, D1, DE und D1E ab dem 50. Lebensjahr
- um die Verlängerung einer Fahrerlaubnis zur Fahrgastbeförderung ab dem 60. Lebensjahr müssen durch ein betriebs- oder arbeitsmedizinisches Gutachten oder ein Gutachten einer Begutachtungsstelle für Fahreignung zusätzlich nachweisen, dass sie die besonderen Anforderungen an Belastbarkeit, Orientierungsleistung, Konzentrationsleistung, Aufmerksamkeitsleistung und Reaktionsfähigkeit erfüllen. Im Rahmen dieser Begutachtung kann auch die zuvor erwähnte allgemeine ärztliche Untersuchung durchgeführt werden.

7. Führerschein

Ab 1. Januar 1999 werden nur noch Führerscheine im Scheckkartenformat ausgegeben.

Vorderseite:

1. Name
2. Vorname
3. Geburtsdatum und -ort

4a. Ausstellungsdatum der Karte

4b. Ablauf der Gültigkeit des Führerscheins als Dokument; in Deutschland unbefristet

4c. Name der Ausstellungsbehörde

5. Nummer des Führerscheins
6. Lichtbild des Inhabers
7. Unterschrift des Inhabers
8. Wohnort; im deutschen Muster nicht vorgesehen
9. Klassen, für die die Fahrerlaubnis erteilt wurde, wobei eingeschlossene Klassen - ausgenommen M, L und T - grundsätzlich nicht aufgeführt werden.

Rückseite:

9. Sämtliche Fahrerlaubnisklassen
10. Datum der Fahrerlaubniserteilung der jeweiligen Klasse; kann auch im Feld 14 unter Angabe der Nr. 10 eingetragen sein. Nicht erteilte Klassen werden durch einen Strich entwertet.
11. Gültigkeitsdatum befristet erteilter Fahrerlaubnisklassen
12. Beschränkungen und Zusatzangaben (einschließlich Auflagen) in codierter Form
13. Feld für Eintragungen anderer Mitgliedstaaten nach Wohnsitzwechsel ins Ausland
14. Feld für die Eintragung des Erteilungsdatums (siehe Nr. 10).

Der Führerschein wird zentral von der Bundesdruckerei hergestellt. Das Feld 14 auf der Rückseite ist beschreibbar. Der Fahrerlaubnisprüfer kann deshalb das Datum der Erteilung der Fahrerlaubnis in den vorbereiteten Führerschein eintragen, so dass dem Bewerber der Führerschein wie bisher trotz der zentralen Herstellung unmittelbar nach Bestehen der Prüfung ausgehändigt werden kann. Auflagen und Beschränkungen werden in Feld 12 in codierter Form eingetragen. Der Code 01 bedeutet z. B., dass der Inhaber der Fahrerlaubnis eine Brille oder eine andere Sehhilfe tragen muss. Bei der Ausstellung des Führerscheins wird der Inhaber über die Bedeutung der eingetragenen Codes informiert. Sie ergibt sich außerdem aus der Fahrerlaubnis-Verordnung. Alte Führerscheine bleiben gültig und brauchen, von Sonderfällen abgesehen, nicht in einen neuen Kartenführerschein umgetauscht zu werden. Dies gilt auch für DDR-Führerscheine. Natürlich können die Führerscheine auf freiwilliger Basis umgetauscht werden.

Schlüsselzahlen im Führerschein

a) Schlüsselzahlen der Europäischen Union

Schlüsselzahl	Bedeutung
01	Sehhilfe und/oder Augenschutz
01.01	Brille
01.02	Kontaktlinsen
01.03	Schutzbrille
02	Hörhilfe/Kommunikationshilfe
03	Prothese/Orthese der Gliedmaßen
05	Fahrbeschränkung aus medizinischen Gründen
10 bis 45	Fahrzeuganpassungen z. B. Schlüsselzahl 10 Angepasste Schaltung
50 und 51	Nur ein bestimmtes Fahrzeug
70	Umtausch des Führerscheines (Nummer, Unterscheidungszeichen des Ausstellungsstaates)
71	Duplikat des Führerscheines (Nummer, Unterscheidungszeichen)
78	Nur Fahrzeuge mit Automatikgetriebe
79 (C1E › 12 000 kg, L =‹ 3)	Beschränkung der Klasse CE aufgrund der aus der bisherigen Klasse 3 resultierenden Berechtigung zum Führen von drei

achsigen Zügen mit Zugfahrzeug der Klasse C1 und mehr als 12 000 kg Gesamtmasse und von Zügen mit Zugfahrzeug der Klasse C1 und zulassungsfreien Anhängern, wobei die Gesamtmasse mehr als 12 000 kg betragen kann (nicht durch C1E abgedeckter Teil) Der Buchstabe L steht in dieser Schlüsselung für die Anzahl der Achsen.

79(S1 =‹ 24/7 500 kg)
Begrenzung der Klasse D auf Kraftomnibusse mit 24 Fahrgastplätzen oder max. 7 500 kg zulässiger GesamtmasseDie Angabe S1 stehen in dieser Schlüsselung für die Anzahl der Sitzplätze, einschließlich Fahrersitz.

b) nationale Schlüsselzahlen - diese Berechtigungen gelten nur im Inland

171 Klasse C1, gültig auch für Kraftfahrzeuge der Klasse D mit einer zulässigen Gesamtmasse von nicht mehr als 7 500 kg, jedoch ohne Fahrgäste

172 Klasse C, gültig auch für Kraftfahrzeuge der Klasse D, jedoch ohne Fahrgäste

174 Klasse L - gültig auch zum Führen von Zugmaschinen mit einer durch die Bauart bestimmten Höchstgeschwindigkeit von nicht mehr als 32 km/h, auch mit einachsigem Anhänger (wobei Achsen mit einem Abstand von weniger als 1,0 m voneinander als eine Achse gelten) sowie Kombinationen aus diesen Zugmaschinen und Anhängern, wenn sie mit einer Geschwindigkeit von nicht mehr als 25 km/h geführt werden und, sofern die durch die Bauart bestimmte Höchstgeschwindigkeit des ziehenden Fahrzeuges mehr als 25 km/h beträgt, die Anhänger für eine Höchstgeschwindigkeit von nicht mehr als 25 km/h in der durch § 58 der Straßenverkehrs-Zulassungs-Ordnung vorgeschriebenen Weise gekennzeichnet sind

175 Klasse L - auch gültig zum Führen von Kraftfahrzeugen mit einer durch die Bauart bestimmten Höchstgeschwindigkeit von nicht mehr als 25 km/h und zum Führen von Kraftfahrzeugen mit Ausnahme der zu den Klassen A, A1 und M gehörenden mit einem Hubraum von nicht mehr als 50 cm^3

8. Besitzstandsregelungen

Für Personen, die ihre Fahrerlaubnis vor der Einführung der Neuregelung erworben haben, bleibt grundsätzlich alles beim Alten. Ihre Fahrerlaubnis ist weiterhin im bisherigen Umfang gültig. Allerdings sind für einige Fahrerlaubnisinhaber ärztliche Wiederholungsuntersuchungen (siehe Abschnitt 9 a) "Ärztliche Untersuchungen für 'Altinhaber'") vorgeschrieben.Bei einem Umtausch des Führerscheins werden im neuen Führerschein die neuen Klassen eingetragen, die den alten entsprechen. Die folgende Tabelle gibt die wichtigsten Bestimmungen für die Umstellung einer alten Fahrerlaubnis auf die neuen Klassen wieder: Besitzstandregelungen für Fahrerlaubnisse, die vor Inkrafttreten der neuen Klasseneinteilung erteilt worden sind 1)

Klassen alt		**Klassen neu**
StVZO/D	*StVZO/DDR*	
1	A	A, A1, L, M
1 a		A beschränkt auf Krafträder bis 25 kW und einem Verhältnis Leistung/ Leergewicht von nicht mehr als 0,16 kW/kg A1, L, M
1 b		A1, L, M
2	CE	C, CE, C1, C1 E, B, B E,L, M, T

Straflos in Deutschland
EU-Führerschein

3	B, BE	C 1, C1 E, B, B E, L, M; auf Antrag C E mit Beschränkung auf bisher in Klasse 3 fallende Züge
4	M	L, M
5	T	L
KOM	D	D, DE, D 1, D1E
Fahrerlaubnis zur Fahrgastbeförderung beschränkt auf KOM bis 7,5 t zul. Gesamtgewicht und/oder 24 Plätze		D beschränkt auf KOM bis 7,5 t zul. Gesamtgewicht und/oder 24 Plätze, D1

1 ohne Berücksichtigung von früheren Besitzstands- und Einschlussregeln

Erweiterungen der Fahrerlaubnis, die mit einer Umstellung auf die neuen Klassen in einigen Fällen verbunden sind, werden erst mit Aushändigung des neuen Führerscheins wirksam.

9. Übergangsregelungen

Ärztliche Untersuchungen für "Altinhaber"

Soweit Inhaber einer Fahrerlaubnis der Klasse 3 keine Fahrzeugkombinationen führen wollen, die nach neuem Recht in die Klasse CE fallen, brauchen sie sich keinen ärztlichen Untersuchungen zu unterziehen. Bei einem Umtausch ihrer Fahrerlaubnis erhalten sie neben den Klassen B und BE auch die Klassen C1 und C1E ohne Befristung.
Die Berechtigung, mit Klasse 3 auch Fahrzeugkombinationen zu führen, die nach neuem Recht zur Klasse CE gehören erlischt mit Vollendung des 50. Lebensjahres.

Bei einem Umtausch vor Vollendung des 50. Lebensjahres wird auf Antrag zusätzlich zu den Klassen B, BE, C1 und C1E die Klasse CE zugeteilt, beschränkt auf Züge, die bisher in Klasse 3 fielen und befristet bis zur Vollendung des 50. Lebensjahres.

Will der Inhaber der Fahrerlaubnis diese Berechtigung dann weiter behalten, muss er - wenn er noch einen alten Führerschein hat - seinen Führerschein umtauschen und hierbei auch die Klasse CE mit Beschränkung auf bisher in Klasse 3 fallende Züge beantragen oder - wenn er seinen Führerschein schon umgetauscht hat - einen Antrag auf Verlängerung seiner eingeschränkten Klasse CE stellen. Voraussetzung für den Erhalt bzw. die Verlängerung der Fahrerlaubnis der beschränkten Klasse CE ist der Nachweis über ausreichendes Sehvermögen und eine ärztliche Bescheinigung, aus der hervorgeht, dass keine für das sichere Führen eines Kraftfahrzeugs bedeutsamen Beeinträchtigungen vorliegen. Die Fahrerlaubnis wird jeweils für fünf Jahre verlängert.

Für Inhaber einer Fahrerlaubnis der Klasse 3, die bei Inkrafttreten der neuen Fahrerlaubnisklassen am 1. Januar 1999 bereits 50 Jahre alt sind oder das 50. Lebensjahr bis zum 31. Dezember 1999 vollenden, gibt es eine spezielle Übergangsvorschrift: Sie dürfen mit Klasse 3 noch bis zum 31. Dezember 2000 in Klasse CE fallende Fahrzeugkombinationen führen. Wollen sie diese Berechtigung auch danach weiter nutzen, müssen sie diese wie vorstehend beschrieben verlängern lassen.

Die geschilderte Regelung gilt auch für Inhaber einer Fahrerlaubnis der Klasse 2. Ihre Berechtigung zum Führen von Fahrzeugen, die in die neuen Klassen C und CE fallen, endet mit Vollendung des 50. Lebensjahres. Bei einer vorherigen Umstellung wird die Fahrerlaubnis der Klassen C und CE entsprechend befristet.

Will der Betreffende die Berechtigung behalten, muss er einen Antrag auf Umtausch seines alten Führerscheins bzw. einen Antrag auf Verlängerung seiner Fahrerlaubnis der Klassen C und CE stellen. Die Verlängerung erfolgt jeweils nach Vorlage eines Zeugnisses oder Gutachtens eines Augenarztes und einer ärztlichen Bescheinigung über die Eignung um fünf Jahre. Für Personen, die am 1. Januar 1999 schon 50 Jahre sind oder das 50. Lebensjahr noch bis zum 31. Dezember 1999 vollenden, gilt ebenfalls die Übergangsregelung, dass sie noch bis zum 31. Dezember 2000 weiterfahren können. Wollen sie die Berechtigung zum Führen von Fahrzeugen, die in die neuen Klassen C und CE fallen, auch nach dem 31. Dezember 2000 weiter nutzen, müssen sie die Berechtigung wie vorstehend beschrieben verlängern lassen.

II. Das neue Punktsystem

Die im Verkehrszentralregister beim Kraftfahrt-Bundesamt in Flensburg eingetragenen Verkehrsstraftaten und Ordnungswidrigkeiten werden wie bisher je nach Schwere mit 1 bis 7 Punkten bewertet. Inhaltlich soll das Punktsystem künftig nicht mehr nur der Feststellung von Defiziten bei der Kraftfahrereignung dienen, sondern dem Kraftfahrer auch Hilfestellungen geben, diese Defizite zu beheben und das Erreichen von 18 Punkten und damit die Entziehung der Fahrerlaubnis zu vermeiden. Im Einzelnen sind im neuen Punktsystem folgende Maßnahmen vorgesehen:

8 Punkte	schriftliche Unterrichtung und Verwarnung
14 Punkte	Anordnung, an einem Aufbauseminar (Nachschulung) teilzunehmen. Falls innerhalb der letzten fünf Jahre bereits Teilnahme an einem Aufbauseminar, nur schriftliche Verwarnung.Schriftlicher Hinweis auf die Möglichkeit einer freiwilligen verkehrspsychologischen Beratung. Hinweis, daß bei Erreichen von 18 Punkten die Fahrerlaubnis entzogen wird.
18 Punkte	Entzug der Fahrerlaubnis

Nimmt der Betroffene freiwillig an einem Aufbauseminar teil, so werden ihm bei einem Punktestand bis 8 Punkten 4 Punkte, bei einem Punktestand von 9 bis 13 Punkten noch 2 Punkte erlassen. Auch bei 14 Punkten greift noch das neue Bonus-System: Wenn der Betroffene freiwillig zusätzlich an einer verkehrspsychologischen Beratung teilnimmt, werden ihm 2 Punkte abgezogen. Erreicht oder überschreitet der Betroffene 14 oder 18 Punkte, ohne dass die Fahrerlaubnisbehörde ihn bei 8 Punkten informiert hat, wird er so gestellt, als ob er 9 Punkte hätte. Erreicht oder überschreitet er in der Folgezeit 18 Punkte, ohne dass die Fahrerlaubnisbehörde die bei der Schwelle von 14 Punkten vorgesehenen Maßnahmen ergriffen hat, wird er so gestellt, als ob er 14 Punkte hätte. Auch wenn der Betroffene "auf einen Schlag" eine hohe Punktzahl erreicht, kann er damit dennoch die Hilfestellungen des Punktsystems in Anspruch nehmen. Wer trotz der Möglichkeiten und Hilfestellungen des Punktsystems 18 Punkte und mehr erreicht, dem muss im Interesse der Verkehrssicherheit die Fahrerlaubnis entzogen werden. Eine neue Fahrerlaubnis darf frühestens sechs Monate nach der Entziehung erteilt werden. Hierfür ist in der Regel die Beibringung eines Gutachtens einer amtlich anerkannten Begutachtungsstelle für Fahreignung erforderlich.

III. Medizinisch-psychologischeUntersuchung (MPU)

Die medizinisch-psychologische Untersuchung ist ein wichtiges Instrument zur Beurteilung der Kraftfahreignung. Sie wird deshalb beibehalten. Um sicherzustellen, dass sie nach einheitlichen, sachlichen und verbindlichen Kriterien durchgeführt wird, sind folgende Bestimmungen geschaffen worden:
Die Voraussetzungen für die amtliche Anerkennung der Begutachtungsstellen für Fahreignung sind gesetzlich konkretisiert worden.

Auch die Anlässe für die Anordnung einer MPU sind gesetzlich bestimmt worden. Hierbei war maßgebliche Orientierung der Grundsatz der Verhältnismäßigkeit. Wo z. B. ein Facharztgutachten ausreicht, kommt eine MPU nicht in Betracht. Vorgesehen ist sie vor allem, wenn

- Anzeichen für Alkoholmissbrauch vorliegen,

- wiederholt Zuwiderhandlungen im Straßenverkehr unter Alkoholeinfluss begangen wurden,
- ein Fahrzeug im Straßenverkehr bei einer Blutalkoholkonzentration von 1,6 Promille oder mehr oder einer Atemalkoholkonzentration von 0,8 mg/l oder mehr geführt wurde,
- Eignungszweifel im Hinblick auf die Einnahme von Drogen vorliegen,
- die Fahrerlaubnis wiederholt entzogen worden ist.

Die Grundsätze für die Durchführung der Untersuchung und die Erstellung der Gutachten sind gesetzlich festgelegt worden. Gutachten müssen danach insbesondere so erstellt sein, dass sie - auch für den Betroffenen - nachvollziehbar und nachprüfbar sind.

Begutachtungsstellen für Fahreignung müssen künftig über ein Qualitätssicherungssystem verfügen, das durch die Bundesanstalt für Straßenwesen als neutrale Stelle überprüft wird.

IV. Sonstige Neuerungen

1. Fahrerlaubnis auf Probe

Die Fahrerlaubnis auf Probe bleibt bestehen. Allerdings verlängert sich für diejenigen, die in der Probezeit mit einem schweren oder zwei weniger schweren Verkehrsverstößen auffallen und die deshalb an einem Aufbauseminar teilnehmen müssen, die Probezeit um zwei auf vier Jahre. Außerdem sind die Maßnahmen an das Punktsystem angeglichen worden:

Zuwiderhandlungen:

- *Maßnahmen:*

eine schwerwiegende oder zwei weniger schwerwiegende Zuwiderhandlungen Anordnung,

- *an einem Aufbauseminar (Nachschulung) teilzunehmen*

nach Teilnahme an einem Aufbauseminar erneut ein schwerwiegender oder zwei weniger schwerwiegende Zuwiderhandlungen

- *Verwarnung; Empfehlung, innerhalb von zwei Monaten an einer verkehrspsychologischen Beratung teilzunehmen*

nach Ablauf dieser Frist erneut eine schwerwiegende oder zwei weniger schwerwiegende Zuwiderhandlungen

- *Entziehung der Fahrerlaubnis*

Eine Neuerteilung der Fahrerlaubnis ist frühestens nach drei Monaten möglich.
Wie bisher gilt, dass nur solche Zuwiderhandlungen zu Maßnahmen nach den Regelungen für die Fahrerlaubnis auf Probe führen können, die in das Verkehrszentralregister eingetragen werden, also mindestens mit 80 DM Geldbuße geahndet worden sind.

2. Verkehrszentralregister (VZR)

Ab 1. Januar 1999 erhalten Privatpersonen kostenlos Auskunft über die sie betreffenden Eintragungen und damit auch über die Punkte im Verkehrszentralregister.

3. Zentrales Fahrerlaubnisregister

Ab 1. Januar 1999 wurde beim Kraftfahrt-Bundesamt mit dem Aufbau eines zentralen Fahrerlaubnisregisters begonnen. Bis dahin wurden dort im Verkehrszentralregister nur die sogenannten "Negativdaten" über die Fahrerlaubnis (namentlich Entziehungen, Versagungen, Fahrverbote und Entscheidungen wegen Ordnungswidrigkeiten ab 80 DM Bußgeld) sowie die Fahrerlaubnisse von Fahranfängern ausschließlich für die Zwecke der Fahrerlaubnis auf Probe gespeichert. Die Positivdaten, d. h. wer wann in welchen Klassen eine Fahrerlaubnis erworben hat, sind nur in den rund 600 örtlichen Fahrerlaubnisregistern vorhanden. Künftig werden auch diese Daten zentral beim Kraftfahrt-Bundesamt gespeichert. Auch aus diesem Register erhält der Betroffene unentgeltlich Auskunft. Der Identitätsnachweis ist in derselben Form zu erbringen, wie bei Anfragen an das Verkehrszentralregister

14 Notstand

Selbstverteidigung auf der Autobahn - JA

Wem ist das auf der Autobahn noch nicht passiert: Ein Raser fährt mit hoher Geschwindigkeit auf der Autobahn, kommt gefährlich nah heran und versucht den Vordermann zu schnellerem Fahren zu drängen. Auch wenn Gerüchte anderes behaupten:
Dagegen darf man sich sehr wohl wehren. Es ist erlaubt, kurz das Bremspedal anzutippen, um den Hintermann zu größerem Abstand zu bewegen.

Im bloßen Aufleuchten lassen des Bremslichtes liegt weder eine (versuchte) Nötigung, noch ein gefährlicher Eingriff in den Straßenverkehr
meinte das Oberlandesgericht Köln in einem solchen Fall.

Selbstverteidigung beim Parken - NEIN

Ausdrücklich sei hingegen vor Selbstjustiz im allseits beliebten Parkplatzkrieg gewarnt.
Wenn ein Fußgänger eine Parklücke für ein Auto freihalten will und deshalb einen anderen Pkw-Fahrer am Parken hindert, ist dies rechtswidrig. Stimmt. Aber mit Selbstjustiz ist man auch schlecht beraten.
Wenn der am Parken gehinderte Fahrer droht, den Störenfried umzufahren und ihm womöglich tatsächlich gegen die Beine rollt - das billigt die Behörde nicht. Und er kann auch kein Notwehrrecht geltend machen. Solchen Rabiatfahrern droht immer wieder eine Verurteilung wegen Körperverletzung.

Selbstverteidigung mit dem Kennzeichen - NEIN

Ein Wort noch zu den immer wieder angepriesenen "Anti-Radar-Folien" bzw. den "Anti-Blitz-Buchstaben". Die Folie wird auf dem Kennzeichen angebracht und soll den Blitz der Fotoanlage reflektieren.
Wer sein Kennzeichen damit versieht, riskiert völlig sinnlos eine saftige Strafe.

Ein Firmeninhaber rüstete gleich seinen gesamten Fuhrpark mit den Folien aus. Ein Fahrzeug, dessen Fahrer den Sicherheitsabstand erheblich unterschritten hatte, konnte von der Polizei trotz eines fast unleserlichen Kennzeichens ermittelt werden. Der Kaufmann wurde wegen Kennzeichenmissbrauchs zu einer Geldstrafe von 6.000 Mark verurteilt.
Im danach gegen den Folien-Hersteller angestrengten Zivilprozess zog er ebenfalls den Kürzeren. Kaufverträge über "Autozubehör" das eindeutig der Umgehung von Verkehrsvorschriften dient, sind regelmäßig unwirksam. Die Klage auf Rückzahlung des Kaufpreises wurde folglich abgewiesen.
In ähnlichen Fällen wurden auf Grund der Verwendung von "Anti-Radar-Folien" auch schon Geldstrafen wegen Urkundenfälschung gegen die Nutzer dieser Folien verhängt.

Selbstverteidigung an der Radarkamera - JEIN

Ein Autofahrer wurde wegen Überschreitens der zulässigen Höchstgeschwindigkeit geblitzt. Er schwor daraufhin Rache, fuhr zu der fest installierten Anlage zurück und verdrehte das Objektiv, wobei er aber die Kamera versehentlich beschädigte.
Den an der Kamera entstandenen Sachschaden zahlte er widerspruchslos.
Den Ersatz des bis zur Neuinstallation der Anlage entstandenen Ausfalls der Bußgeldeinnahmen (täglich etwa 2.500 Mark) lehnte der Autofahrer jedoch ab.
Das Landgericht Konstanz gab ihm Recht. Es lehnte die Klage der Gemeinde auf Schadenersatz ab. Einnahmen aus Verkehrsübertretungen basieren ausschließlich auf dem Verkehrsverhalten der Autofahrer und sind demnach nicht kalkulierbar. Sie können daher auch keine feste Einzelposition des Haushaltsplanes der Gemeinde bilden.

15 Formelles

Formalfehler

Die Experten schätzen die Häufigkeit von Formfehlern in den Verfahren auf gut 50 Prozent. Und wenn sich Beanstandete mit Einsprüchen wehren, zieht Vater Staat in rund 25 Prozent aller Verfahren sein Verfahren zurück.

Bei Gefahrguttransport-Delikten werden sogar über 90 Prozent der Verfahren nach "Gegenwehr" eingestellt. Grund: Die Amtsrichter sind bei dem riesigen Gesetzeskonvolut um die gefährlichen Transporte einfach überfordert; kaum einer kennt sich darin so richtig aus.

Stichwort Verkehrsdelikt

Die schweren Strafbestände finden sich im Strafgesetzbuch (StGB). Wer ohne Versicherungsschutz fährt, wird nach dem Pflichtversicherungsgesetz belangt (PflVersG). Den Ablauf des Verfahrens wiederum regelt die Strafprozessordnung (StPO). In diesem Gesetz findet sich, welche Rechte der Verfolgte hat und welche Rechtsmittel möglich sind.
Wenn es sich nicht um ein Vergehen oder Verbrechen handelt, ist es eine Ordnungswidrigkeit, für die gibt es das Gesetz über Ordnungswidrigkeiten (OwiG).
Die Verfolgung von Ordnungswidrigkeiten nennt man Bußgeldverfahren. Details dazu finden sich wiederum im Bußgeldkatalog oder bei kleineren Unregelmäßigkeiten im Verwarnungskatalog ...

Apropos Verfahren

Ermittlungsverfahren

heißt der Beginn des gegen den Sünder gerichteten Verfahrens (egal ob Straf- oder Bußgeldverfahren).

Beschuldigter

ist man dann im Strafverfahren,

Betroffener
im wahrsten Sinne des Wortes - im Bußgeldverfahren. An das Ermittlungsverfahren schließt sich das Hauptverfahren an; glorreicher Höhepunkt ist die Hauptverhandlung, wo der Verkehrssünder dann der Angeklagte bzw. Betroffene sind.

Aussageverweigerungsrecht
"Mit einem Polizisten, der mich auffordert, alles zu gestehen, damit ich billiger davonkomme, hätte ich schon so meine Freude", weiß Jens. "Ich muss auf mein Aussageverweigerungsrecht hingewiesen werden, sonst ist die Aussage behördlich nicht verwertbar. Und die Beschwerde die ich zusätzlich einbringe, hat sich auch gewaschen." "Einer polizeilichen Vorladung käme ich außerdem nur nach, wenn ich dazu Lust hätte, es gibt ja keine Verpflichtung dazu. Aber die meisten kommen, da sie glauben, sie sind dazu verpflichtet.

Anhörbogen dient in erster Linie der Gewährung des rechtlichen Gehörs. Trotzdem verlangen Behörden 'Pflichtangaben' und setzt so die Menschen unter Druck. Wer den Anhörbogen ignoriert oder nur unvollständig ausfüllt, dem kann überhaupt nichts passieren.

Rechtsverstöße
im Straßenverkehr können entweder als Ordnungswidrigkeit (OWi) oder als Straftat geahndet werden. Eine OWi begeht man dann, wenn man die durch die Straßenverkehrsordnung aufgestellten Verkehrsregeln missachtet; insbesondere bei Verstößen gegen das Gebot der Rücksichtnahme!

Bei Verkehrs-OWis handelt es sich um weniger schwerwiegende Rechtsverstöße. Diese werden dann mit einer Verwarnung bestraft. Schwerere Verstöße, etwa bei Rot über die Ampel brausen, werden mit einem Bußgeld ab 80 Mark geahndet. Hinzu kommen die höchst unbelieb-

ten Flensburger Punkte und im Wiederholungsfall ein eventuelles Fahrverbot.
Bei schweren Verkehrsverstößen wie Trunkenheit am Steuer handelt es sich schon um eine Straftat. Hier führt dann die Staatsanwaltschaft die Ermittlungen.
Das Ermittlungsverfahren endet damit, dass die Staatsanwaltschaft Anklage erhebt, oder dass das örtlich zuständige Amtsgericht auf Antrag der Staatsanwaltschaft einen Strafbefehl erlässt. Zur Geld- oder Freiheitsstrafe kann zusätzlich auch die Fahrerlaubnis entzogen oder ein Fahrverbot ausgesprochen werden.

Weitere Folge bei der Verurteilung wegen einer Straftat im Straßenverkehr

Die Verurteilung wird sowohl im Bundeszentralregister in Berlin als auch im Verkehrszentralregister in Flensburg eingetragen. Aber so weit muss es ja keiner kommen lassen.
Haben wir nun schon einiges über das Ermittlungsverfahren gelesen, so schauen wir uns nun an, wie ein Ermittlungsverfahren so endet. Im Bußgeldverfahren kommt es entweder zur Verfahrenseinstellung oder zum Bußgeldbescheid. Eingestellt wird, wenn der Tatnachweis nicht gelingt (§ 46 OwiG) oder wenn geringfügiges Verschulden vorliegt.
Im ersten Fall übernimmt der Staat die Kosten. Ausnahme: Haltehaftung im ruhenden Verkehr. Aber dass dies für viele auch kein Problem darstellt, dazu kommen wir noch. Schließlich haben Schlupflochkenner ja noch ihre ausländischen Freunde ...

Kommt es zum Bußgeldbescheid, muss dieser binnen 14 Tagen ab Ausstellung ordnungsgemäß zugestellt werden. Und das gelingt der Behörde nicht immer. Denn Schlupflochprofis wissen: Selbst wenn ordnungsgemäß zugestellt wurde, ist noch lange nicht aller Tage Abend. Sie können gegen den Bußgeldbescheid binnen 14 Tagen Einspruch erheben. Nun prüft die Behörde, ob der Einspruch berechtigt ist.

Entweder endet das Verfahren hier oder es kommt vor das Amtsgericht. Bei einem Hauptverhandlungstermin werden erneut alle Unterlagen gesichtet, Zeugen gehört, eventuell auch Sachverständige befragt.

Bei Gericht

Das Gericht wird in der Folge den Bußgeldbescheid bestätigen oder, was sehr häufig vorkommt, ihn aufheben. Das Gericht kann das Verfahren auch wegen Geringfügigkeit der Schuld einstellen, das Bußgeld absenken oder (seltener) erhöhen.

Sind die Schlupflochsucher mit dem Gerichtsurteil nicht zufrieden, so stellen sie den Antrag auf Zulassung der Rechtsbeschwerde: Dabei wird nicht der Sachverhalt, sondern die Rechtmäßigkeit des Verfahrens einer Prüfung unterzogen.

Beendigung im Strafverfahren

Kann der Staatsanwalt den Tatnachweis nicht erbringen, dann muss er einstellen. Das ist immer dann der Fall, wenn bei einer Anzeige nur das Kennzeichen eines Fahrzeuges aber nicht der Lenker bekannt ist.

Bei geringer Schuld und tadellosem verkehrsrechtlichen Vorleben kann das Verfahren entweder mit oder ohne Geldbuße eingestellt werden. Da es somit zu keiner Verurteilung kommt, erfolgt auch kein Eintrag ins Strafregister.

Die Staatsanwaltschaft hat weiterhin die Möglichkeit, einen Antrag auf Erlass eines Strafbefehls beim Amtsgericht zu beantragen. Gegen diesen sind natürlich wieder alle Rechtsmittel zulässig.

Hauptverhandlung

Zur Hauptverhandlung kommt es, wenn das Amtsgericht keinen Strafbefehl erlässt oder wenn gegen einen solchen Strafbefehl Einspruch erhoben wird.

Nun haben die Spezialisten wieder Gelegenheit zum alten Spiel mit den Formalismen: Was genau sagen die Zeugen, stimmen die Urkunden und wie äußert sich ein

möglicherweise hinzugezogener Sachverständiger.
Wie läuft's bei so einer Hauptverhandlung ab? Du ziehst dich angemessen an, gehst hin, stellst dich vor. Und gibst nur zu, was dir sowieso schon bewiesen wurde.
Dort sitzen ja auch nur Menschen wie du und ich.

Vorschriften

Auch die Verwaltung erstickt dadurch immer mehr im Administrationsgewirr. Man muss sich nur vorstellen, dass es für jedes einzelne Verkehrszeichen, für jede Tafel, jede Ampel, jede Bodenmarkierung - kurz für alles, was den Straßenverkehr auf Seiten der Behörden betrifft - eine eigene Vorschrift gibt.
Was das bei dem Schilderwald bedeutet, der in Deutschlands Städten herrscht, kann man sich ausmalen.

Zuständig oder nicht

Eine örtlich unzuständige Behörde ist nicht berechtigt, einen Verkehrsverstoß mit Bußgeld zu ahnden.
Im konkreten Fall hatten Polizeibeamte eines Bundeslandes festgestellt, dass ein Autofahrer seinem Vordermann viel zu dicht aufgefahren war.
Der Verkehrsverstoß lag aber bereits auf dem Gebiet des benachbarten Bundeslandes. Die Bußgeldstelle blieb hartnäckig und verfolgte das Verfahren dennoch weiter. Das Amtsgericht hielt das aber für unzulässig und erklärte den Bußgeldbescheid für unwirksam.
Amtsgericht Magdeburg
Urteil vom 23. April 1999
Aktenzeichen: 30 OWi - 779 Js 29597/98 a

Statistik

Kleinvieh macht auch Mist
Im Bereich des Straßenverkehrsrechts kommt dem OWi-Recht eine zentrale Bedeutung zu. Rund 95 Prozent aller Ordnungswidrigkeitenverfahren sind verkehrsrechtliche Verfahren.
Meist wird der Strafbetrag in einer Höhe gehalten, die knapp unter der Reizschwelle für etwaigen Widerstand

liegt. Aus einer Statistik des Bayerischen Polizeiverwaltungsamtes geht etwa hervor, dass der Anteil der Strafen unter 80 Mark rund 45 Prozent der insgesamt verhängten Strafen ausmacht.

So zahlen die meisten, ohne lang zu fragen. Oder haben einfach Angst davor, sich zur Wehr zu setzen.

"Gesundes" Wachstum

In der oben erwähnten Statistik findet sich auch eine stolze Aufstellung der Einnahmen aus den letzten Jahren: Demnach stieg die Summe der etwa in Bayern erhobenen Strafbeträge von rund 115 Millionen Mark im Jahr 1995 auf satte 132 Millionen im Jahr 1998.

Allein in Berlin schrieb die Polizei im Jahr 1997 insgesamt 2.945.774 (!) Anzeigen wegen Verkehrsordnungswidrigkeiten.

Es wurden Verwarnungs- und Bußgelder in Höhe von mehr als 106 Millionen Mark vereinnahmt.

Melken füllt die Staatskassa

Hochgerechnet auf ganz Deutschland wird da schnell klar, warum das Melken der Autofahrer für den Staatshaushalt so wichtig ist.

Dass die Verkehrsüberwachung nicht vorrangig der Verhinderung von Unfällen, sondern dem Eintreiben von Geld dient, haben übrigens nicht nur die Autofahrer gründlich satt. Auch immer mehr Polizisten wollen nicht mehr mitspielen und sich endlich wieder auf die Anhebung der Sicherheit konzentrieren dürfen.

Das bringt aber keinen Beförderungsbonus und fällt in keiner Dienstbeschreibung positiv auf. Wenn hingegen die Einnahmen gesteigert werden, dann wird sich das auf die Karriere schon weit förderlicher auswirken.

Schilderwald

Zur ordnungsgemäßen Kennzeichnung eines Sonderstreifens für Linienbusse (Busspur) ist die Aufstellung des in der StVO bezeichneten Vorschriftszeichens (Nr. 245) erforderlich. Eine bloße Fahrbahnbeschriftung genügt nicht, wie eine Behörde zugab. Und wieder blieb ein findiger Schlupflochsucher, der den im Stau Stehenden beim Vorbeifahren die lange Nase gezeigt hatte, trotz Anzeige straflos. Weil die Behörde schlicht am falschen Ende gespart hatte.

16 Unfall

Hasenjagd

Vor Richtern sollte sich hüten, wer ein Hase ist:
Ein Autofahrer wich auf einer Landstraße einem über die Straße springenden Hasen aus. Durch das Ausweichmanöver kam der Wagen von der Straße ab, landete im Straßengraben und überschlug sich. Den entstandenen Schaden von über 12.000 Mark wollte der Autofahrer von seiner Teilkaskoversicherung ersetzt bekommen. Der Bundesgerichtshof lehnte jedoch in letzter Instanz den Anspruch ab.
Begründung: "Ein Kraftfahrer, der mit einem Mittelklassewagen und einer Geschwindigkeit von ca. 90 km/h eine gerade Strecke befährt, verletzt seine Sorgfaltspflicht in ungewöhnlichem Maße, wenn er das mit einer plötzlichen Fahrtrichtungsänderung verbundene hohe Risiko in Kauf nimmt, um einem Hasen auszuweichen. Die von einem so kleinen Tier ausgehende Gefahr ist zu gering, um das hohe Risiko eines ungleich größeren Schadens durch eine plötzliche Fahrtrichtungsänderung in Kauf zu nehmen."
Den Einwand des Autofahrers, es könne nicht recht sein, einen Hasen zu überfahren und zu töten, ließ das Gericht nicht gelten.
Klartext: Ein Ausweichen vor einem Hasen ist auch aus Gründen des Tierschutzes nicht geboten. Wer aus Tierliebe einem Hasen ausweicht, "verdient zwar" auch laut BGH "Zustimmung". Aber damit ist noch nicht gesagt, dass der beim Ausweichen entstandene Schaden vom Kfz-Versicherer ersetzt wird ...

Vorsicht, Kind!

Es gibt eherne Gesetze in unserem Verkehrsrecht. Daran lässt sich nicht rütteln. Ist ja gut so. Und doch. Auch hier gibt es manchmal Argumentationen, die einem Autofahrer aus einer scheinbar unlösbaren Patsche helfen.
Beispiel: Autofahrer müssen sich im Verhältnis zu Kin-

dern im Straßenverkehr äußerst vorsichtig verhalten - die Rechtsprechung stellt an die Sorgfaltspflicht hier besonders hohe Anforderungen.
Dass aber nicht bei jedem Unfall zwischen einem Auto und einem Kind der Fahrer haftet, zeigt ein Urteil des Landgerichts Osnabrück. Im zugrunde liegenden Fall hatte eine Autofahrerin einen fünfjährigen Jungen angefahren. Das Kind war zusammen mit seiner Mutter auf dem Radweg neben der Straße unterwegs und plötzlich auf die Fahrbahn geraten. Der Junge wurde erheblich verletzt. Die Schmerzensgeldklage gegen die Fahrerin lehnten die Richter ab: Es sei für die Frau nicht vorhersehbar gewesen, dass das Kind, das in Begleitung seiner Mutter auf der straßenabgewandten Seite des Radwegs fuhr, plötzlich auf die Fahrbahn geraten könne, so das Urteil.
Zwar müsse generell ein Kraftfahrer gegenüber Kindern jede Gefährdung verringern, indem er die Geschwindigkeit herabsetze und bremsbereit sei. Voraussetzung für eine Haftung sei aber auch, dass "Auffälligkeiten" erkennbar sind, die zu einer Gefährdung führen können. Hier aber habe für die Autofahrerin kein Anlass bestanden zu befürchten, das Kind könne unerwartet auf die Fahrbahn geraten.

Vorsicht

Umgekehrt haften Autofahrer, die im Ortsgebiet Tempo 50 erheblich überschreiten, bei Unfällen mit Fußgängern auch dann, wenn diese die Straße unachtsam überquerten. Und da gelten auch schon zehn km/h als erheblich.
Der ADAC verweist hierzu auch in seiner Homepage auf einen vom Landgericht Köln entschiedenen Fall, in dem ein Pkw-Fahrer trotz schlechter Witterungsverhältnisse und Dunkelheit um zehn km/h zu schnell unterwegs war, als eine ältere Frau die beleuchtete Straße überquerte und auch nicht innehielt, als sie den Pkw wahrnehmen und auf sich zukommen sehen musste.
Der Autofahrer, der die Frau anfuhr, handelte laut Gericht ebenfalls schuldhaft und musste für fast die Hälfte des Schadens aufkommen.

Wäre er nämlich, so die Richter, mit vorgeschriebenem Tempo gefahren, hätte der Unfall zwar aller Wahrscheinlichkeit nach nicht vermieden werden können, die durch den Aufprall herbeigeführten Verletzungen der Frau wären jedoch erheblich geringer gewesen.

21 Zentimeter zu viel

"Auch auf den Straßen in den neuen Bundesländern dürfen Autofahrer grundsätzlich darauf vertrauen, dass sie ihr Fahrzeug bei angepasstem Tempo ungefährdet über die Fahrbahn steuern können."

Soweit haben unsere Behörden also noch ein Einsehen. Trotzdem musste ein Autofahrer, der mit seinem Wagen in einer 21 Zentimeter tiefen Bodenwelle hängen geblieben war, ein Viertel der Reparaturkosten selbst zahlen. Ihm wurde die Betriebsgefahr der bei seinem Wagentyp serienmäßigen Mindestbodenfreiheit von nur 11,3 Zentimetern angerechnet; er musste 25 Prozent seines Schadens selbst begleichen. Wenn der Geschädigte in so einem Fall allerdings beweist, dass auch ein ganz besonders umsichtiger Autofahrer den Schaden nicht hätte vermeiden können (Unabwendbarkeitsnachweis), müssen ihm die gesamten Kosten ersetzt werden.

Die Falle in der Welle

Ein Motorradfahrer befuhr eine Landstraße mit rund 70 km/h. Plötzlich überraschte ihn eine unerwartet auftauchende Bodenwelle, er stürzte.

In seiner Klage vertrat er die Auffassung, die zuständige Straßenbaubehörde hätte durch entsprechende Verkehrsschilder auf die gefährlichen Bodenwellen hinweisen müssen, und verklagte diese zum Ersatz des entstandenen Schadens von über 4.600 Mark.

Nach anerkannter Rechtsprechung müssen öffentliche Verkehrsflächen von den sicherungspflichtigen Straßenbaulastträgern in einem dem regelmäßigen Verkehrsbedürfnis genügenden, möglichst gefahrlosen Zustand gehalten werden (Verkehrssicherungspflicht). Völlige Gefahrlosigkeit des Wegenetzes kann zwar nicht gewährleistet

werden, da ein solcher Zustand gar nicht erreichbar ist; dafür hat die Behörde jedoch abhilfebedürftige Gefahrenquellen zu beseitigen oder zumindest durch Aufstellen entsprechender Warnschilder auf die Gefährlichkeit hinzuweisen, damit Gefahrenquellen für Kraftfahrer rechtzeitig erkennbar sind.
Das OLG Hamm ließ zur Klärung ein Sachverständigengutachten einholen. Der Gutachter bewertete die Bodenwellen tatsächlich als Gefahrenquelle, die für Motorradfahrer geradezu eine "Falle" dargestellt haben und daher unbedingt hätten abgesichert werden müssen.
Die zuständige Behörde wäre zumindest verpflichtet gewesen, die Sturzgefahr durch geeignete Verkehrszeichen (Geschwindigkeitsbegrenzung, Warnung vor Bodenwellen) zu verringern. Der Motorradfahrer erhielt den Schadensersatz zugesprochen.

Erst Tempo, dann temporär
Eine ganz besondere Sache ist das "Temporäre Unfalltrauma."
Experten bezeichnen so den Effekt, wenn sich jemand nach einem Unfall vorübergehend an nichts erinnern kann. Kann ein Beschuldigter das glaubhaft machen, entkommt er jedem Deliktsvorwurf ohne Strafe; egal ob dem der Fahrerflucht, der unterlassenen Hilfeleistung bei Verletzten, des alkoholisierten Fahrens ...
Gibt es nicht, meinst du, lieber Kraftfahrer? Gibt es doch.
Erst kürzlich paukte ein Anwalt wieder einen Alko-Unfalllenker, der auch noch Fahrerflucht begangen hatte, aus einem schier aussichtslosen Verfahren:
Der Unfalllenker war zwar nicht verletzt worden, dennoch bestand der Anwalt darauf, dass sein Mandant ein Trauma erlitten hatte.
Als Beweise führte er eine ausgebeulte Windschutzscheibe - der Lenker sei dort mit dem Kopf aufgeprallt - und wirre Telefonate in der Zeit danach (natürlich durch Zeugenaussagen belegt) an.
Das Gericht war offenbar ob dieser Begründung dermaßen perplex, dass es den Angeklagten freisprach.

Alkoholisierter "Beifahrer"

Nach einer Zechrunde verlässt A. das Lokal. Er verabschiedet sich mit dem Scherzchen "Tragt mich ins Auto, dann fahr ich euch heim" und verlässt - mit vermutlich mehr als 2,5 Promille das Lokal.

15 Minuten später brettert er mit seinem Mercedes bei Rot in eine Kreuzung und kracht gegen das Auto von L., in dem sich vier Personen befinden.

Zwei sind schwer verletzt, zwei kommen mit dem Schrecken und leichten Verletzungen davon.

Der besoffene A. erkennt seine Schuld. Und er weiß, dass er bei einer Verweigerung des Alkotests keine Chance hat, da ihm auch mit Zwang Blut abgenommen werden kann. Also steckt er jetzt ordentlich in der Klemme. Und so greift er zu einer List, die er von einem Verkehrsjuristen kennt. Er rutscht auf den Beifahrersitz und stellt sich bewusstlos.

Wenige Minuten später trifft ein Polizeiwagen mit Blaulicht ein. Kurz darauf zwei Rettungswagen. Die beiden Schwerverletzten und der noch immer "bewusstlose" A. werden mit Tatütata ins Krankenhaus gebracht.

Die Beamten haben alle Hände voll zu tun, den Verkehr zu regeln, weitere Unfälle im Gefahrenstellenbereich zu verhindern.

Der durch den Unfall blitzartig ernüchterte A. weiß das und bereitet seinen Absprung vor. Bereits im Rettungswagen wird A. wie durch ein Wunder munter und fühlt sich gleich wieder viel besser.

Im Krankenhaus angekommen sieht er, dass kein Beamter mitgefahren ist, Personalmangel eben.

A. erklärt den Sanitätern eindringlich, dass er unbedingt zum Unfallort zurückmüsse, auch gehen könne und nicht ernsthaft verletzt sei.

Er unterschreibt einen Entlassungsschein (Entlassung auf eigenen Wunsch), lässt sich ein Taxi kommen und fährt ab. Die Rettungsleute haben keinen Grund - und auch keine gesetzliche Handhabe - ihn zurückzuhalten.

Kurz darauf taumelt er wieder zu seinen Zechkumpanen ins Lokal.

"Na, schon wieder hier? Das war aber ein kurzer Abstecher", johlt einer.
Und nun setzt er zum letzten Streich der verkehrsjuristisch empfohlenen Taktik an: "Ich weiß nicht mehr, wo mein Auto parkt", erzählt er den verwunderten Genossen. Nach längerer Suche habe er sich entschlossen, statt zum geplanten Schäferstündchen zu eilen lieber noch ein Bier zu heben. "Ist ja sowieso viel lustiger ..."
Monate später können alle Zechkumpanen dann ruhigen Gewissens bestätigen, dass A. seltsam wirre Angaben gemacht hatte und der Meinung war, er hätte nicht einmal sein Auto gefunden.
Und sein Anwalt wird argumentieren:
Verkehrsunfalltrauma, Freispruch in allen Punkten. Keine Fahrerflucht, kein alkoholbeeinträchtigtes Lenken eines Fahrzeuges ("er ist ja auch gar nicht selbst gefahren"), keine unterlassene Hilfeleistung.
Und mangels Zeugen, die sich konkret erinnern können, wer tatsächlich bei Rot in die Kreuzung eingefahren ist, auch keine Schuld am Unfall. Kein Schadenersatz. Keine Verantwortung zu übernehmen.
Straflos davongekommen.
So ein Mistkerl, meinst Du, lieber Leser?
Wir wundern uns auch über derartig dramatische Lücken im Gesetz. So ist sie, unsere Rechtslage.

Wie viel Alkohol?

Ein Gericht hat erst unlängst einen nicht unoriginellen Urteilsspruch getan. Allein der Konsum einer erheblichen Menge Alkohols ist demnach nicht für den Vorwurf ausreichend, dass ein Kraftfahrzeugführer tatsächlich seine Fahruntüchtigkeit erkannt hat oder sie billigend in Kauf nahm.
Durch den Alkohol kann ja auch die Erkenntnis- und Beurteilungsfähigkeit eingeschränkt sein. In einem solchen Fall ist dann nicht auszuschließen, dass der in Wahrheit fahruntüchtige Fahrer bei Fahrtantritt davon überzeugt ist, tatsächlich noch fahrtauglich zu sein.

Aussagen oder nicht

Was ist besser - im Ermittlungsverfahren die Angaben zu verweigern oder zur Sache auszusagen?"

Das ist von Fall zu Fall verschieden.

Zum Beispiel der Fall wegen Unfallflucht, der gerade bearbeitet wird. Ein junger Mann ist der Halter eines Pkw, der einen Unfall mit Sachschaden verursacht hat und dessen Fahrer davongefahren ist. Auf der Polizeiwache hat er jede Angabe verweigert, obwohl ihm der erfahrene Polizist ins Gewissen geredet hat, er würde billiger davonkommen, wenn er alles zugibt.

Unser Gesetz besagt, dass im Ermittlungsverfahren jeder das Recht hat, auszusagen oder die Aussage zu verweigern.

Es ist Sache der Ermittlungsbehörde, festzustellen, ob der junge Mann der Täter ist oder nicht. Und weder Polizei noch Staatsanwaltschaft oder Gerichte dürfen aus der Verweigerung der Aussage negative Schlüsse ziehen.

Außerdem ist der Betroffene nicht verpflichtet, den Behörden bei der Überführung der Täter behilflich zu sein.

Also, ganz im Gegenteil, der Betroffene darf von Gesetzes wegen sogar hemmungslos lügen, ohne einen Nachteil befürchten zu müssen.

Hätte der junge Mann bei der Polizei also angegeben, wer das Auto gelenkt und die Unfallflucht begangen hätte, stünde im Urteil, dass ohne sein Geständnis die Ermittlung des Täters nicht möglich gewesen wäre, daher erfolgt Strafmilderung.

Ohne sein Geständnis wird es aber nie zu einer Bestrafung kommen.

Kranke Fahrerflucht

Wie ist das eigentlich so mit dem ganz dringenden Geschäft beim Autofahren? Nun, zu den wenigen Gründen, die etwa ein Verlassen des Unfallorts ohne Personalienfeststellung rechtfertigen können, zählen krankheitsbedingte Umstände.

Das Landgericht Zweibrücken hielt einem Unfallverursacher zugute, er habe nicht rechtswidrig gehandelt, als er nach einem Unfall wegen seiner krankhaften Inkontinenz schnell nach Hause fuhr, ohne auf die Polizei zu warten. Er war vorher bei einer Darmoperation.
Er legte ärztliche Atteste vor, dass er nach einer schweren Darmoperation inkontinent sei. Und er habe deshalb sofort nach dem Unfall zu Hause die Toilette aufsuchen müssen. Danach sei er mit seiner Mutter zum Unfallort zurückgekehrt; die Mutter habe dem Geschädigten dann die Personalien ihres Sohnes mitgeteilt, während dieser in dem Auto wartete. Der junge Mann erschien erst Stunden später bei der Polizei. Somit bestand kein dringender Tatverdacht der Unfallflucht, entschied das Gericht 1998.

Zweite Chance

Die gibt es auch bei der Unfallflucht, die zweite Chance. Kraftfahrer, die sich unerlaubt vom Unfallort entfernen, haben eine zweite Chance: Das Gericht kann von der Bestrafung absehen oder ein mildes Urteil fällen, wenn der Betroffene sich nach dem Unfall innerhalb von 24 Stunden freiwillig meldet, wenn der Unfall im ruhenden Verkehr passiert ist und wenn es sich um einen 'nicht bedeutenden' Sachschaden, also unter rund 2000 Mark Reparaturaufwand, handelt.

17 Österreicher in Deutschland

Deutsche Polizisten staunen immer wieder, wenn Österreicher schön brav ihren Führerschein abliefern. Rechtlich gibt es dafür keine Handhabe.

Genauso krass ist es bei Strafen aus Deutschland. Mit einem simplen Trick können sich die österreichischen Kraftfahrer Strafen aus Deutschland sparen.

Erwischt in Deutschland

Viele Österreicher haben beruflich in Deutschland zu tun. Sei es mit einem Pkw oder einem Lkw.
Fahrten über das so genannte "Deutsche Eck" sind auch keine Seltenheit für Österreicher.
Last but not least fahren Österreich zum Urlauben nach Deutschland. Die Freundlichkeit der Menschen und die Schönheit des Landes und der Städte lassen immer mehr Österreicher ihren Urlaub bei den deutschen Nachbarn verbringen.

Rechtshilfeabkommen

Zwischen Österreich und Deutschland besteht ein Rechtshilfeabkommen für Verwaltungsstrafsachen. Demnach werden Strafsachen über öS 350,-- gegenseitig verfolgt. Wenn ein Österreicher (mit Österreichischen Kennzeichen) in Deutschland angezeigt wird, hilft österreichs Polizei bei der Lenkerauskunft.
Die Lenkerauskunft ist zwar in Deutschland nicht erlaubt, in Österreich sehr wohl. So erfahren die deutschen Behörden den tatsächlichen Lenker.

Ein Ungar ...

War der Lenker ein Ungar, Slowene, Slowake usw., dann ist bereits Endstation. Deutschland hat nur mit Österreich ein Rechtshilfeabkommen. Mit all den anderen Ländern auf der Welt fehlt ein derartiges Abkommen. Murrend nehmen deutsche Polizisten zur Kenntnis, wenn ihnen ein Ungar (Slowende, ...) als Lenker genannt wird. Das Verfahren wird normalerweise sofort eingestellt. Selten, aber doch macht sich ein Strafreferent die Mühe und schickt einen Brief nach Ungarn. Wird dieser Brief angenommen, dann ist das Bestätigung für die Existenz des angegebenen Lenkers. Spätestens dann wird das Verfahren eingestellt.

Name bekannt

Wird ein österreichisches Fahrzeug in Deutschland angehalten, dann stellt die Polizei klarerweise fest, wer der

Lenker ist. Wenn bei der Lenkerauskunft ein Österreicher als Lenker angegeben wird, dann wissen die deutschen Behörden auch den Namen und die Adresse.

Name bekannt, was nun?

Auch in diesem Fall ist das Verfahren sehr leicht zu gewinnen. Der Schlüssel dazu ist die Verjährung. Die Verjährungsfrist beträgt 3 Monate. Allerdings gibt es eine Reihe von Verjährungshemmungen. Insgesamt muss das Verfahren in 2 Jahren abgeschlossen sein. Danach haben die Behörden noch 3 Jahre Zeit, um das Geld zu kassieren.

Der Rudolf wars

Rudolf war zu schnell unterwegs. Der Blitz einer Radarkamera leuchtet auf, Rudolf ist fotografisch fixiert. Das Auto ist ein Firmenfahrzeug. Wenige Wochen später wird an die Firma eine Lenkererhebung geschickt. Wahrheitsgemäß nennt die Sekretärin Rudolf als Lenker. Die deutsche Polizei will nicht nur Geld von Rudolf. Seinen Führerschein wollen sie für 4 Wochen einziehen. Nun ist guter Rat teuer. Irrtum, gar nicht teuer ist der gute Rat! Rudolf hat nichts bezahlt und den Führerschein auch nicht abgeliefert. Und das mit Hilfe deutscher Verjährungsregelung.

Anhörbogen

Als Erstes kommt ein Anhörbogen. Darin wird Rudolf als Lenker (Führer des Fahrzeugs) aufgefordert Stellung zu nehmen. In diesem Anhörbogen steht auch, dass er beantwortet werden muss. Das entspricht aber nicht den Tatsachen. Rudolf ignoriert daher diesen Anhörbogen.

Bussgeldbescheid

Während der Anhörbogen mit normaler Post verschickt wird, kommt nun der eingeschriebene Brief von der Deutschen Polizei (Zentrale Bußgeldstelle). Dieser Bußgeldbescheid entspricht der österreichischen Strafverfügung. Innerhalb von 14 Tagen besteht Einspruchsmöglichkeit. Aber der Trick für österreichische Schlupflochprofis beginnt schon vorher!

Nichts tun
Der Brief wird nicht abgeholt! Warum holt Rudolf den Brief nicht ab? Ist das überhaupt möglich?
Was passiert mit dem eingeschriebenen Brief?
Er wird zuerst vom Briefträger zu Rudolfs Adresse gebracht. Pech hat Rudolf dann, wenn er zu Hause ist und den eingeschriebenen Brief übernimmt. Pech habt Rudolf auch dann, wenn ein Familienangehöriger den Brief für ihn übernimmt. Schlupflochprofis haben sich daher angewöhnt, dem Postboten nicht zu öffnen. Das stört diesen nicht. Er hinterlegt einen gelben Abholschein im Briefkasten. So soll es sein. Dann sehen Sie sofort, woher der eingeschriebene Brief kommt. Steht als Absender eine deutsche Polizeibehörde (Zentrale Bußgeldstelle) darauf, dann ist alles klar.

Brief nicht abgeholt, straflos geblieben

Angehörige von Schlupflochprofis nehmen grundsätzliche keinen eingeschriebenen Behördenbrief entgegen. Als Begründung wird dem Briefträger gesagt, dass nicht genau bekannt ist, wann der Briefempfänger wieder kommt. Punkt. Da muss sich keiner auf eine Diskussion einlassen. Auch in diesem Fall hinterlegt der Briefträger einen gelben Abholschein im Briefkasten. Rudolf sieht nun, das der eingeschriebene Brief von der Zentralen Bußgeldstelle Viechtau (Bayern) kommt.
Tags darauf
Ab nächsten Tag kommt der Briefträger wieder mit diesem eingeschriebenen Brief. Es empfiehlt sich die Vorgangsweise vom ersten Tag. Der Briefträger hinterlegt nun den zweiten gelben Abholschein im Briefkasten. Der Brief selbst wird am Postamt verwahrt. Dort bleibt er bis zu drei Wochen liegen. Rudolf weiß nun, er hat bereits gewonnen.
Archilesferse Verjährung
Der deutschen Polizei muss es gelingen, den Bußgeldbescheid innerhalb von 14 Tagen nach der Ausstellung an Rudolf zuzustellen. Wurde der Bußgeldbescheid am 1. 1. datiert, dann muss er bis zum 15. 1. an Rudolf zugestellt werden. Da Rudolf den Brief nicht abholt, wird er vom Postamt an die deutsche Polizei zurückgeschickt. Dort

wird zur Kenntnis genommen, dass die Zustellung nicht geglückt ist. Somit wurde die Verjährungszeit von 3 Monaten nicht gehemmt. Das Verfahren gegen Rudolf ist somit verjährt.

Fassen wir zusammen:

In Österreich gilt das österreichische Zustellgesetz. Wenn der Bußgeldbescheid nicht binnen 14 Tagen ab dem Tag seiner Ausstellung vom österreichischen Lenker übernommen wurde, dann gibt es keine Hemmung der 3 monatigen Verjährungsfrist. Alles, was Österreicher somit tun müssen, ist nichts! Nichts in dem Sinn, dass sie deutsche Behördenpost nicht vom Postamt abholen.

Was sagt die Fahndung?

Genauso wie in Österreich sind Verwaltungsstrafsachen nicht im Fahndungscomputer der deutschen Polizei. Das wäre nach den Schengen-Regelungen nicht zulässig. Aber im Fall von Rudolf gibt es keine Strafe, da wie beschrieben das Verfahren verjährt ist.

Führerscheinentzug, Fahrverbot

Hunderte Führerscheine aus Österreich werden freiwillig der deutschen Polizei abgegeben. Vermutlich können deutsche Polizisten nur mit viel Selbstbeherrschung das Lachen zurückhalten, wenn wieder so ein "dummer Österreicher" den Führerschein abgibt. Aber so dumm sind die Österreich nicht. Wer weiß schon, dass hier eine Lücke im Rechtshilfeabkommen klafft. Werden Sie von österreichischen Behörden über Ihre Rechte informiert?

"dumme Österreicher" geben freiwillig den Führerschein ab, sagen deutsche Polizisten

Was passiert, wenn es zu einem Führerscheinentzug (Fahrverbot) in Deutschland kommt?

Pech haben Österreicher nur dann, wenn ihnen der Führerschein an Ort und Stelle abgenommen wird. Dann ist er für die Zeit des Verfahrens weg. Machen Sie in so einem Fall nur ja nicht den Fehler, in Österreich den

Führerschein als gestohlen zu melden. Das hätte unangenehme Folgen für Sie! In der Regel kommt es nach Schnellfahrdelikten zu einem Fahrverbot. Wer nicht so vorgeht wie unser Rudolf im vorigen Abschnitt, der kann sich zweimal gratulieren. Er wird erstens eine Strafe kassieren und zweitens aufgefordert den Führerschein abzuliefern. Wenn ein deutscher Fahrzeuglenker (Fahrzeugführer) ein Fahrverbot aufgebrummt erhält, dann kann die Polizei bis zu einer Hausdurchsuchung allerhand Geschütze auffahren, um an den Führerschein zu gelangen. Nicht so bei Personen, die in Österreich wohnen. Hier haben die deutschen Behörden keine Handhabe. Immer wieder kommt es vor, dass Österreicher nach der Verhängung eines Fahrverbots den Führerschein nicht freiwillig abliefern. Regelmäßig schreiben dann die Deutschen ein Rechtshilfeersuchen nach Österreich. Genauso regelmäßig antworten die Österreicher, dass der Führerscheinentzug nicht im Rechtshilfeabkommen geregelt ist. Alles was bleibt sind Punkte in Flensburg.

Österreicher werden auch in die Flensburger Punktekartei eingetragen!

Fahndung versagt

Was ist, wenn schon ein Fahrverbot besteht?

Im Fahndungssystem der deutschen Polizei ist das nicht gespeichert. Allerdings gibt es eine Ausnahme. In Bayern. Dort verfügt die Polizei über ein Intranet.

Im bayerischen Polizei-Intranet sind die Fahrverbote gespeichert, die von der bayrischen Polizei (Zentrale Bußgeldstelle) verhängt wurden. Nicht gespeichert sind Fahrverbote, die vom Amtsgericht verhängt wurden.

Das bayrische Intranet ist von anderen Bundesländern nicht abfragbar, da in Deutschland die Polizei Ländersache ist.

Und: Selbst wenn kontrolliert wird, die bayrische Polizei zuvor ein Fahrverbot verhängt und im Intranet gespeichert hat, darf sie dem Österreicher den Führerschein auch nicht abnehmen.

Es liegt ja kein Beschlagnahmeauftrag vor!

Wichtig: Sollten Sie genau so ein Fahrverbot von der bayrischen Polizei haben, angehalten und tatsächlich im Intranet überprüft werden, dann sollten Sie auf keinen Fall den Führerschein freiwillig abgeben.

Teil C
Rund ums Strafen

1 Kurioses

Haltet den Dieb!

Karl ist Kameramann. Kurz vor einer Auslandsreise wird sein Auto gestohlen. Vor dem Abflug erstattet er Diebstahlsanzeige. Wochen später landet Karl wieder in der Heimat. Sein erster Anruf gilt der Polizei. Schade, das gestohlene Auto ist noch nicht aufgetaucht. Mit dem Taxi fährt er heim und leert den prallvollen Briefkasten. Da staunt er nicht schlecht. Gleich 16!! Strafzettel hat es gesetzt. Alle während seines Auslandsaufenthalts. Ja, wie ist das möglich? Der Dieb muss falsch geparkt haben! Karl fährt zum Platz, der in der Anzeige angeführt ist. Tatsächlich steht dort sein Auto. Falsch geparkt. Karl ist mächtig stolz auf "seine" Polizei. Trotz Diebstahlsanzeige wurd das Auto nicht gefunden. Aber Strafzettel gab es sehr wohl. Wie es der Polizei möglich war, ihn als Besitzer des falsch geparkten Autos auszuforschen ohne zu bemerken, dass eine Diebstahlsmeldung vorliegt, konnte unserem Karl niemand erklären.

Aufgepasst in Österreich!

Sie haben ein Kraftfahrzeug? Hat es Scheibenwischer? Wie oft bewegen sich die Scheibenwischer pro Minute hin und her? § 17 KDV regelt, dass 30-90 Pendelbewegungen je Minute einzuhalten sind. Sonst gibts Strafe!

Wer bist denn du?

Regina kommt zum Auto. Halteverbot, sie weiß, aber wo soll sie in der Stadt parken? Mit dem Baby am Arm muss sie Windeln, Brot und Milch kaufen. Ewig laufen geht nicht. Tiefgarage weit und breit keine vorhanden. Was sich die Politiker nur denken! Und jetzt das noch. Ein Strafzettel hinterm Scheibenwischer. Regina ist sauer. Das Baby weint und der Tag ist so richtig unfreundlich. Am Nachmittag muss sie auf die Bank. Die Strafe wird gleich einbezahlt. Abends kommt ihr Mann Alex nach Hause. Regina erzählt ihm von ihrem Tag. Alex wundert sich

nicht, dass sie entnervt ist. So nebenbei wirft er einen Blick auf den Zahlungsabschnitt des Strafzettels. Aber Schatz, das ist doch gar nicht unser Auto!
Tatsächlich hat ein "freundlicher" Verkehrsteilnehmer seinen Strafzettel auf das Auto von Regina gegeben. Den ihren hat er entfernt. Jetzt hat sie nicht nur die Strafe eines anderen bezahlt. Zu allem Überdruss wird ihr noch ein Zahlschein ins Haus flattern.
Was Regina passiert ist, erfreut sich immer größerer Beliebtheit unter Autofahrern. Sie vertauschen ungeniert die Erlagscheine.

Wer kennt das Gesetz?

Josef biegt nach links ein ohne zu blinken. Er hat keine andere Möglichkeit. Immerhin weist ihm ein Verkehrszeichen "Linksabbiegegebot" den Weg. Josef sieht, wie ein Polizist eifrig notiert. Warum er ihn aufschreibt, aber nicht anhält, versteht Josef nicht. Wenige Wochen später flattert ein "Liebesbrief" von der Polizei ins Haus. Obwohl eindeutig geregelt ist, dass bei Abbiegegeboten nicht geblinkt werden muss, wenn es für andere Verkehrsteilnehmer nicht erforderlich ist. Da weit und breit weder ein Auto noch ein Fußgänger oder sonstiger Verkehrsteilnehmer zu sehen war, ist der Sachverhalt eindeutig. Der Polizist war im Irrtum. Wer hier sofort zahlt, der hat sein Geld beim Fenster rausgeschmissen. Wir sehen, nicht einmal Polizisten kennen alle Gesetzesbestimmungen.

Wer sieht da rot?

Gerhard kann es nicht fassen. Schnellfahren und drei mal bei Rot durch eine Kreuzung, wirft ihm der Polizist vor. Das gibt eine saftige Anzeige. Im Verfahren bestreitet Gerhard sowohl das Schnellfahren wie auch die drei roten Ampeln. Ein Verkehrssachverständiger wird beigezogen. Übrig bleibt eine rote Ampel. Das Schnellfahren können die Polizisten nicht korrekt gemessen haben, stellt der Sachverständige fest. Und von den drei roten Ampeln, die Gerhard überfahren haben soll, gibt es nur eine einzige. Die beiden anderen Kreuzungen sind ungeregelt. Nicht nur bei den Fleischhauern, die sich um einige Räder Wurst geirrt haben, sondern gelegentlich auch bei der Polizei scheint zu gelten: Darfs ein bisserl mehr sein?

Sturzhelm macht blind

§ 1e KDV:

Sturzhelme müssen soweit als möglich den über der Höhe der äußeren Gehörgänge und über dem unteren Rand der knöchernen Augenhöhlen liegenden Teil des Kopfes des Trägers des Helmes gegen Stöße beim Aufprallen des Kopfes auf Hindernisse schützen. ...

Nun liegt aber der untere Rand der knöchernen Augenhöhlen bei normal gebauten Menschen unterhalb der Augen. Trotz intensiver Suche konnten wir keinen derartigen Sturzhelm im Handel finden. Obwohl der Gesetzgeber die Blindheit beim Motorradfahren vorschreibt, halten sich diese aufmüpfigen Staatsbürger nicht daran. Wir plädieren für strenge Strafe!

Die Vier im Jeep

Gerät etwa ein in Deutschland stationierter US-Soldat mit dem Verkehrsrecht in Konflikt, so muss das jeweilige Behördenschreiben zunächst mal einem Verbindungsbeamten übermittelt werden. Das dauert. Sehr oft über die Verjährungsfrist hinaus. Das Delikt bleibt somit ungeahndet. Dann (bereits nach Verjährung) bekommt der Soldat das Schreiben. Brav wie er ist, zahlt er aber ein. Jetzt bekommt die Behörde Geld für eine Strafe, die bereits verjährt ist. Was tun?

Und nun wiehert der Amtsschimmel kräftig.

Denn jetzt muss die Behörde dem G.I. (der keine Ahnung davon hat, dass er bezahlt hat, trotz Verjährung) nachlaufen, um ihm das Geld zurückzugeben.

Oft aber ist der Soldat nicht mehr zu finden, ist womöglich schon wieder in seine Heimat zurückgekehrt.

Der Aufwand und die Kosten solcher Aktionen stehen natürlich zur Strafhöhe in keinem Verhältnis mehr.

Schneckenpost

Sie lenken einen Brummi? Aufgepasst, wenn Sie in Österreich eine Eisenbahnkreuzung übersetzen. Da regelt § 4 der Eisenbahn-Kreuzungsverordnung:

- Fahrzeuge bis 10 m Länge müssen mit mindestens 4 km/h die Eisenbahnkreuzung queren
- Fahrzeuge von 10-16 m mit mindestens 5 km/h
- Fahrzeuge von 16-22 m mit mindestens 7 km/h

Wie Sie mit einem gewöhnlichen Tacho diese Geschwindigkeiten feststellen? Tja, das müssen Sie schon den Typen am Schreibtisch fragen, der die Bestimmung geschrieben hat. Vielleicht können Ihnen auch die Politiker Auskunft geben, die solche Gesetze beschließen.

Hier löhnt der Chef

Bemerkenswert ist auch, dass ein grob fahrlässig handelnder Mitarbeiter seiner Firma gegenüber nicht immer in voller Höhe für einen Schaden aufkommen muss.
Ein Arbeitnehmer war in der Wartungsabteilung des Flughafens München beschäftigt und verdiente 2.500 Mark netto pro Monat. Nach einer durchzechten Nacht fuhr er in der Frühschicht ein 30-Tonnen-Enteisungsfahrzeug auf dem Flughafengelände und kam prompt wegen Trunkenheit (1,41 Promille) und Übermüdung von der Fahrbahn ab. Schaden am Fahrzeug: 150.000 Mark.
Das BAG beschränkte in diesem Fall die Haftungssumme auf 20.000 Mark. Begründung: Bei so teuren Maschinen ist die Übertragung des vollen Haftungsrisikos nur auf den Arbeitnehmer unzumutbar und hätte im konkreten Fall auf lange Zeit zu einer unzumutbaren Verschuldung geführt.

Und hier zahlt die Autofirma

Fährt das Auto zu schnell, muss manchmal der Fahrer blechen. Fährt es dagegen zu langsam, muss auch schon mal der Hersteller zahlen, wie ein interessantes Urteil des OLG Rostock zeigt:

Beim Kauf eines Neuwagens sind die Herstellerangaben zu den Leistungsdaten eines bestimmten Fahrzeugs regelmäßig Bestandteil des Kaufvertrages. Das gilt auch für die in den Fahrzeugpapieren angegebene Geschwindigkeit. Die entsprechende DIN-Norm lässt Abweichungen von plus/minus fünf Prozent zu. Liegt die Abweichung höher, im konkreten Fall bei 6,3 Prozent (Höchstgeschwindigkeit 161 statt angegebener 172 km/h), ist der Käufer berechtigt, den Kaufvertrag rückgängig zu machen.

Interventione, padrone

Es wäre nicht geheuer, wenn es nicht auch die "ganz persönliche Lösung" für Verkehrsdelikte gäbe. Die Palette reicht von "mich kennt jeder" über "ich kenne wen" bis zu "ich kenne wen, der wen kennt." Es gibt keine Garantie dafür, dass es hilft. Aber auch kein Gegenmittel - funktionieren wird es immer wieder, das Intervenieren.
Ob besoffener Politiker, arrogante TV-Sprecherin, Promi-Model oder In-Wirt, wer häufig in den Gesellschaftsrubriken der Regenbogenpresse auftaucht, hat gute Chancen, straflos davonzukommen.
Eventuell muss er noch ein Autogramm als Dreingabe hinterlassen ("Für meine Tochter, Sie verstehen ...").
Wenn man selbst nicht prominent genug ist, muss man halt die richtigen Leute kennen.
Oder den (Wahl-)Kalender. Denn oft weiß auch ein emsiger Bürgermeister nach Rücksprache Mittel und Wege...
Und es soll auch schon vorgekommen sein, dass nach ein paar Telefonaten ein Strafreferent ein falsches Datum eingesetzt hat. Und somit eine ansonsten hundertprozentige Strafverfolgung im Sand verlief.

Mit der Brechstange unterwegs

Während die wahren Schlupflochritter die feine Klinge schwingen und den Behördenapparat ganz gezielt außer Gefecht setzen, gibt es auch "die mit der Brechstange."
Die randalieren sofort los, machen möglichst viel Publikum auf die Amtshandlung aufmerksam, drohen mit

hochrangiger Verwandtschaft. Sie schalten Medien ein, informieren diese einseitig und gießen dort zumeist Öl in eine Glut, die nur zu bereitwillig sofort aufflammt. Wird der Fall entsprechend aufgebauscht, mischen sich auch gerne noch Politiker ein, die auf diese Weise ein bisschen Kleingeld sammeln wollen (die nächste Wahl kommt ganz bestimmt).

Andere Länder - andere Strafen

Wer hierzulande eine rote Ampel missachtet, muss bekanntlich mit Strafe rechnen.

In Ras el Chaimah, einem der sieben Vereinigten Arabischen Emirate, drohen bei derartigen Verstößen fünfzig Peitschenhiebe. Die Exekution dieser Strafe findet öffentlich vor der Moschee im Wohnviertel des Verkehrssünders statt. Außerdem gibt es noch eine zehntägige Haftstrafe.

2 (Un-)Sinn von Strafe

On the road ...

Jens wird auf der schnurgeraden Bundesstraße geblitzt. Vor Schulen wird kaum kontrolliert. Warum ist das so? Der Grund ist in Deutschland gleich wie in Österreich. Das Geld! Die Polizei bekommt vorgeschrieben, wie viel Geld der Staat erwartet. Die Polizei bekommt nicht vorgeschrieben, dass die Unfallzahlen sinken müssen. Genau hier liegt ein gewaltiger Graben. Wenn ich zum Geldkassieren strafe, dann muss ich mir die besten Strecken für Raser vornehmen. Will ich Unfälle vermeiden, dann ist die Kontrolle vor Schulen notwendiger. Der Leiter einer Zentralen Bußgeldstelle wird nicht gefragt, wie viele (wenige) Unfälle es gab. Er wird nach den Einnahmen gefragt (und befördert).

Kinder habens gut

Kornelia S., Leserin von "Nie mehr Strafe zahlen" schreibt: "Als Kindergärtnerin muss ich berufsbedingt Kinder erziehen. Meine Arbeit soll Kindern eine Begleitung zu einem selbständigen, eigenverantwortlichen Leben erleichtern. Wenn ich eine Verkehrsübertretung begehe, dann werde ich von der Polizei behandelt, so wie Kinder vor 30 und mehr Jahren behandelt wurden. Die Polizei schickt eine Strafe ohne gefragt zu haben, wer eigentlich das Auto gelenkt hat und ob es einen nachvollziehbaren Grund für die Übertretung gegeben hat. Neben einer Geldstrafe wird mir mit Gefängnis gedroht. Wenn ich Einspruch erhebe, dann wird die Strafe höher. So naiv kann doch die Polizei nicht sein, mit diesem Verhalten ein eigenverantwortliches Verhalten von Autofahrern zu fördern ..."

Das Strafespiel

Konrad L., aus Wien:

Das Buch "Nie mehr Strafe zahlen" kam mir zuerst vor

wie ein dummer Scherz unterbelichteter Autoren. Heute erkenne ich es als Methode, Mut zu vermehren. Mut, wieder auseinander zu halten was nötig ist und nicht. Wer im Leben, nicht nur auf der Straße, andere belästigt, der wird auch diese Belästigung erleiden. An einer anderen Stelle, möglich in einer völlig anderen Situation. Aber getreu dem Motto: Es kommt alles zurück. Da sich die Dinge in einer großen, natürlichen Weise regeln, erhebt sich auf dieser seit jeher um die eigene Achse kreisenden Welt, die Millionen an Jahren auch ohne Verkehrspolizisten nicht aus der Bahn geraten ist, die Frage nach der Notwendigkeit von Überwachung. Überwachung ist das Produkt menschlicher Fehleinschätzung des Möglichen. Was vermögen Politiker zu regeln, denen Lüge und Korruption als Berufsbedingung vorausgesetzt wird? Was vermögen Behörden zu ordnen, die ausschließlich das Recht auf Langsamkeit und Ineffizienz in Beschlag halten? Was sollen uns Polizisten lehren, die Übergriffen eigener Kollegen tatenlos zusehen? Wer sind sie, die den ersten Stein auf uns Autofahrer werfen? Nun haben diese uns allen ein Spiel aufgezwungen. Das Spiel von der Strafe. Während wir ein Schachbrett vom Tisch werfen, sind wir seiner überdrüssig, ist dem Spiel der Gesetze und Strafe nicht zu entkommen. Oder? Durch ihr Buch fand ich die Lösung, um dem Zwang einer der natürlichen Ordnung beigestellten, künstlichen Gesetzesordnung zu entkommen. Die Lücken! So gelang es mir, nicht immer, aber doch, das aufgezwungene Strafespiel zu meinen Gunsten zu entscheiden. Je besser ich das schaffe, umso stärker wächst in mir das Wissen um die Verantwortung, die ich mir und anderen Menschen gegenüber habe. Achte ich beim Spurwechsel nicht auf den anderen und er hupt erregt, erkenne ich jetzt, dass es an mir ist, andere nicht zu stören. So hebe ich entschuldigend die Hand, will ich doch auch nicht verdrängt werden. Früher, zu der Zeit, wo ich das Strafespiel als echt ansah, gab ich

die Aufgabe der Regelung den uniformierten Wächtern, wohl wissend ob deren Unzulänglichkeit. Heute übernehme ich die Verantwortung selbst und behandle alle nach meinem Wunsche des Behandelt-Werdens. Geld hat mir Ihr Buch erspart, gut, das freut, aber Qualität hat es verursacht, die diesem einfachen unphilosophisch scheinenden Ratgeber nicht zuzutrauen war. Möge es vielen Menschen gehen wie mir.

Spielwiese Gesetzesmacher

In Deutschland sind viele Dinge anders geregelt als in Österreich. Wenn Gesetze absolut richtig wären, dann würden sie in Deutschland genauso gelten wie in Österreich und jedem anderen Land.
Gesetze sind aber nichts Absolutes. Lediglich Naturgesetze gelten in allen Ländern gleich. Das Fallgesetz zum Beispiel. In Deutschland fallen sie genauso schnell vom Baum wie in Österreich. Gesetze sind vergleichbar mit Spielregeln. Der Gesetzgeber (Spielmacher) sagt, was sie dürfen und was nicht. Lügen zum Beispiel. Weltreligionen verbieten das Lügen. Der Gesetzgeber erlaubt Lügen in seinem "Gesetzesspiel". Aber nur die Beschuldigten dürfen lügen. Die Zeugen nicht. Da Straßenverkehrsgesetze somit weder den Naturgesetzen entsprechen noch den Grundsätzen der Weltreligionen, sollten wir sie nicht auf die gleiche Stufe stellen. Uns muss nur klar sein, dass wir in diesem Spiel nicht weggehen können. Nur bei "Mensch ärgere dich nicht" oder "Schach" können Sie aufstehen und gehen. Da Gesetzgeber sowohl Naturgesetze als auch Regeln der Weltreligionen missachten, brauchen die Mitspieler auch nicht darauf achten. Sie müssen somit kein schlechtes Gewissen haben, wenn Sie als Beschuldigter lügen. Laut den Spielregeln dürfen Sie lügen. Genauso wie Sie im Schach eine Falle aufbauen dürfen, können Sie in Strafverfahren tricksen. Sie brauchen dann nicht in den Beichtstuhl laufen und eine Lüge beichten. Sie haben lediglich ein künstlich geschaffenes Spiel nach den zulässigen Spielregeln gespielt. Nicht mehr, aber auch nicht weniger.

Muuuh
Heute werden Autofahrer behandelt wie Melkkühe. Die Gesetze sind lückenhaft und undurchschaubar. Woher kommt diese Art der Bestrafung? Entspringt sie unserer christlichen Tradition? Nein! Es handelt sich um heidnische Relikte obrigkeitlichen Handelns. Das Christentum, in dem unser religiös-kulturelles Handeln wurzelt, spricht sich klar gegen irdische Strafe aus. Jesus sagt, dass der Mensch nicht richten solle. Eines muss uns allen, die wir in diesem System von Bestrafung leben, klar sein:
Gott baut kein Gefängnis!

Apropos Gefängnis
Eine Bewährungshilfe-Studie hat ergeben, dass ein Großteil der Haftentlassenen kaum noch soziale Kontakte hat. Selbst der Bezug zu Verwandten und Bekannten geht entweder ganz verloren oder bleibt stark eingeschränkt. In gleicher Weise geht eine deutliche Verschlechterung der Einkommens- und Wohnsituation einher. Die Aussichten auf einen Job sind düster.
Dazu passend das Wort eines ganz Großen:
"Im Namen der Toleranz
sollten wir daher das Recht beanspruchen,
die Intoleranz nicht zu tolerieren".
Karl Popper, *Die offene Gesellschaft und ihre Feinde.*

Negative Verkehrsunfallbilanz zu Pfingsten
So titelt eine Tageszeitung die Straßenverkehrsereignisse eines blutigen Pfingstwochenendes. Was eine positive Verkehrsunfallbilanz wäre, beantwortet der Artikel nicht. Der Artikel ist gespickt mit Zahlen über Strafgelder und Führerscheinabnahmen. Tenor: Es wurde mehr gestraft und mehr gestorben. Das erinnert an die Skizzierung menschlichen Verhaltens durch den Kommunikationsforscher Paul Watzlawick getreu dem Motto: Mehr von dem, was bisher schon nicht funktionierte. Und so setzen die Verantwortlichen auf mehr Kontrolle und mehr Strafe. Warum es dennoch mehr Verkehrstote gibt, beantworten sie dann so: Wir müssen halt noch mehr kontrollieren

und strafen. Dass darauf mehr Tote folgen, wird als untrügliches Zeichen ausgelegt, dass eben noch mehr Kontrolle und Strafe nötig sei. Mit der Zündung sollen die Autofahrer auch das Hirn einschalten, kommentiert ein ranghoher Polizist. Warum nicht er das Hirn einschaltet, sondern stattdessen mehr Kontrolle und Strafe fordert, beantwortet er nicht. Watzlawick lässt grüßen.

Wo ist der richtige Weg?

Unser heutiges Strafsystem ist kein gutes System, darüber sind sich verantwortungsbewusste Experten einig. Dass aus der christlichen Lehre das Bestrafen nicht zu rechtfertigen ist, sollte uns den Weg weisen - weg von der Bestrafung. Von heute auf morgen wird das nicht funktionieren. Aber es wird, wenn wir nur wollen.

Vor mehr als einem Jahrzehnt ist das österreichische Innenministerium bereits in diese Richtung gegangen. Nein, halt, die zuständigen Beamten wollten weg vom Bestrafen und kamen nicht weiter. Aber lesen Sie selbst aus dem damaligen Arbeitspapier:

... Wer die Verkehrssicherheitssituation nur aus einer negativen Weltsicht heraus betrachtet, der übersieht zum Beispiel, dass die Unfallziffern in den letzten Jahrzehnten kontinuierlich zurückgegangen sind und dass diese Verbesserung nur zu einem geringen Teil auf die Verkehrsüberwachung durch die Exekutive zurückzuführen ist ...

... Die immer wieder von so genannten Frontkämpfern geforderte Verschärfung von Kontrolle und Strafe und damit Steigerung der Sanktionsfurcht führt letzten Endes zu fremdbestimmten Kraftfahrzeuglenkern, die sich nur aus Furcht vor Strafe veranlasst sehen, sich normengerecht zu verhalten. Logische Folge ist die ständige Forderung nach mehr Überwachung, die letzten Endes dazu führt, dass in der täglichen Argumentation nicht mehr die Kraftfahrzeuglenker, sondern die Exekutive verantwortlich gemacht wird ...

... Es muss auch die Informations-, Beratungs- und Überzeugungsarbeit in diesen Bereichen intensiviert und damit eine Einstellung ermöglicht werden, die Menschen im Allgemeinen und insbesondere als Verkehrsteilnehmer zu einem friedlicheren, solidarischeren und verständnisvolleren Umgang miteinander führen kann.

... Sich hier ausschließlich auf Kontrolle und Strafe zu verlassen, hieße seine Selbstbestimmung und damit auch Selbstverantwortung aufzugeben ...
... Richtig scheint zu sein, dass die Verkehrssicherheitsarbeit im Bereich des Innenministeriums, vor allem im Vergleich zur Kriminalitätsbekämpfung, keinen h ohen Stellenwert hat, obwohl das Verhältnis Verkehrstote zu Toten durch Gewaltverbrechen in etwa 10 zu 1 ausmacht ...

... Die Notwendigkeit zur Verbesserung der Normakzeptanz wurde im Innenministerium schon vor Jahren erkannt und im Bereich der Gruppe II/F ein auf wenige Paragraphen beschränkter Gesetzesentwurf erarbeitet, der in einer klaren, für jeden Verkehrsteilnehmer und Exekutivbeamten verständlichen Sprache die für die Verkehrssicherheit wesentlichen und notwendigen Verhaltensregeln festschreibt.
Der Vorschlag, aus Strafgeldern finanziertes zusätzliches Personal für Verkehrsüberwachung einzusetzen, ist dann nicht zu finanzieren, wenn es erfolgreich ist.

Und genau daran ist dieser grandiose Vorstoß gescheitert: am Geld. Woher kommen dann die Strafgelder??

Schnellfahrer

Ein Polizist unterhält sich mit seinem Bekannten Ernst.

Polizist: Ein Autofahrer ist mit 150 Sachen durch den Ort gebraust.

Ernst: Der muss verrückt sein.

Polizist: Sicher ist der verrückt!

Ernst: Wird er bestraft werden und Führerscheinentzug?

Polizist: Ja, sicher.

Ernst: Wird er es wieder machen?

Polizist: Das kommt darauf an, ob er verrückt bleibt oder nicht.

Ernst: Glaubst du, dass er normal wird?

Polizist: Das erkenne ich an seinem Verhalten, wenn er von der Strafe erfährt.

Ernst: Wann besteht eine Chance, dass er normal wird?

Polizist: Wenn er weiß, dass er viel zu schnell gefahren ist und welche Gefahr das bedeutet.

Ernst: Genügt es, das zu wissen, oder muss er auch Strafe zahlen?

Polizist: Ja, es genügt, das zu wissen. Aber Strafe muss er auf alle Fälle zahlen. Das heißt aber nicht, dass er dadurch normal wird.

Ernst: Wozu zahlt er dann Strafe?

Polizist: Wenn er nicht normal wird, hat er zumindest Strafe gezahlt.

Ernst: Und das hat einen Sinn?

Polizist: Sinn hat es keinen. Aber es kommt Geld in die Staatskasse.

Ernst: Dann kannst du nur hoffen, dass er normal wird.

Polizist: Nein, das will ich auch nicht hoffen. Immerhin ist er meine Arbeit. Übrigens, Ernst, schau dir das Radarfoto an. Ist das nicht dein Auto?

Ernst: Ich, nein, ich war das nicht.

3 Internetadressen

Österreich
www.arboe.or.at
www.asfinag.at (Autobahn, Baustellen, Maut, Vignette)
www.help.gv.at
www.kfv.or.at
www.kleindienst.cc (www.straflos.at)
www.oeamtc.at
www.ris.bka.gv.at

Deutschland
www.adac.de
www.anwaltverein.de
www.blitzograf.de
www.bmvbw.de
www.bussgeldforum.de
www.fahrerlaubnisrecht.de
www.justiz.bayern.de/olgn/pr_fachbegriffe.htm
www.kba.de
www.kennzeichen1.de
www.kleindienst.cc (www.straflos.at)
www.radarfalle.de
www.radarwarner-service.de
www.recht-und-verkehr.de
www.verkehrsinsel.org
www.verkehrsrecht.de

Schweiz
www.radar.ch

4 Mit Worten bist du Meister

Richtiger Umgang mit Polizisten

Eine Zivilstreife stoppt Hans. Auf die Frage, ob er den Grund seiner Anhaltung kenne, antwortet Hans: "Natürlich. Sie haben mich angehalten, damit ich Ihnen mitteilen kann, dass Sie gerade jetzt von Ihrer Frau betrogen werden." Sie können sich vorstellen, dass dies zu gewaltiger Konfusion beim Polizisten führen wird. Hans hat es zweifelsohne geschafft, die auf Konfusion unverzüglich folgende Suche nach Ordnung der Situation einzuleiten. Der Polizist wird einige Zeit damit verbringen, sich ein Bild zu verschaffen.

Hans kann das natürlich noch steigern, indem er hinzufügt: "Aber sagen Sie Ihrer Frau bitte nicht, dass Sie von mir informiert wurden. Immerhin ist einer Ihrer Vorgesetzten der Liebhaber. Den will ich mir nicht zum Feind machen."

Hans kann sich nun freundlich verabschieden und weiterfahren, ehe der verdutzte Polizist wieder wach wird.

Eher ist aber davon auszugehen, dass zwar der Polizist verwirrt ist, Hans aber trotzdem nicht weiterfahren lässt. Mit hoher Wahrscheinlichkeit wird die volle Härte des Gesetzes auf Hans niedergehen.

Schafft Konfusion Straflosigkeit?

Somit kann festgehalten werden: Konfusion ist zwar eine (zumindest für den Erzeuger derselben) unterhaltsame Kommunikationstechnik. Sie wird aber eher zu schärferer Bestrafung führen als zu der angestrebten Straflosigkeit. Ob sich der Polizist seine Ehefrau vorknöpft, sobald er mit Hans fertig ist, wollen wir unbeantwortet lassen.

Das Beispiel der Konfusion mag Spaß bereiten. Der Bestrafung entkommen Sie damit wohl kaum. Sehen wir uns daher eine Erfolg versprechende Taktik an.

Erste Korrektur

Mit Worten bist du Meister, so lautet dieses Kapitel.

Redner werden aber nie die Meisterschaft im Gespräch

erreichen. Dieses Kapitel fängt schon gut an: mit einer Korrektur des Titels. Zur Meisterschaft im Gespräch bedarf es zweierlei:

1) des aufmerksamen Zuhörens
2) klaren, verständlichen Redens.

zu 1) Aufmerksames Zuhören bedeutet:

- Sich in die andere Person hineinversetzen und ihr volle Aufmerksamkeit schenken.
- Dabei genauso auf Zwischentöne, wie auf den Inhalt selbst achten.
- Mittels Körperhaltung und Reaktion dem Gesprächspartner mitteilen, dass es im Moment nichts Wichtigeres gibt als sie oder ihn.
- Keine Stellungnahme abgeben.

So viel zum Zuhören, mit dem jeder kluge Mensch ein Gespräch beginnt. Erst dann folgen die eigenen Worte. Zuvor sehen wir uns die wichtigste Grundregel an.

Beziehungsebene geht vor Sachebene!

Was bedeutet diese Grundregel?
Wie du in den Wald hineinrufst, so kommt es zurück. Diese Volksweisheit gilt auch bei Polizisten.
Wenn Sie von einem Polizisten angehalten werden, dann unterscheiden Sie: Der Grund der Anhaltung ist das Sachthema (Sachebene). Die Art des Gespräches mit dem Polizisten ist die Beziehungsebene. Die Kommunikationswissenschaft ist sich darin einig. In der Sache sind Sie umso erfolgreicher, je besser die Beziehung funktioniert.
Wenn Sie dem Polizisten mit den Gedanken (oder Worten) "Scheißbulle" begegnen, dann sprechen wir von einer schlechten Beziehungsebene. Da Polizisten zu oft von sich aus unfreundlich sind (Dienstmentalität) ist die Beziehungsebene von Haus aus schon belastet. Das können Sie aber verbessern. Vorausgesetzt Sie sind an Meisterschaft im Gespräch interessiert. Nach der Anhaltung aussteigen ist ein positives Signal. "Grüß Gott, Herr Inspektor (Wachtmeister)" zur Begrüßung zeigt zum zweiten Mal, dass Sie an einer "erwachsenen" Beziehung

interessiert sind. Wenn Sie es schaffen, fünf positive Signale hintereinander zu senden, dann sind Ihre Chancen auf die bestmögliche Lösung schon sehr groß. Kennen Sie den Grund der Anhaltung, dann nennen Sie ihn. "Ich weiß, ich bin zu schnell gefahren." Das wirkt oft entwaffnend. Polizisten reagieren darauf nicht selten mit der Feststellung, dass es eh nicht so arg war. Andere würden noch schneller fahren. Wenn Sie einen Polizisten dorthin gebracht haben, dass er Ihr Verhalten zu verteidigen beginnt, sind sie auf der Siegerstraße. "Sie wollen sicher Führerschein und Fahrzeugpapiere sehen." Mit diesen Worten ernten Sie so gut wie sicher ein JA. Ja ist positiv. Übergeben Sie nun den Führerschein und die Fahrzeugpapiere. Stecken diese in einer Hülle, dann nehmen Sie die Papiere aus der Hülle. Das ist ein Akt der Höflichkeit und wirkt als positives Signal auf die Beziehungsebene. So nebenbei können Sie ruhig eine nette Aussage treffen. "Bei diesem Sauwetter ist Ihr Job sicher kein Honiglecken", "bei den Auspuffgasen an dieser Kreuzung brauchen Sie eine gesunde Lunge" usw. Wichtig ist, dass Ihre Aussage zur Situation passt und ernst gemeint ist. "Arschloch" zu denken und gleichzeitig mit verkniffener Mimik etwas Freundliches sagen, das kommt nicht gut an.

Bringen Sie den Polizisten dazu, Ihr Verhalten zu verharmlosen

Sokratische Differenz

Sabine als Beifahrerin sagt zu Roman als Lenker: “Schau, da vorne ist Grün.” Roman denkt: Die glaubt, ich bin zu blöd zum Autofahren. Dementsprechend sauer reagiert er. Hat ihm Sabine wirklich aufzeigen wollen, dass er nicht von allein bemerkt, dass Grün ist? Was wollte Sabine wirklich sagen? Wir werden es nicht erfahren. Roman auch nicht. Sabine wird von Roman angeschnauzt. Das ist die Folge von “unklaren Botschaften”. Wer ist verantwortlich, dass die Botschaft verstanden wird? Sabine als Rednerin oder Roman als Zuhörer? Die Kommunikationswissenschaft sagt hier eindeutig: Immer die Redner sind für ihre Botschaft verantwortlich. Nie der

Zuhörer. Somit muss sich Sabine vor dem Reden überlegen, zu wem sie was, wie sagt. Das hört sich nach (Denk)Arbeit an. Ist es auch. Dafür ist dann alles klar. Was will Sabine eigentlich sagen? Roman soll Gas geben, sie hat es eilig, er soll noch die grüne Ampel schaffen. Roman würde von sich aus nicht so rasen, dazu ist er zu besonnen.

Sabine "die Zweite":
"Roman, gib bitte ausnahmsweise für mich Gas, damit du die grüne Ampel noch erreichst. Ich habs eilig." Jetzt ist für Roman klar, was Sabine von ihm will. Er hat keinen Spielraum für negative Interpretationen.

Zum Erfolg führen kurze, klare Botschaften

Er muss lediglich entscheiden, ob er Sabine den Gefallen macht oder nicht.
Was bedeutet das im Umgang mit Polizisten? Überlegen Sie bitte, was Sie dem Polizisten wirklich sagen wollen. Wählen Sie eine kurze und klare Botschaft.

Verbale und nonverbale Signale
Wir Menschen kommunizieren auf verschiedenen Ebenen miteinander. Was Sie sagen, ist die verbale Kommunikation. Ihre Gesichtszüge, Ihren Blickkontakt, Ihre Stimme (Höhe, Lautstärke, Schwingung ...), Ihre Gestik und Ihre Körperhaltung nennt man nonverbale Kommunikation. Wir können anderen Menschen mit unseren Worten etwas vorlügen. Unser Körper spielt da aber nicht mit. Ein verschmitztes Lächeln, Unsicherheit in der Stimme oder eine andere Kleinigkeit, die unsere Gesprächspartner wahrnehmen, verraten uns.
Stimmt die Beziehungsebene, dann haben Sie die besten Voraussetzungen für eine positive Sachlösung. Erst jetzt, wo die Beziehungsebene gepflegt wurde, reden Sie von sich aus über die Sache selbst.

Übung
Denken Sie an Ihr letztes Gespräch mit einem Polizisten oder Behördenvertreter. Ist es in Ihrem Sinne verlaufen?

Haben Sie auf eine gute Beziehungsebene geachtet?
Was wäre in genau dieser Situation passend gewesen?
Versetzen Sie sich jetzt in die Rolle des Polizisten. (Ihr Chef hat Sie da rausgeschickt. Sie sollen Anhaltungen machen und Geld kassieren. In Gedanken sind Sie schon in der Freizeit. Heute am Abend treffen Sie Freunde. Hoffentlich kommt kein Fall dazwischen wie das letzte Mal. Jetzt müssen Sie sich mit den Schnellfahrern herumärgern. Einer - Sie selbst - steht gerade vor ihnen).
Jetzt, wo Sie "in der Haut des Polizisten" waren, was werden sie bei der nächsten Anhaltung anders machen, um Meister des Gesprächs zu sein?

Behörden sind keine unbekannten Wesen
Im Gegenteil. Dort arbeiten Menschen, die wir sehr gut kennen. Alle Autoren dieses Buches sind entweder selbst Beamte, waren Beamte oder haben viel mit Beamten zu tun. Eines lässt sich mit Sicherheit sagen: Kommunikation mit Behördenvertretern hat einen eigenen Touch.

- Wer sind die Menschen, die als Beamte in "Strafbehörden" arbeiten?
- Wer ist eigentlich für die Bestrafung von Verkehrssündern zuständig?
- Hat es einen Sinn, sich damit zu beschäftigen, wie mit Beamten zu reden ist?

80 % der Beamten sind zu Beginn ihrer Arbeitszeit Idealisten. Bis zur Pensionierung allerdings nur mehr 10 %.
Allein diese Zahlen zeigen uns, dass Beamte ihre Arbeit umso sinnloser erachten, je länger sie beschäftigt sind. Das hat klarerweise entscheidende Auswirkung auf die Kommunikation mit Ihnen.

Idealisten finden Sie bei Strafbehörden genauso wie Quälgeister

Wer als Idealist bei einer "Strafbehörde" arbeitet, ist beseelt vom Geist der Weltverbesserung oder hat eine Freude daran, sich über andere Menschen zu stellen. Dazwischen gibt es jede Abstufung und denkbare Vermischung.

Cops sind verhinderte Idealisten

Gerade Polizisten sind Menschen mit einem hohen Idealismuspotenzial. Sie teilen die Welt - vor allem zu Beginn ihrer Laufbahn - in Gut und Böse, in Weiß und Schwarz. Die Realität sieht wie immer etwas anders aus. Während die coolen Kommissare im Film stets als Sieger in den Sonnenuntergang fahren, finden sich die echten Sheriffs allzu oft in einer undankbaren Nebenrolle wieder.

Und auch wenn sich das Image der Exekutive in den letzten Jahren stark gebessert hat - mit dem permanenten Prügelknaben-Dasein ihres Alltags hat keiner der hoffnungsvollen Polizeischüler gerechnet. Der Idealismus wird vom reformbedürftigen Dienst- und Rechtssystem täglich schwer gefordert. Und allmählich auch überfordert. Der Gesetzgeber schreibt schon automatisch überall eine Mitwirkungsklausel für die Exekutive hinein.

Falken gegen Tauben

Von der "Bekämpfung verwilderter Tauben" (kein Witz!) über das Falschparken bis zur Intervention bei Familienstreitigkeiten - überall wird zunächst einmal die Polizei geholt. Hinzu kommt, dass nun einmal nicht jeder Beamte Kriminalbeamter werden kann. Das geht schon von den freien Stellen her gar nicht. Abgesehen davon sind ja viele Polizisten gerne in Uniform unterwegs. Als Inbegriff des "Freund und Helfers" eben. In den meisten Zeitungen liest man von alledem wenig. Es gilt eben nach wie vor: "Only bad news are good news."

Und so versteckt sich der täglich geprüfte Idealismus der Polizisten bald hinter einer dicken Schicht Abgeklärtheit und einer besonderen Form des Zynismus.

In Wahrheit haben die Beamten - abgesehen vielleicht mal von Wachtmeistern des Typs Eintreib, die es natürlich auch gibt - nicht unbedingt Freude daran, an einer Kreuzung zwischen vorbeibrausenden Fahrzeugen "Luft zu mischen". Wer regelt schon gerne "in Handarbeit" den Verkehr auf einer Kreuzung, wenn es doch Ampeln gibt? Und wer steht gerne stundenlang im Straßenstaub, nur um sich mit Autofahrern herumzustreiten?

Die Schlupflochspezialisten wissen um diesen Umstand. Und entwaffnen den gestrengen Herrn Wachtmeister durch Charme, Verständnis und ein paar verbale Streicheleinheiten.

Straflos ist besser als ratlos

Auch vom rechtlichen Standpunkt her eröffnet der § 47 des Ordnungswidrigkeitsgesetzes (OWiG) die Möglichkeit, die von uns angestrebte Straflosigkeit zu praktizieren. Nach dieser Bestimmung sind deutsche Polizisten berechtigt, einen Verkehrssünder abzumahnen, also nicht zu bestrafen. Gleiches regelt § 21 VStG in Österreich.

Dafür muss die Tat geringfügig, müssen die Folgen unbedeutend sein. Was natürlich ein sehr dehnbarer Begriff ist. Weiterhin muss der Fahrzeuglenker mit dem einschreitenden Beamten persönlich gesprochen haben, das schuldhafte Vergehen einsehen und sich reumütig zeigen. Aber auch die Behörden können abmahnen, obwohl die Anzeige bereits vorliegt.

Nach dem so genannten Opportunitätsprinzip braucht eine OWi nicht um jeden Preis verfolgt zu werden. Die Behörde kann das Verfahren einstellen, etwa wenn für die Aufklärung des Sachverhalts unverhältnismäßiger Aufwand erforderlich wäre oder wenn lediglich ein sehr geringfügiger Regelverstoß vorliegt. In Österreich kommt eine ähnliche Regelung ebenfalls verbindlich ins Gesetz. Die Obrigkeit muss also abwägen zwischen der Bedeutung der Ordnungswidrigkeit einerseits und der Zweckmäßigkeit der Verfolgung andererseits.

Werden Wissende etwa mit einer abgelaufenen TÜV-Plakette am Auto erwischt, so helfen sie sich oft mit Freundlichkeit und treuherzigen Aussagen. Und schinden häufig einen - straflosen - Termin zum "Nachbessern" heraus.

Bitte lächeln

Eine witzige Möglichkeit, die allerdings nur auf dem Land Chancen hat: Coole Schlupflochkenner, die einen Beamten erblicken, der die Laserpistole weglegt und das Zeichen zum Anhalten gibt, reagieren sofort mit fröh-

lichem Winken - und fahren einfach weiter. Der Beamte blickt ihm mit gefurchter Stirn nach. Trotzdem keine Strafe, keine Verfolgungsjagd, keine Anzeige danach.
Kein Autofahrerlatein, das kann schon passieren. Denn Polizisten, die auf dem Land sehr viele Leute persönlich kennen, glauben in so einem Fall häufig an Freunde, Kollegen und Bekannte ("Wer bitte war d a s denn eben?"). Und unternehmen nichts. Anzeigen würden sie sowieso nicht, da sie den Lenker nicht wirklich erkannt haben können. Außerdem: Die Personalknappheit bei der Polizei führt sehr oft dazu, dass Lenker, die das Zeichen zum Anhalten (absichtlich oder unabsichtlich) übersehen, nicht (sofort) verfolgt werden können. Was auch für Lasermessungen gilt. Wird man aber nicht angehalten, tut sich die Behörde schwer, den Lenker ausfindig zu machen.

Wieder andere signalisieren ihre "Exekutiv-Freundlichkeit" schon von weitem durch diverse Aufkleber polizeinaher Organisationen oder die berühmten IPA-Wimpel am Innenspiegel.

Auch Tippgeber zahlen oft keine Strafe. Ein logisches Faktum. Denn ohne Informanten wäre Polizeiarbeit heutzutage kaum möglich. Logischerweise steht eine kleine Verkehrsübertretung in keiner Relation zu den heißen Tipps, die der Angehaltene "seinem" Polizisten mehr oder weniger regelmäßig steckt. Allerdings haben uniformierte Cops schon genug Fingerspitzengefühl, um "echte" Informanten von Möchtegern-Gaunern unterscheiden zu können. Die bloße Behauptung schützt niemanden vor Strafe! Das wissen auch die Schlupflochprofis, die sich gar nicht erst auf so etwas Unsicheres verlegen. Wozu auch. Gibt es doch ganz andere Tricks.

Eher kontraproduktiv, so hört man, ist die beliebte weiße Schirmkappe auf der Hutablage. Diesen "Möchtegern"-Verkehrspolizei-Effekt soll man da und dort mit besonders genauen Kontrollen bezahlt haben.

Besser funktioniert eine signalrote Sanitäterjacke im Auto - die wirkt angeblich sogar bei den Parksheriffs in Städten und Gemeinden. Und die sind ja nicht gerade fürs "Augenzudrücken" bekannt ...

Haben Polizisten immer Recht?
Nein! Auch vor Gericht wird nicht immer Polizisten geglaubt. Zu oft hat es schon Falschaussagen gegeben.

Seminar gefällig?
Immer mehr Menschen wollen besser miteinander reden lernen. Verlag Kleindienst organisiert für seine Leser daher Kommunikationsseminare.
Schwerpunkt: richtiger Umgang mit Behördenvertretern. Sie lernen dabei den korrekten Umgang mit allen Menschen. Die Spezialrichtung - Behördenvertreter - ist unsere Lieblingszugabe. Als Trainer stehen absolute Seminarprofis zur Verfügung. Mit etwas Glück kommen Sie direkt zu Josef Kleindienst. Wenn es seine Zeit erlaubt, hält er Seminare selbst! Er ist ausgebildeter Rhetorik- und Kommunikationstrainer und bereits jahrelang als Aus- und Fortbildner tätig.
Interessiert?
Fordern Sie bitte Seminarinfos an unter:

Verlag Kleindienst
E. Klinger Straße 10/7/9
A-3423 St. Andrä-Wördern
E-Mail: office@kleindienst.cc

Anhang

Bußgeldkatalog - Deutschland

Inhalt Bußgeldkatalog **Seite**

A. Zuwiderhandlungen gegen § 24 StVG 266
  a) Straßenverkehrs-Ordnung 266
    Grundregeln 266
    Straßenbenutzung durch Fahrzeuge 266
    Geschwindigkeit 268
    Abstand 270
    Überholen 270
    Fahrtrichtungsanzeiger 272
    Vorbeifahren 272
    Benutzung von Fahrstreifen durch Kraftfahrzeuge 273
    Vorfahrt 273
    Abbiegen, Wenden, Rückwärtsfahren 273
    Kreisverkehr 274
    Einfahren und Anfahren 275
    Besondere Verkehrslagen 275
    Halten und Parken 275
    Einrichtungen zur Überwachung der Parkzeit 279
    Sorgfaltspflichten beim Ein- und Aussteigen 279
    Liegenbleiben von Fahrzeugen 279
    Abschleppen von Fahrzeugen 280
    Warnzeichen 280
    Beleuchtung 280
    Autobahnen und Kraftfahrstraßen 281
    Bahnübergänge 282
    Öffentliche Verkehrsmittel und Schulbusse 283
    Personenbeförderung, Sicherungspflichten 284
    Ladung 285
    Sonstige Pflichten des Fahrzeugführers 286
    Fußgänger 287
    Fußgängerüberweg 287
    Übermäßige Straßenbenutzung 287
    Umweltschutz 287
    Sonntagsfahrverbot 288
    Verkehrshindernisse 288
    Unfall 288
    Warnkleidung 288
    Zeichen und Weisungen der Polizeibeamten 289
    Wechsellichtzeichen, Dauerlichtzeichen und Grünpfeil 289
    Blaues und gelbes Blinklicht 290
    Vorschriftszeichen 290
    Richtzeichen 295
    Verkehrseinrichtungen 296
    Andere verkehrsrechtliche Anordnungen 297
    Ausnahmegenehmigung und Erlaubnis 297
  b) Fahrerlaubnis-Verordnung 298
    Mitführen und Aushändigen von Führerscheinen
    und Bescheinigungen 298
    Einschränkung der Fahrerlaubnis 298
    Ablieferung und Vorlage des Führerscheins 298
    Fahrerlaubnis zur Fahrgastbeförderung 298
    Ortskenntnisse bei Fahrgastbeförderung 299

	Seite
c) Straßenverkehrs-Zulassungs-Ordnung	300
Mitführen und Aushändigen von Fahrzeugpapieren	300
Betriebsverbot und -beschränkungen	300
Zulassungspflicht	300
Versicherungskennzeichen	301
Amtliche oder rote Kennzeichen an Fahrzeugen, Kurzzeitkennzeichen	301
Meldepflichten, Zurückziehen aus dem Verkehr	301
Prüfungs-,Probe-,Überführungsfahrten	302
Untersuchung der Kraftfahrzeuge und Anhänger	302
Vorstehende Außenkanten	303
Verantwortung für den Betrieb der Fahrzeuge	303
Führung eines Fahrtenbuches	304
Überprüfung mitzuführender Gegenstände	304
Abmessungen von Fahrzeugen und Fahrzeugkombinationen	304
Unterfahrschutz	304
Kurvenlaufeigenschaften	304
Schleppen von Fahrzeugen	305
Achslast, Gesamtgewicht, Anhängelast hinter Kraftfahrzeugen	305
Besetzung von Kraftomnibussen	306
Kindersitze	306
Feuerlöscher in Kraftomnibussen	306
Erste-Hilfe-Material in Kraftfahrzeugen	306
Bereifung und Laufflächen	307
Sonstige Pflichten für den verkehrssicheren Zustand des Fahrzeugs	308
Mitführen von Anhängern hinter Kraftrad oder Personenkraftwagen	308
Einrichtungen zur Verbindung von Fahrzeugen	308
Stützlast	308
Abgasuntersuchung	308
Geräuschentwicklung und Schalldämpferanlage	309
Lichttechnische Einrichtungen	309
Geschwindigkeitsbegrenzer	310
Amtliches Kennzeichen	311
Einrichtungen an Fahrrädern	311
Ausnahmen	311
Auflagen bei Ausnahmegenehmigungen	311
d) Verordnung über internationalen Kraftfahrzeugverkehr	312
e) Ferienreise-Verordnung	313
B. Zuwiderhandlungen gegen § 24a StVG	314
0,5-Promille-Grenze	314
Berauschende Mittel	314
C. Anhang	315
Geschwindigkeitsüberschreitungen	315
Nichteinhalten des Abstandes	319
Überschreiten des zulässigen Gesamtgewichtes	319
Erhöhung der Regelsätze	320

Lfd. Nr.	Tatbestand	StVO	Regelsatz in Euro (€), Fahrverbot in Monaten
	A. Zuwiderhandlungen gegen § 24 StVG **a) Straßenverkehrs-Ordnung**		
	<u>Grundregeln</u>		
1	Durch Außer-Acht-Lassen der im Verkehr erforderlichen Sorgfalt	§ 1 Abs. 2 § 49 Abs. 1 Nr. 1	
1.1	einen anderen mehr als nach den Umständen unvermeidbar belästigt		10 €
1.2	einen anderen mehr als nach den Umständen unvermeidbar behindert		20 €
1.3	einen anderen gefährdet		30 €
1.4	einen anderen geschädigt, soweit im Folgenden		35 €
	<u>Straßenbenutzung durch Fahrzeuge</u>		
2	Vorschriftswidrig Gehweg, Seitenstreifen (außer auf Autobahnen oder Kraftfahrstraßen), Verkehrsinsel oder Grünanlage benutzt	§ 2 Abs. 1 § 49 Abs. 1 Nr. 2	5 €
2.1	- mit Behinderung	§ 2 Abs. 1 § 1 Abs. 2 § 49 Abs. 1 Nr. 1, 2	10 €
2.2	- mit Gefährdung		
3	Gegen das Rechtsfahrgebot verstoßen durch Nichtbenutzen		20 €
3.1	der rechten Fahrbahnseite	§ 2 Abs. 2 § 49 Abs. 1 Nr. 2	10 €
3.1.1	- mit Behinderung	§ 2 Abs. 2 § 1 Abs. 2 § 49 Abs. 1 Nr. 1, 2	20 €
3.2	des rechten Fahrstreifens (außer auf Autobahnen oder Kraftfahrstraßen) und dadurch einen anderen behindert	§ 2 Abs. 2 § 1 Abs. 2 § 49 Abs. 1 Nr. 1, 2	20 €

Lfd. Nr.	Tatbestand	StVO	Regelsatz in Euro (€), Fahrverbot in Monaten
3.3	der rechten Fahrbahn bei zwei getrennten Fahrbahnen	§ 2 Abs. 2 § 49 Abs. 1 Nr. 2	25 €
3.3.1	- mit Gefährdung	§ 2 Abs. 2 § 1 Abs. 2 § 49 Abs. 1 Nr. 1, 2	35 €
3.4	eines markierten Schutzstreifens als Radfahrer	§ 2 Abs. 2 § 49 Abs. 1 Nr. 2	10 €
3.4.1	- mit Behinderung	§ 2 Abs. 2 § 1 Abs. 2 § 49 Abs. 1 Nr. 1, 2	15 €
3.4.2	- mit Gefährdung		20 €
3.4.3	- mit Sachbeschädigung		25 €
4	Gegen das Rechtsfahrgebot verstoßen	§ 2 Abs. 2 § 1 Abs. 2 § 49 Abs. 1 Nr. 1, 2	
4.1	bei Gegenverkehr, beim Überholtwerden, an Kuppen, in Kurven oder bei Unübersichtlichkeit und dadurch einen anderen gefährdet		40 €
4.2	auf Autobahnen oder Kraftfahrstraßen und dadurch einen anderen behindert		40 €
5	Schienenbahn nicht durchfahren lassen	§ 2 Abs. 3 § 49 Abs. 1 Nr. 2	5 €
6	Als Führer eines kennzeichnungspflichtigen Kraftfahrzeugs mit gefährlichen Gütern bei Sichtweite unter 50 m durch Nebel, Schneefall oder Regen oder bei Schneeglätte oder Glatteis sich nicht so verhalten, dass die Gefährdung eines anderen ausgeschlossen war, insbesondere, obwohl nötig, nicht den nächsten geeigneten Platz zum Parken aufgesucht.	§ 2 Abs. 3a § 49 Abs. 1 Nr. 2	75 €
7	Als Radfahrer oder Mofafahrer		
7.1	Radweg (Zeichen 237, 240, 241) nicht benutzt oder in nicht zugelassener Richtung befahren	§ 2 Abs. 4 Satz 2 § 41 Abs. 2 Nr. 5 Satz 6 Buchstabe b § 49 Abs. 1 Nr. 2, Abs. 3 Nr. 4	15 €

Lfd. Nr.	Tatbestand	StVO	Regelsatz in Euro (€), Fahrverbot in Monaten
7.1.1	- mit Behinderung	§ 2 Abs. 4 Satz 2 § 1 Abs. 2 § 41 Abs. 2 Nr. 5 Satz 6 Buchstabe b 49 Abs. 1 Nr. 1, 2 Abs. 3 Nr. 4	20 €
7.1.2	- mit Gefährdung		25 €
7.1.3	- mit Sachbeschädigung		30 €
7.2	Fahrbahn, Radweg oder Seitenstreifen nicht vorschriftsmäßig benutzt	§ 2 Abs. 4 Satz 1, 4, 5 § 49 Abs. 1 Nr. 2	10 €
7.2.1	- mit Behinderung	§ 2 Abs. 4 Satz 1, 4, 5 § 1 Abs. 2 § 49 Abs. 1 Nr. 1, 2	15 €
7.2.2	- mit Gefährdung		20 €
7.2.3	- mit Sachbeschädigung		25 €
	Geschwindigkeit		
8	Mit zu hoher, nicht angepasster Geschwindigkeit gefahren trotz angekündigter Gefahrenstelle, bei Unübersichtlichkeit, an Straßenkreuzungen, Straßeneinmündungen, Bahnübergängen bei oder schlechten Sicht- oder Wetterverhältnissen (z. B. Nebel, Glatteis)	§ 3 Abs. 1 Satz 1, 2, 4, 5 § 19 Abs. 1 Satz 2 § 49 Abs. 1 Nr. 3, 19 Buchstabe a	50 €
9	Festgesetzte Höchstgeschwindigkeit bei Sichtweite unter 50 m durch Nebel, Schneefall oder Regen überschritten	§ 3 Abs. 1 Satz 3 § 49 Abs. 1 Nr. 3	50 €
9.1	um mehr als 20 km/h mit einem Kraftfahrzeug der in § 3 Abs. 3 Nr. 2 Buchstaben a oder b StVO genannten Art		Tabelle 1 Buchstabe a
9.2	um mehr als 15 km/h mit kennzeichnungspflichtigen Kraftfahrzeugen der in Nr. 9.1 genannten Art mit gefährlichen Gütern oder Kraftomnibussen mit Fahrgästen		Tabelle 1 Buchstabe b

Lfd. Nr.	Tatbestand	StVO	Regelsatz in Euro (€), Fahrverbot in Monaten
9.3	um mehr als 25 km/h innerorts oder 30 km/h außerorts mit anderen als den in Nr. 9.1 oder 9.2 genannten Kraftfahrzeugen		Tabelle 1 Buchstabe c
10	Als Fahrzeugführer ein Kind, einen Hilfsbedürftigen oder älteren Menschen gefährdet, insbesondere durch nicht ausreichend verminderte Geschwindigkeit, mangelnde Bremsbereitschaft oder unzureichenden Seitenabstand beim Vorbeifahren oder Überholen	§ 3 Abs. 2 a § 49 Abs. 1 Nr. 3	60 €
11	Zulässige Höchstgeschwindigkeit überschritten mit	§ 3 Abs. 3 Satz 1, Abs. 4 § 49 Abs. 1 Nr. 3 § 18 Abs. 5 Satz 2 § 49 Abs. 1 Nr. 18 § 20 Abs. 2 Satz 1, Abs. 4 Satz 1, 2 § 49 Abs. 1 Nr. 19 Buchstabe b § 41 Abs. 2 Nr. 5 Satz 6 Buchstabe e, Satz 7 Nr. 2 Satz 1 (Zeichen 239 oder 242 mit Zusatzschild, das den Fahrzeugverkehr zulässt) § 49 Abs. 3 Nr. 4 § 41 Abs. 2 Nr. 7 (Zeichen 274 oder 274.1 274.2) § 49 Abs. 3 Nr. 4 § 42 Abs. 4a Nr. 2 (Zeichen 325) § 49 Abs. 3 Nr. 5	
11.1	Kraftfahrzeugen der in § 3 Abs. 3 Nr. 2 Buchstaben a oder b StVO genannten Art		Tabelle 1 Buchstabe a
11.2	kennzeichnungspflichtigen Kraftfahrzeugen der in Nr. 11.1 genannten Art mit gefährlichen Gütern oder Kraftomnibussen mit Fahrgästen		Tabelle 1 Buchstabe b
11.3	anderen als den in Nr. 11.1 oder 11.2 genannten Kraftfahrzeugen		Tabelle 1 Buchstabe c

Lfd. Nr.	Tatbestand	StVO	Regelsatz in Euro (€), Fahrverbot in Monaten
	Abstand		
12	Erforderlichen Abstand von einem vorausfahrenden Fahrzeug nicht eingehalten	§ 4 Abs. 1 Satz 1 § 49 Abs. 1 Nr. 4	
12.1	bei einer Geschwindigkeit bis 80 km/h		25 €
12.2	- mit Gefährdung	§ 4 Abs. 1 Satz 1 § 1 Abs. 2 § 49 Abs. 1 Nr. 1, 4	30 €
12.3	- mit Sachbeschädigung		35 €
12.4	bei einer Geschwindigkeit von mehr als 80 km/h, sofern der Abstand in Metern nicht weniger als ein Viertel des Tachowertes betrug	§ 4 Abs. 1 Satz 1 § 49 Abs. 1 Nr. 4	35 €
12.5	bei einer Geschwindigkeit von mehr als 80 km/h, sofern der Abstand in Metern weniger als ein Viertel des Tachowertes betrug		Tabelle 2 Buchstabe a
12.6	bei einer Geschwindigkeit von mehr als 130 km/h, sofern der Abstand in Metern weniger als ein Viertel des Tachowertes betrug		Tabelle 2 Buchstabe b
13	Als Vorausfahrender ohne zwingenden Grund stark gebremst		
13.1	- mit Gefährdung	§ 4 Abs. 1 Satz 2 § 1 Abs. 2 § 49 Abs. 1 Nr. 1, 4	20 €
13.2	- mit Sachbeschädigung		30 €
14	Den zum Einscheren erforderlichen Abstand von dem vorausfahrenden Fahrzeug außerhalb geschlossener Ortschaften nicht eingehalten	§ 4 Abs. 2 Satz 1 § 49 Abs. 1 Nr. 4	25 €
15	Mit Lastkraftwagen (zulässiges Gesamtgewicht über 3,5 t) oder Kraftomnibus bei einer Geschwindigkeit von mehr als 50 km/h auf einer Autobahn Mindestabstand von 50 m von einem vorausfahrenden Fahrzeug nicht eingehalten	§ 4 Abs. 3 § 49 Abs. 1 Nr. 4	50 €
	Überholen		
16	Innerhalb geschlossener Ortschaften rechts überholt	§ 5 Abs. 1 § 49 Abs. 1 Nr. 5	30 €
16.1	- mit Sachbeschädigung	§ 5 Abs. 1 § 1 Abs. 2 § 49 Abs. 1 Nr. 1, 5	35 €

Lfd. Nr.	Tatbestand	StVO	Regelsatz in Euro (€), Fahrverbot in Monaten
17	Außerhalb geschlossener Ortschaften rechts überholt	§ 5 Abs. 1 § 49 Abs. 1 Nr. 5	50 €
18	Mit nicht wesentlich höherer Geschwindigkeit als der zu Überholende überholt	§ 5 Abs. 2 Satz 2 § 49 Abs. 1 Nr. 5	30 €
18.1	- mit Sachbeschädigung	§ 5 Abs. 2 Satz 2 § 1 Abs. 2 § 49 Abs. 1 Nr. 1, 5	35 €
19	Überholt, obwohl nicht übersehen werden konnte, dass während des ganzen Überholvorgangs jede Behinderung des Gegenverkehrs ausgeschlossen war, oder bei unklarer Verkehrslage	§ 5 Abs. 2 Satz 1, Abs. 3 Nr. 1 § 49 Abs. 1 Nr. 5	50 €
19.1	und dabei Verkehrszeichen (Zeichen 276, 277) nicht beachtet oder Fahrstreifenbegrenzung (Zeichen 295, 296) überquert oder überfahren oder der durch Pfeile vorgeschriebenen Fahrtrichtung (Zeichen 297) nicht gefolgt	§ 5 Abs. 2 Satz 1, Abs. 3 Nr. 2 § 49 Abs. 1 Nr. 5	75 €
19.1.1	mit Gefährdung oder Sachbeschädigung	§ 5 Abs. 2 Satz 1, Abs. 3 Nr. 2 § 1 Abs. 2 § 49 Abs. 1 Nr. 1, 5	125 € **Fahrverbot 1 Monat**
20	Überholt unter Nichtbeachten von Verkehrszeichen (Zeichen 276, 277)	§ 5 Abs. 3 Nr. 2 § 49 Abs. 1 Nr. 5	40 €
21	Mit einem Kraftfahrzeug mit einem zulässigen Gesamtgewicht über 7,5 t überholt, obwohl die Sichtweite durch Nebel, Schneefall oder Regen weniger als 50 m betrug	§ 5 Abs. 3a § 49 Abs. 1 Nr. 5	75 €
21.1	mit Gefährdung oder Sachbeschädigung	§ 5 Abs. 3a § 1 Abs. 2 § 49 Abs. 1 Nr. 1, 5	125 € **Fahrverbot 1 Monat**
22	Zum Überholen ausgeschert und dadurch nachfolgenden Verkehr gefährdet	§ 5 Abs. 4 Satz 1 § 49 Abs. 1 Nr. 5	40 €
23	Beim Überholen ausreichenden Seitenabstand zu einem anderen Verkehrsteilnehmer nicht eingehalten	§ 5 Abs. 4 Satz 2 § 49 Abs. 1 Nr. 5	30 €
23.1	- mit Sachbeschädigung	§ 5 Abs. 4 Satz 2 § 1 Abs. 2 § 49 Abs. 1 Nr. 1, 5	35 €

Lfd. Nr.	Tatbestand	StVO	Regelsatz in Euro (€), Fahrverbot in Monaten
24	Nach dem Überholen nicht sobald wie möglich wieder nach rechts eingeordnet	§ 5 Abs. 4 Satz 3 § 49 Abs. 1 Nr. 5	10 €
25	Nach dem Überholen beim Einordnen einen Überholten behindert	§ 5 Abs. 4 Satz 4 § 49 Abs. 1 Nr. 5	20 €
26	Beim Überholtwerden Geschwindigkeit erhöht	§ 5 Abs. 6 Satz 1 § 49 Abs. 1 Nr. 5	30 €
27	Als Führer eines langsameren Fahrzeugs Geschwindigkeit nicht ermäßigt oder nicht gewartet, um mehreren unmittelbar folgenden Fahrzeugen das Überholen zu ermöglichen	§ 5 Abs. 6 Satz 2 § 49 Abs. 1 Nr. 5	10 €
28	Vorschriftswidrig links überholt, obwohl der Fahrer des vorausfahrenden Fahrzeuges die Absicht, nach links abzubiegen, angekündigt und sich eingeordnet hatte	§ 5 Abs. 7 Satz 1 § 49 Abs. 1 Nr. 5	25 €
28.1	- mit Sachbeschädigung	§ 5 Abs. 7 Satz 1 § 1 Abs. 2 § 49 Abs. 1 Nr. 1, 5	30 €
	Fahrtrichtungsanzeiger		
29	Fahrtrichtungsanzeiger nicht wie vorgeschrieben benutzt	§ 5 Abs. 4a § 49 Abs. 1 Nr. 5 § 6 Satz 2 § 49 Abs. 1 Nr. 6 § 7 Abs. 5 Satz 2 § 49 Abs. 1 Nr. 7 § 9 Abs. 1 Satz 1 § 49 Abs. 1 Nr. 9 § 10 Satz 2 § 49 Abs. 1 Nr. 10 § 42 Abs. 2 (Zusatzschild zum Zeichen 306) § 49 Abs. 3 Nr. 5	10 €
	Vorbeifahren		
30	An einem haltenden Fahrzeug, einer Absperrung oder einem sonstigen Hindernis auf der Fahrbahn links vorbeigefahren, ohne ein entgegenkommendes Fahrzeug durchfahren zu lassen	§ 6 Satz 1 § 49 Abs. 1 Nr. 6	20 €

Lfd. Nr.	Tatbestand	StVO	Regelsatz in Euro (€), Fahrverbot in Monaten
30.1	- mit Gefährdung	§ 6 Abs. 1 § 1 Abs. 2 § 49 Abs. 1 Nr. 1, 6	30 €
30.2	- mit Sachbeschädigung		35 €
	Benutzung von Fahrstreifen durch Kraftfahrzeuge		
31	Fahrstreifen gewechselt und dadurch einen anderen gefährdet	§ 7 Abs. 5 Satz 1 § 49 Abs. 1 Nr. 7	30 €
31.1	- mit Sachbeschädigung	§ 7 Abs. 5 Satz 1 § 1 Abs. 2 § 49 Abs. 1 Nr. 1, 7	35 €
	Vorfahrt		
32	Als Wartepflichtiger an eine bevorrechtigte Straße nicht mit mäßiger Geschwindigkeit herangefahren	§ 8 Abs. 2 Satz 1 § 49 Abs. 1 Nr. 8	10 €
33	Vorfahrt nicht beachtet und dadurch einen Vorfahrtberechtigten wesentlich behindert	§ 8 Abs. 2 Satz 2 § 49 Abs. 1 Nr. 8	25 €
34	Vorfahrt nicht beachtet und dadurch einen Vorfahrtberechtigten gefährdet	§ 8 Abs. 2 Satz 2 § 49 Abs. 1 Nr. 8	50 €
	Abbiegen, Wenden, Rückwärtsfahren		
35	Abgebogen, ohne sich ordnungsgemäß oder rechtzeitig eingeordnet oder ohne vor dem Einordnen oder Abbiegen auf den nachfolgenden Verkehr geachtet zu haben	§ 9 Abs. 1 Satz 2, 4 § 49 Abs. 1 Nr. 9	10 €
35.1	- mit Gefährdung	§ 9 Abs. 1 Satz 2, 4 § 1 Abs. 2 § 49 Abs. 1 Nr. 1, 9	30 €
35.2	- mit Sachbeschädigung		35 €
36	Als Linksabbieger auf längs verlegten Schienen eingeordnet und dadurch ein Schienenfahrzeug behindert	§ 9 Abs. 1 Satz 3 § 49 Abs. 1 Nr. 9	5 €
37	Als auf der Fahrbahn abbiegender Radfahrer bei ausreichendem Raum nicht an der rechten Seite des in gleicher Richtung abbiegenden Fahrzeugs geblieben	§ 9 Abs. 2 Satz 1 § 49 Abs. 1 Nr. 9	10 €

Lfd. Nr.	Tatbestand	StVO	Regelsatz in Euro (€), Fahrverbot in Monaten
37.1	- mit Behinderung	§ 9 Abs. 2 Satz 1 § 1 Abs. 2 § 49 Abs. 1 Nr. 1, 9	15 €
37.2	- mit Gefährdung		20 €
37.3	- mit Sachbeschädigung		25 €
38	Als nach links abbiegender Radfahrer nicht abgestiegen,obwohl es die Verkehrslage erforderte, oder Radverkehrsführungen nicht gefolgt	§ 9 Abs. 2 Satz 4, 5 § 49 Abs. 1 Nr. 9	10 €
38.1	- mit Behinderung	§ 9 Abs. 2 Satz 4, 5 § 1 Abs. 2 § 49 Abs. 1 Nr. 1, 9	15 €
38.2	- mit Gefährdung		20 €
38.3	- mit Sachbeschädigung		25 €
39	Abgebogen, ohne Fahrzeug durchfahren zu lassen	§ 9 Abs. 3 Satz 1, 2, Abs. 4 Satz 1 § 49 Abs. 1 Nr. 9	10 €
40	Abgebogen, ohne Fahrzeug durchfahren zu lassen, und dadurch einen anderen gefährdet	§ 9 Abs. 3 Satz 1, 2, Abs. 4 Satz 1 § 1 Abs. 2 § 49 Abs. 1 Nr. 1, 9	40 €
41	Beim Abbiegen auf einen Fußgänger keine besondere Rücksicht genommen und ihn dadurch gefährdet	§ 9 Abs. 3 Satz 3 § 1 Abs. 2 § 49 Abs. 1 Nr. 1, 9	40 €
42	Beim Linksabbiegen nicht voreinander abgebogen	§ 9 Abs. 4 Satz 2 § 49 Abs. 1 Nr. 9	10 €
43	Beim Linksabbiegen nicht voreinander abgebogen und dadurch einen anderen gefährdet	§ 9 Abs. 4 Satz 2 § 1 Abs. 2 § 49 Abs. 1 Nr. 1, 9	40 €
44	Beim Abbiegen in ein Grundstück, beim Wenden oder Rückwärtsfahren einen anderen Verkehrsteilnehmer gefährdet	§ 9 Abs. 5 § 49 Abs. 1 Nr. 9	50 €
	Kreisverkehr		
45	Innerhalb des Kreisverkehrs auf der Fahrbahn		
45.1	Gehalten	§ 9a Abs. 1 Satz 3 § 49 Abs. 1 Nr. 9a	10 €

Lfd. Nr.	Tatbestand	StVO	Regelsatz in Euro (€), Fahrverbot in Monaten
45.1.1	- mit Behinderung	§ 9a Abs. 1 Satz 3 § 1 Abs. 2 § 49 Abs. 1 Nr. 1, 9a	15 €
45.2	Geparkt	§ 9a Abs. 1 Satz 3 § 49 Abs. 1 Nr. 9a	15 €
45.2.1	- mit Behinderung	§ 9a Abs. 1 Satz 3 § 1 Abs. 2 § 49 Abs. 1 Nr. 1, 9a	25 €
46	Als Berechtigter beim Überfahren der Mittelinsel im Kreisverkehr einen anderen gefährdet	§ 9a Abs. 2 Satz 2 Halbsatz 2 § 49 Abs. 1 Nr. 9a	35 €
	Einfahren und Anfahren		
47	Aus einem Grundstück, einem Fußgängerbereich (Zeichen 242, 243), einem verkehrsberuhigten Bereich (Zeichen 325, 326) auf die Straße oder von einem anderen Straßenteil oder über einen abgesenkten Bordstein hinweg auf die Fahrbahn eingefahren oder vom Fahrbahnrand angefahren und dadurch einen anderen gefährdet	§ 10 Satz 1 § 49 Abs. 1 Nr. 10	30 €
47.1	- mit Sachbeschädigung	§ 10 Satz 1 § 1 Abs. 2 § 49 Abs. 1 Nr. 1, 10	35 €
48	Beim Fahren in eine oder aus einer Parklücke stehendes Fahrzeug beschädigt	§ 10 Satz 1 § 1 Abs. 2 § 49 Abs. 1 Nr. 1, 10	20 €
	Besondere Verkehrslagen		
49	Trotz stockenden Verkehrs in eine Kreuzung oder Einmündung eingefahren und dadurch einen anderen behindert	§ 11 Abs. 1 Satz 1 § 1 Abs. 2 § 49 Abs. 1 Nr. 1, 11	20 €
50	Bei stockendem Verkehr auf einer Autobahn oder Außerortsstraße für die Durchfahrt von Polizei- oder Hilfsfahrzeugen eine vorschriftsmäßige Gasse nicht gebildet	§ 11 Abs. 2 § 49 Abs. 1 Nr. 11	20 €
	Halten und Parken		
51	Unzulässig gehalten		
51.1	in den in § 12 Abs. 1 genannten Fällen	§ 12 Abs. 1 § 49 Abs. 1 Nr. 12	10 €

Lfd. Nr.	Tatbestand	StVO	Regelsatz in Euro (€), Fahrverbot in Monaten
51.1.1	- mit Behinderung	§ 12 Abs. 1 § 1 Abs. 2 § 49 Abs. 1 Nr. 1, 12	15 €
51.2	in „zweiter Reihe“	§ 12 Abs. 4 Satz 1, 2 Halbsatz 2 § 49 Abs. 1 Nr. 12	15 €
51.2.1	- mit Behinderung	§ 12 Abs. 4 Satz 1, 2 Halbsatz 2 § 1 Abs. 2 § 49 Abs. 1 Nr. 1, 12	20 €
52	Unzulässig geparkt (§ 12 Abs. 2 StVO) in den Fällen, in denen § 12 Abs. 1 Nr. 1 bis 7, Nr. 9 StVO das Halten verbietet, oder auf Geh- und Radwegen	§ 12 Abs. 1 Nr. 1 bis 7, 9, Abs. 3 Nr. 8 Buchstabe c, Abs. 4a § 49 Abs. 1 Nr. 12 § 41 Abs. 2 Nr. 5 Satz 6 Buchstabe a Satz 2 (Zeichen 237) § 49 Abs. 3 Nr. 4 § 42 Abs. 4 (Zeichen 315) § 49 Abs. 3 Nr. 5	15 €
52.1	- mit Behinderung	§ 12 Abs. 1 Nr. 1 bis 7, 9, Abs. 3 Nr. 8 Buchstabe c, Abs. 4a § 1 Abs. 2 § 49 Abs. 1 Nr. 1, 12 § 41 Abs. 2 Nr. 5 Satz 6 Buchstabe a Satz 2 (Zeichen 237) § 1 Abs. 2 § 49 Abs. 1 Nr. 1, Abs. 3 Nr. 4 § 42 Abs. 4 (Zeichen 315) § 1 Abs. 2 § 49 Abs. 1 Nr. 1, Abs. 3 Nr. 5	25 €
52.2	länger als 1 Stunde	§ 12 Abs. 1 Nr. 1 bis 7, 9, Abs. 3 Nr. 8 Buchstabe c, Abs. 4a § 49 Abs. 1 Nr. 12 § 41 Abs. 2 Nr. 5 Satz 6 Buchstabe a Satz 2 (Zeichen 237) § 49 Abs. 3 Nr. 4 § 42 Abs. 4 (Zeichen 315) § 49 Abs. 3 Nr. 5	25 €

Lfd. Nr.	Tatbestand	StVO	Regelsatz in Euro (€), Fahrverbot in Monaten
52.2.1	- mit Behinderung	§ 12 Abs. 1 Nr. 1 bis 7, 9, Abs. 3 Nr. 8 Buchstabe c, Abs. 4a § 1 Abs. 2 § 49 Abs. 1 Nr. 1, 12 § 41 Abs. 2 Nr. 5 Satz 6 Buchstabe a Satz 2 (Zeichen 237) § 1 Abs. 2 § 49 Abs. 1 Nr. 1, Abs. 3 Nr. 4 § 42 Abs. 4 (Zeichen 315) § 1 Abs. 2 § 49 Abs. 1 Nr. 1, Abs. 3 Nr. 5	35 €
53	Vor oder in amtlich gekennzeichneten Feuerwehrzufahrten geparkt (§ 12 Abs. 2 StVO)	§ 12 Abs. 1 Nr. 8 § 49 Abs. 1 Nr. 12	35 €
54	Unzulässig geparkt (§ 12 Abs. 2) in den in § 12 Abs. 3 Nr. 1 bis 7, 8 Buchstaben a, b oder d oder Nr. 9 genannten Fällen	§ 12 Abs. 3 Nr. 1 bis 7, 8 Buchstaben a, b, d, Nr. 9 § 49 Abs. 1 Nr. 12	10 €
54.1	- mit Behinderung	§ 12 Abs. 3 Nr. 1 bis 7, 8 Buchstaben a, b, d, Nr. 9 § 1 Abs. 2 § 49 Abs. 1 Nr. 1, 12	15 €
54.2	länger als 3 Stunden	§ 12 Abs. 3 Nr. 1 bis 7, 8 Buchstaben a, b, d, Nr. 9 § 49 Abs. 1 Nr. 12	20 €
54.2.1	- mit Behinderung	§ 12 Abs. 3 Nr. 1 bis 7, 8 Buchstaben a, b, d, Nr. 9 § 1 Abs. 2 § 49 Abs. 1 Nr. 1, 12	30 €
55	Unberechtigt auf Schwerbehinderten-Parkplatz geparkt (§ 12 Abs. 2 StVO)	§ 12 Abs. 3 Nr. 8 Buchstabe c (Zeichen 315 mit Zusatzschild), Buchstabe e (Zeichen 314 mit Zusatzschild) § 49 Abs. 1 Nr. 12	35 €

Lfd. Nr.	Tatbestand	StVO	Regelsatz in Euro (€), Fahrverbot in Monaten
56	In einem nach § 12 Abs. 3a Satz 1 StVO geschützten Bereich während nicht zugelassener Zeiten mit einem Kraftfahrzeug über 7,5 t zulässiges Gesamtgewicht oder einem Kraftfahrzeuganhänger über 2 t zulässiges Gesamtgewicht regelmäßig geparkt (§ 12 Abs. 2 StVO)	§ 12 Abs. 3a Satz 1 § 49 Abs. 1 Nr. 12	30 €
57	Mit Kraftfahrzeuganhänger ohne Zugfahrzeug länger als zwei Wochen geparkt	(§ 12 Abs. 2 StVO) § 12 Abs. 3b Satz 1 § 49 Abs. 1 Nr. 12	20 €
58	In „zweiter Reihe" geparkt (§ 12 Abs. 2 StVO)	§ 12 Abs. 4 Satz 1, 2 Halbsatz 2 § 49 Abs. 1 Nr. 12	20 €
58.1	- mit Behinderung	§ 12 Abs. 4 Satz 1, 2 Halbsatz 2 § 1 Abs. 2 § 49 Abs. 1 Nr. 1, 12	25 €
58.2	länger als 15 Minuten	§ 12 Abs. 4 Satz 1, 2 Halbsatz 2 § 49 Abs. 1 Nr. 12	30 €
58.2.1	- mit Behinderung	§ 12 Abs. 4 Satz 1, 2 Halbsatz 2 § 1 Abs. 2 § 49 Abs. 1 Nr. 1, 12	35 €
59	Im Fahrraum von Schienenfahrzeugen gehalten	§ 12 Abs. 4 Satz 5 § 49 Abs. 1 Nr. 12	20 €
59.1	- mit Behinderung	§ 12 Abs. 4 Satz 5 § 1 Abs. 2 § 49 Abs. 1 Nr. 1, 12	30 €
60	Im Fahrraum von Schienenfahrzeugen geparkt (§ 12 Abs. 2 StVO)	§ 12 Abs. 4 Satz 5 § 49 Abs. 1 Nr. 12	25 €
60.1	- mit Behinderung	§ 12 Abs. 4 Satz 5 § 1 Abs. 2 § 49 Abs. 1 Nr. 1, 12	35 €
61	Vorrang des Berechtigten beim Einparken in eine Parklücke nicht beachtet	§ 12 Abs. 5 § 49 Abs. 1 Nr. 12	10 €
62	Nicht Platz sparend gehalten oder geparkt (§ 12 Abs. 2 StVO)	§ 12 Abs. 6 § 49 Abs. 1 Nr. 12	10 €

Lfd. Nr.	Tatbestand	StVO	Regelsatz in Euro (€), Fahrverbot in Monaten
	Einrichtungen zur Überwachung der Parkzeit		
63	An einer abgelaufenen Parkuhr, ohne vorgeschriebene Parkscheibe, ohne Parkschein oder unter Überschreiten der erlaubten Höchstparkdauer geparkt (§ 12 Abs. 2 StVO)	§ 13 Abs. 1, 2 § 49 Abs. 1 Nr. 13	5 €
63.1	bis zu 30 Minuten		5 €
63.2	bis zu 1 Stunde		10 €
63.3	bis zu 2 Stunden		15 €
63.4	bis zu 3 Stunden		20 €
63.5	länger als 3 Stunden		25 €
	Sorgfaltspflichten beim Ein- und Aussteigen		
64	Beim Ein- oder Aussteigen einen anderen Verkehrsteilnehmer gefährdet	§ 14 Abs. 1 § 49 Abs. 1 Nr. 14	10 €
64.1	- mit Sachbeschädigung	§ 14 Abs. 1 § 1 Abs. 2 § 49 Abs. 1 Nr. 1, 14	25 €
65	Fahrzeug verlassen, ohne die nötigen Maßnahmen getroffen zu haben, um Unfälle oder Verkehrsstörungen zu vermeiden	§ 14 Abs. 2 Satz 1 § 49 Abs. 1 Nr. 14	15 €
65.1	- mit Sachbeschädigung	§ 14 Abs. 2 Satz 2 § 1 Abs. 2 § 49 Abs. 1 Nr. 1, 14	25 €
	Liegenbleiben von Fahrzeugen		
66	Liegen gebliebenes mehrspuriges Fahrzeug nicht oder nicht wie vorgeschrieben abgesichert, beleuchtet oder kenntlich gemacht und dadurch einen anderen gefährdet	§ 15, auch i.V.m. § 17 Abs. 4 Satz 1, 3 § 1 Abs. 2 § 49 Abs. 1 Nr. 1, 15	40 €

Lfd. Nr.	Tatbestand	StVO	Regelsatz in Euro (€), Fahrverbot in Monaten
	Abschleppen von Fahrzeugen		
67	Beim Abschleppen eines auf der Autobahn liegengebliebenen Fahrzeugs die Autobahn nicht bei der nächsten Ausfahrt verlassen oder mit einem außerhalb der Autobahn liegengebliebenenFahrzeug in die Autobahn eingefahren	§ 15a Abs. 1, 2 § 49 Abs. 1 Nr. 15a	20 €
68	Während des Abschleppens Warnblinklicht nicht eingeschaltet	§ 15a Abs. 3 § 49 Abs. 1 Nr. 15a	5 €
69	Kraftrad abgeschleppt	§ 15a Abs. 4 § 49 Abs. 1 Nr. 15a	10 €
	Warnzeichen		
70	Missbräuchlich Schall- oder Leuchtzeichen gegeben und dadurch einen anderen belästigt oder Schallzeichen gegeben, die aus einer Folge verschieden hoher Töne bestehen	§ 16 Abs. 1, 3 § 1 Abs. 2 § 49 Abs. 1 Nr. 1, 16	10 €
71	Als Führer eines Omnibusses des Linienverkehrs oder eines gekennzeichneten Schulbusses Warnblinklicht bei Annäherung an eine Haltestelle oder für die Dauer des Ein- und Aussteigens der Fahrgäste entgegen der straßenverkehrs-behördlichen Anordnung nicht eingeschaltet	§ 16 Abs. 2 Satz 1 § 49 Abs. 1 Nr. 16	10 €
72	Warnblinklicht missbräuchlich eingeschaltet	§ 16 Abs. 2 Satz 2 § 49 Abs. 1 Nr. 16	5 €
	Beleuchtung		
73	Vorgeschriebene Beleuchtungseinrichtungen nicht oder nicht vorschriftsmäßig benutzt, obwohl die Sichtverhältnisse es erforderten, oder nicht rechtzeitig abgeblendet oder Beleuchtungs-einrichtungen in verdecktem oder beschmutztem Zustand benutzt	§ 17 Abs. 1, 2 Satz 3, Abs. 3 Satz 2, 5, Abs. 6 § 49 Abs. 1 Nr. 17	10 €
73.1	- mit Gefährdung	§ 17 Abs. 1, 2 Satz 3, Abs. 3 Satz 2, 5, Abs. 6 § 1 Abs. 2 § 49 Abs. 1 Nr. 1, 17	15 €
73.2	- mit Sachbeschädigung		35 €

Lfd. Nr.	Tatbestand	StVO	Regelsatz in Euro (€), Fahrverbot in Monaten
74	Nur mit Standlicht oder auf einer Straße mit durchgehender, ausreichender Beleuchtung mit Fernlicht gefahren oder mit einem Kraftrad am Tage nicht mit Abblendlicht gefahren	§ 17 Abs. 2 Satz 1, 2, Abs. 2a § 49 Abs. 1 Nr. 17	10 €
74.1	- mit Gefährdung	§ 17 Abs. 2 Satz 1, 2, Abs. 2a § 1 Abs. 2 § 49 Abs. 1 Nr. 1, 17	15 €
74.2	- mit Sachbeschädigung		35 €
75	Bei erheblicher Sichtbehinderung durch Nebel, Schneefall oder Regen innerhalb geschlossener Ortschaften am Tage nicht mit Abblendlicht gefahren	§ 17 Abs. 3 Satz 1 § 49 Abs. 1 Nr. 17	25 €
75.1	- mit Sachbeschädigung	§ 17 Abs. 3 Satz 1 § 1 Abs. 2 § 49 Abs. 1 Nr. 1, 17	35 €
76	Bei erheblicher Sichtbehinderung durch Nebel, Schneefall oder Regen außerhalb geschlossener Ortschaften am Tage nicht mit Abblendlicht gefahren	§ 17 Abs. 3 Satz 1 § 49 Abs. 1 Nr. 17	40 €
77	Haltendes mehrspuriges Fahrzeug nicht oder nicht wie vorgeschrieben beleuchtet oder kenntlich gemacht	§ 17 Abs. 4 Satz 1, 3 § 49 Abs. 1 Nr. 17	20 €
77.1	- mit Sachbeschädigung	§ 17 Abs. 4 Satz 1, 3 § 1 Abs. 2 § 49 Abs. 1 Nr. 1, 17	35 €
	Autobahnen und Kraftfahrstraßen		
78	Autobahn oder Kraftfahrstraße mit einem Fahrzeug benutzt, dessen durch die Bauart bestimmte Höchstgeschwindigkeit weniger als 60 km/h betrug oder dessen zulässige Höchstabmessungen zusammen mit der Ladung überschritten waren, soweit die Gesamthöhe nicht mehr als 4,20 m betrug	§ 18 Abs. 1 § 49 Abs. 1 Nr. 18	20 €
79	Autobahn oder Kraftfahrstraße mit einem Fahrzeugbenutzt, dessen Höhe zusammen mit der Ladung mehr als 4,20 m betrug	§ 18 Abs. 1 Satz 2 § 49 Abs. 1 Nr. 18	40 €

Lfd. Nr.	Tatbestand	StVO	Regelsatz in Euro (€), Fahrverbot in Monaten
80	An dafür nicht vorgesehener Stelle eingefahren	§ 18 Abs. 2 § 49 Abs. 1 Nr. 18	25 €
81	An dafür nicht vorgesehener Stelle eingefahren und dadurch einen anderen gefährdet	§ 18 Abs. 2 § 1 Abs. 2 § 49 Abs. 1 Nr. 1, 18	50 €
82	Beim Einfahren Vorfahrt auf der durchgehenden Fahrbahn nicht beachtet	§ 18 Abs. 3 § 49 Abs. 1 Nr. 18	50 €
83	Gewendet, rückwärts oder entgegen der Fahrtrichtung gefahren	§ 18 Abs. 7 § 2 Abs. 1 § 49 Abs. 1 Nr. 2, 18	
83.1	in einer Ein- oder Ausfahrt		50 €
83.2	auf der Nebenfahrbahn oder dem Seitenstreifen		100 €
83.3	auf der durchgehenden Fahrbahn		150 € **Fahrverbot 1 Monat**
84	Auf einer Autobahn oder Kraftfahrstraße gehalten	§ 18 Abs. 8 § 49 Abs. 1 Nr. 18	30 €
85	Auf einer Autobahn oder Kraftfahrstraße geparkt	(§ 12 Abs. 2 StVO) § 18 Abs. 8 § 49 Abs. 1 Nr. 18	40 €
86	Als Fußgänger Autobahn betreten oder Kraftfahrstraße an dafür nicht vorgesehener Stelle betreten	§ 18 Abs. 9 § 49 Abs. 1 Nr. 18	10 €
87	An dafür nicht vorgesehener Stelle ausgefahren	§ 18 Abs. 10 § 49 Abs. 1 Nr. 18	25 €
88	Seitenstreifen zum Zweck des schnelleren Vorwärtskommens benutzt	§ 2 Abs. 1 § 49 Abs. 1 Nr. 2	50 €
	Bahnübergänge		
89	Mit einem Fahrzeug den Vorrang eines Schienenfahrzeugs nicht beachtet oder Bahnübergang unter Verstoß gegen die Wartepflicht nach § 19 Abs. 2 StVO überquert	§ 19 Abs. 1 Satz 1, Abs. 2 Satz 1, 2 § 49 Abs. 1 Nr. 19 Buchstabe a	50 €
90	Vor einem Bahnübergang Wartepflichten verletzt	§ 19 Abs. 2 bis 6 § 49 Abs. 1 Nr. 19 Buchstabe a	10 €

Lfd. Nr.	Tatbestand	StVO	Regelsatz in Euro (€), Fahrverbot in Monaten
	Öffentliche Verkehrsmittel und Schulbusse		
91	Nicht mit Schrittgeschwindigkeit gefahren (soweit nicht von Nummer 11 erfasst) an an einer Haltestelle haltendem Omnibus des Linienverkehrs, haltender Straßenbahn oder haltendem gekennzeichneten Schulbus mit ein- oder aussteigenden Fahrgästen bei Vorbeifahrt rechts	§ 20 Abs. 2 Satz 1 § 49 Abs. 1 Nr. 19 Buchstabe b	15 €
92	An an einer Haltestelle (Zeichen 224) haltendem Omnibus des Linienverkehrs, haltender Straßenbahn oder haltendem gekennzeichneten Schulbus mit ein- oder aussteigenden Fahrgästen bei Vorbeifahrt rechts Schrittgeschwindigkeit oder ausreichenden Abstand nicht eingehalten oder, obwohl nötig, nicht angehalten und dadurch einen Fahrgast		
92.1	behindert	§ 20 Abs. 2 Satz 2, 3 § 49 Abs. 1 Nr. 19 Buchstabe b	40 €, soweit sich nicht aus Nr. 11 ein höherer Regelsatz ergibt
92.2	gefährdet	§ 20 Abs. 2 Satz 1, 3 § 49 Abs. 1 Nr. 19 Buchstabe b	50 €, soweit sich nicht aus Nr. 11, auch i.V.m. Tabelle 4, ein höherer Regelsatz ergibt
93	Omnibus des Linienverkehrs oder gekennzeichneten Schulbus mit eingeschaltetem Warnblinklicht bei Annäherung an eine Haltestelle überholt	§ 20 Abs. 3 § 49 Abs. 1 Nr. 19 Buchstabe b	40 €
94	Nicht mit Schrittgeschwindigkeit gefahren (soweit nicht von Nummer 11 erfasst) an an einer Haltestelle haltendem Omnibus des Linienverkehrs oder gekennzeichnetem Schulbus mit eingeschaltetem Warnblinklicht	§ 20 Abs. 4 Satz 1, 2 § 49 Abs. 1 Nr. 19 Buchstabe b	15 €

Lfd. Nr.	Tatbestand	StVO	Regelsatz in Euro (€), Fahrverbot in Monaten
95	An an einer Haltestelle (Zeichen 224) haltendem Omnibus des Linienverkehrs oder gekennzeichnetem Schulbus mit eingeschaltetem Warnblinklicht bei Vorbeifahrt Schrittgeschwindigkeit oder ausreichenden Abstand nicht eingehalten oder, obwohl nötig, nicht angehalten und dadurch einen Fahrgast		
95.1	behindert	§ 20 Abs. 4 Satz 3, 4 § 49 Abs. 1 Nr. 19 Buchstabe b	40 €, soweit sich nicht aus Nr. 11 ein höherer Regelsatz ergibt
95.2	gefährdet	§ 20 Abs. 4 Satz 1, 4 § 20 Abs. 4 Satz 2 § 1 Abs. 2 § 49 Abs. 1 Nr. 1, 19 Buchstabe b	50 €, soweit sich nicht aus Nr. 11, auch i.V.m. Tabelle 4, ein höherer Regelsatz ergibt
96	Einem Omnibus des Linienverkehrs oder einem Schulbus das Abfahren von einer gekennzeichneten Haltestelle nicht ermöglicht	§ 20 Abs. 5 § 49 Abs. 1 Nr. 19 Buchstabe b	5 €
96.1.	- mit Gefährdung	§ 20 Abs. 5 § 1 Abs. 2 § 49 Abs. 1 Nr. 1, 19 Buchstabe b	20 €
96.2	- mit Sachbeschädigung		30 €
	Personenbeförderung, Sicherungspflichten		
97	Gegen eine Vorschrift über die Mitnahme von Personen auf oder in Fahrzeugen verstoßen	§ 21 Abs. 1, 2, 3 § 49 Abs. 1 Nr. 20	5 €
98	Als Kfz-Führer oder als anderer Verantwortlicher bei der Beförderung eines Kindes nicht für die vorschriftsmäßige Sicherung gesorgt (außer in KOM über 3,5 t zulässige Gesamtmasse)	§ 21 Abs. 1a Satz 1 § 21a Abs. 1 Satz 1 § 49 Abs. 1 Nr. 20, 20a	
98.1	bei einem Kind		30 €
98.2	bei mehreren Kindern		35 €

Lfd. Nr.	Tatbestand	StVO	Regelsatz in Euro (€), Fahrverbot in Monaten
99	Als Kfz-Führer Kind ohne jede Sicherung befördert oder als anderer Verantwortlicher nicht für eine Sicherung eines Kindes in einem Kfz gesorgt (außer in KOM über 3,5 t zulässige Gesamtmasse) oder als Führer eines Kraftrades Kind befördert, obwohl es keinen Schutzhelm trug	§ 21 Abs. 1a Satz 1 § 21a Abs. 1 Satz 1, Abs. 2 § 49 Abs. 1 Nr. 20, 20a	
99.1	bei einem Kind		40 €
99.2	bei mehreren Kindern		50 €
100	Vorgeschriebenen Sicherheitsgurt während der Fahrt nicht angelegt	§ 21a Abs. 1 Satz 1 § 49 Abs. 1 Nr. 20a	30 €
101	Amtlich genehmigten Schutzhelm während der Fahrt nicht getragen	§ 21a Abs. 2 § 49 Abs. 1 Nr. 20a	15 €
	Ladung		
102	Ladung oder Ladeeinrichtung	§ 22 Abs. 1 § 49 Abs. 1 Nr. 21	
102.1	nicht verkehrssicher verstaut oder gegen Herabfallen nicht besonders gesichert		35 €
102.2	gegen vermeidbaren Lärm nicht besonders gesichert		10 €
103	Ladung oder Ladeeinrichtung nicht verkehrssicher verstaut oder gegen Herabfallen nicht besonders gesichert und dadurch einen anderen gefährdet	§ 22 Abs. 1 § 1 Abs. 2 § 49 Abs. 1 Nr. 1, 21	50 €
104	Fahrzeug geführt, dessen Höhe zusammen mit der Ladung mehr als 4,20 m betrug	§ 22 Abs. 2 Satz 1 § 49 Abs. 1 Nr. 21	40 €
105	Fahrzeug geführt, das zusammen mit der Ladung eine der höchstzulässigen Abmessungen überschritt, soweit die Gesamthöhe nicht mehr als 4,20 m betrug, oder dessen Ladung unzulässig über das Fahrzeug hinausragte	§ 22 Abs. 2, 3, 4 Satz 1, 2, Abs. 5 Satz 2 § 49 Abs. 1 Nr. 21	20 €
106	Vorgeschriebene Sicherungsmittel nicht oder nicht ordnungsgemäß angebracht	§ 22 Abs. 4 Satz 3 bis 5, Abs. 5 Satz 1 § 49 Abs. 1 Nr. 21	25 €

Lfd. Nr.	Tatbestand	StVO	Regelsatz in Euro (€), Fahrverbot in Monaten
	Sonstige Pflichten des Fahrzeugführers		
107	Als Fahrzeugführer nicht dafür gesorgt, dass		
107.1	seine Sicht oder sein Gehör durch die Besetzung, Tiere, die Ladung, ein Gerät oder den Zustand des Fahrzeugs nicht beeinträchtigt war	§ 23 Abs. 1 Satz 1 § 49 Abs. 1 Nr. 22	10 €
107.2	das Fahrzeug, der Zug, die Ladung oder die Besetzung vorschriftsmäßig war oder die Verkehrssicherheit des Fahrzeugs durch die Ladung oder die Besetzung nicht litt	§ 23 Abs. 1 Satz 2 § 49 Abs. 1 Nr. 22	25 €
107.3	das vorgeschriebene Kennzeichen stets gut lesbar war	§ 23 Abs. 1 Satz 3 § 49 Abs. 1 Nr. 22	5 €
107.4	an einem Kraftfahrzeug, an dessen Anhänger oder an einem Fahrrad die vorgeschriebene Beleuchtungseinrichtung auch am Tage vorhanden oder betriebsbereit war	§ 23 Abs. 1 Satz 4 § 49 Abs. 1 Nr. 22	10 €
107.4.1	- mit Gefährdung	§ 23 Abs. 1 Satz 4 § 1 Abs. 2 § 49 Abs. 1 Nr. 1, 22	20 €
107.4.2	- mit Sachbeschädigung		25 €
108	Als Fahrzeugführer nicht dafür gesorgt, dass das Fahrzeug, der Zug, die Ladung oder die Besetzung vorschriftsmäßig war, wenn dadurch die Verkehrssicherheit wesentlich beeinträchtigt war oder die Verkehrssicherheit des Fahrzeugs durch die Ladung oder die Besetzung wesentlich litt	§ 23 Abs. 1 Satz 2 § 49 Abs. 1 Nr. 22	50 €
109	Mobil- oder Autotelefon verbotswidrig benutzt	§ 23 Abs. 1a § 49 Abs. 1 Nr. 22	
109.1	als Kfz-Führer		30 €
109.2	als Radfahrer		15 €
110	Fahrzeug oder Zug nicht auf dem kürzesten Weg aus dem Verkehr gezogen, obwohl unterwegs die Verkehrssicherheit wesentlich beeinträchtigende Mängel aufgetreten waren, die nicht alsbald beseitigt werden konnten	§ 23 Abs. 2 Halbsatz 1 § 49 Abs. 1 Nr. 22	10 €

Lfd. Nr.	Tatbestand	StVO	Regelsatz in Euro (€), Fahrverbot in Monaten
	Fußgänger		
111	Trotz vorhandenen Gehwegs oder Seitenstreifens auf der Fahrbahn oder außerhalb geschlossener Ortschaften nicht am linken Fahrbahnrand gegangen	§ 25 Abs.1 Satz 2, 3 Halbsatz 2 § 49 Abs. 1 Nr. 24 Buchstabe a	5 €
112	Fahrbahn ohne Beachtung des Fahrzeugverkehrs oder nicht zügig auf dem kürzesten Weg quer zur Fahrtrichtung oder an nicht vorgesehener Stelle überschritten	§ 25 Abs. 3 Satz 1 § 49 Abs. 1 Nr. 24 Buchstabe a	
112.1	- mit Gefährdung	§ 25 Abs. 3 Satz 1 § 1 Abs. 2 § 49 Abs. 1 Nr. 1, 24 Buchstabe a	5 €
112.2	- mit Sachbeschädigung		10 €
	Fußgängerüberweg		
113	An einem Fußgängerüberweg, den ein Bevorrechtigter erkennbar benutzen wollte, das Überqueren der Fahrbahn nicht ermöglicht oder nicht mit mäßiger Geschwindigkeit herangefahren oder an einem Fußgängerüberweg überholt	§ 26 Abs. 1, 3 § 49 Abs. 1 Nr. 24 Buchstabe b	50 €
114	Bei stockendem Verkehr auf einen Fußgängerüberweg gefahren	§ 26 Abs. 2 § 49 Abs. 1 Nr. 24 Buchstabe b	5 €
	Übermäßige Straßenbenutzung		
115	Als Veranstalter erlaubnispflichtige Veranstaltung ohne Erlaubnis durchgeführt	§ 29 Abs. 2 Satz 1 § 49 Abs. 2 Nr. 6	40 €
116	Ohne Erlaubnis Fahrzeug oder Zug geführt, dessen Maße oder Gewichte die gesetzlich allgemein zugelassenen Grenzen tatsächlich überschritten oder dessen Bauart dem Führer kein ausreichendes Sichtfeld ließ	§ 29 Abs. 3 § 49 Abs. 2 Nr. 7	40 €
	Umweltschutz		
117	Bei Benutzung eines Fahrzeugs unnötigen Lärm oder vermeidbare Abgasbelästigungen verursacht	§ 30 Abs. 1 Satz 1, 2 § 49 Abs. 1 Nr. 25	10 €

Lfd. Nr.	Tatbestand	StVO	Regelsatz in Euro (€), Fahrverbot in Monaten
118	Innerhalb einer geschlossenen Ortschaft unnütz hin- und hergefahren und dadurch einen anderen belästigt	§ 30 Abs. 1 Satz 3 § 49 Abs. 1 Nr. 25	20 €
	Sonntagsfahrverbot		
119	Verbotswidrig an einem Sonntag oder Feiertag gefahren	§ 30 Abs. 3 Satz 1 § 49 Abs. 1 Nr. 25	40 €
120	Als Halter das verbotswidrige Fahren an einem Sonntag oder Feiertag angeordnet oder zugelassen	§ 30 Abs. 3 Satz 1 § 49 Abs. 1 Nr. 25	200 €
	Verkehrshindernisse		
121	Straße beschmutzt oder benetzt, obwohl dadurch der Verkehr gefährdet oder erschwert werden konnte	§ 32 Abs. 1 Satz 1 § 49 Abs. 1 Nr. 27	10 €
122	Verkehrswidrigen Zustand nicht oder nicht rechtzeitig beseitigt oder nicht ausreichend kenntlich gemacht	§ 32 Abs. 1 Satz 2 § 49 Abs. 1 Nr. 27	10 €
123	Gegenstand auf eine Straße gebracht oder dort liegen gelassen, obwohl dadurch der Verkehr gefährdet oder erschwert werden konnte	§ 32 Abs. 1 Satz 1 § 49 Abs. 1 Nr. 27	40 €
124	Gefährliches Gerät nicht wirksam verkleidet	§ 32 Abs. 2 § 49 Abs. 1 Nr. 27	5 €
	Unfall		
125	Als Unfallbeteiligter den Verkehr nicht gesichert oder bei geringfügigem Schaden nicht unverzüglich beiseite gefahren	§ 34 Abs. 1 Nr. 2 § 49 Abs. 1 Nr. 29	30 €
125.1	- mit Sachbeschädigung	§ 34 Abs. 1 Nr. 2 § 1 Abs. 2 § 49 Abs. 1 Nr. 1, 29	35 €
126	Unfallspuren beseitigt, bevor die notwendigen Feststellungen getroffen worden waren	§ 34 Abs. 3 § 49 Abs. 1 Nr. 29	30 €
	Warnkleidung		
127	Bei Arbeiten außerhalb von Gehwegen oder Absperrungen auffällige Warnkleidung nicht getragen	§ 35 Abs. 6 Satz 4 § 49 Abs. 4 Nr. 1a	5 €

Lfd. Nr.	Tatbestand	StVO	Regelsatz in Euro (€), Fahrverbot in Monaten
	Zeichen und Weisungen der Polizei beamten		
128	Weisung eines Polizeibeamten nicht befolgt	§ 36 Abs. 1 Satz 1, Abs. 3, Abs. 5 Satz 4 § 49 Abs. 3 Nr. 1	20 €
129	Zeichen oder Haltgebot eines Polizeibeamten nicht befolgt	§ 36 Abs. 1 Satz 1, Abs. 2, Abs. 4, Abs. 5 Satz 4 § 49 Abs. 3 Nr. 1	50 €
	Wechsellichtzeichen, Dauerlichtzeichen und Grünpfeil		
130	Als Fußgänger rotes Wechsellichtzeichen nicht befolgt oder den Weg beim Überschreiten der Fahrbahn beim Wechsel von Grün auf Rot nicht zügig fortgesetzt	§ 37 Abs. 2 Nr. 1 Satz 7, Nr. 2, 5 Satz 3 § 49 Abs. 3 Nr. 2	5 €
130.1	- mit Gefährdung	§ 37 Abs. 2 Nr. 1 Satz 7, Nr. 2, 5 Satz 3 § 1 Abs. 2 § 49 Abs. 1 Nr. 1, Abs. 3 Nr. 2	5 €
130.2	- mit Sachbeschädigung		10 €
131	Beim Rechtsabbiegen mit Grünpfeil		
131.1	aus einem anderen als dem rechten Fahrstreifen abgebogen	§ 37 Abs. 2 Nr. 1 Satz 9 § 49 Abs. 3 Nr. 2	15 €
131.2	den Fahrzeugverkehr der freigegebenen Verkehrsrichtungen, ausgenommen den Fahrradverkehr auf Radwegfurten, behindert	§ 37 Abs. 2 Nr. 1 Satz 10 § 49 Abs. 3 Nr. 2	35 €
132	Als Fahrzeugführer in anderen als den Fällen des Rechtsabbiegens mit Grünpfeil rotes Wechsellichtzeichen oder rotes Dauerlichtzeichen nicht befolgt	§ 37 Abs. 2 Nr. 1 Satz 7, 11, Nr. 2, Abs. 3 Satz 1, 2 § 49 Abs. 3 Nr. 2	50 €
132.1	mit Gefährdung oder Sachbeschädigung	§ 37 Abs. 2 Nr. 1 Satz 7, 11, Nr. 2, Abs. 3 Satz 1, 2 § 1 Abs. 2 § 49 Abs. 1 Nr. 1, Abs. 3 Nr. 2	125 € **Fahrverbot 1 Monat**

Lfd. Nr.	Tatbestand	StVO	Regelsatz in Euro (€), Fahrverbot in Monaten
132.2	bei schon länger als 1 Sekunde andauernder Rotphase eines Wechsellichtzeichens	§ 37 Abs. 2 Nr. 1 Satz 7, 11, Nr. 2 § 49 Abs. 3 Nr. 2	125 € **Fahrverbot 1 Monat**
132.2.1	mit Gefährdung oder Sachbeschädigung	§ 37 Abs. 2 Nr. 1 Satz 7, 11, Nr. 2 § 1 Abs. 2 § 49 Abs. 1 Nr. 1, Abs. 3 Nr. 2	200 € **Fahrverbot 1 Monat**
133	Beim Rechtsabbiegen mit Grünpfeil		
133.1	vor dem Rechtsabbiegen mit Grünpfeil nicht angehalten	§ 37 Abs. 2 Nr. 1 Satz 7 § 49 Abs. 3 Nr. 2	50 €
133.2	den Fahrzeugverkehr der freigegebenen Verkehrsrichtungen, ausgenommen den Fahrradverkehr auf Radwegfurten, gefährdet	§ 37 Abs. 2 Nr. 1 Satz 10 § 49 Abs. 3 Nr. 2	60 €
133.3	den Fußgängerverkehr oder den Fahrradverkehr auf Radwegfurten der freigegebenen Verkehrsrichtungen	§ 37 Abs. 2 Nr. 1 Satz 10 § 49 Abs. 3 Nr. 2	
133.3.1	behindert		60 €
133.3.2	gefährdet		75 €
	Blaues und gelbes Blinklicht		
134	Blaues Blinklicht zusammen mit dem Einsatzhorn oder allein oder gelbes Blinklicht missbräuchlich verwendet	§ 38 Abs. 1 Satz 1, Abs. 2, Abs. 3 Satz 3 § 49 Abs. 3 Nr. 3	20 €
135	Einem Einsatzfahrzeug, das blaues Blinklicht zusammen mit dem Einsatzhorn verwendet hatte, nicht sofort freie Bahn geschaffen	§ 38 Abs. 1 Satz 2 § 49 Abs. 3 Nr. 3	20 €
	Vorschriftszeichen		
136	Unbedingtes Haltgebot (Zeichen 206) nicht befolgt	§ 41 Abs. 2 Nr. 1 Buchstabe b § 49 Abs. 3 Nr. 4	10 €
137	Bei verengter Fahrbahn (Zeichen 208) dem Gegenverkehr Vorrang nicht gewährt	§ 41 Abs. 2 Nr. 1 Buchstabe c § 49 Abs. 3 Nr. 4	5 €

Lfd. Nr.	Tatbestand	StVO	Regelsatz in Euro (€), Fahrverbot in Monaten
137.1	- mit Gefährdung	§ 41 Abs. 2 Nr. 1 Buchstabe c § 1 Abs. 2 § 49 Abs. 1 Nr. 1, Abs. 3 Nr. 4	10 €
137.2	- mit Sachbeschädigung		20 €
138	Die durch Vorschriftszeichen (Zeichen 209, 211, 214, 222) vorgeschriebene Fahrtrichtung oder Vorbeifahrt nicht befolgt	§ 41 Abs. 2 Nr. 2, 3 § 49 Abs. 3 Nr. 4	10 €
138.1	- mit Gefährdung	§ 41 Abs. 2 Nr. 2, 3 § 1 Abs. 2 § 49 Abs. 1 Nr. 1, Abs. 3 Nr. 4	15 €
138.2	- mit Sachbeschädigung		25 €
139	Die durch Zeichen 220 (Einbahnstraße) vorgeschriebene Fahrtrichtung nicht befolgt	§ 41 Abs. 2 Nr. 2 § 49 Abs. 3 Nr. 4	
139.1	als Kfz-Führer		20 €
139.2	als Radfahrer		15 €
139.2.1	- mit Behinderung	§ 41 Abs. 2 Nr. 2 § 1 Abs. 2 § 49 Abs. 1 Nr. 1, Abs. 3 Nr. 4	20 €
139.2.2	- mit Gefährdung		25 €
139.2.3	- mit Sachbeschädigung		30 €
140	Als anderer Verkehrsteilnehmer vorschriftswidrig Radweg (Zeichen 237) oder einen sonstigen Sonderweg (Zeichen 238, 239, 240, 241) benutzt oder als anderer Fahrzeugführer Fahrradstraße (Zeichen 244) vorschriftswidrig benutzt	§ 41 Abs. 2 Nr. 5 Satz 6 Buchstabe a Satz 2, Nr. 5 Satz 8 Nr. 1 § 49 Abs. 3 Nr. 4	10 €
141	Fußgängerbereich (Zeichen 239, 242, 243) benutzt oder ein Verkehrsverbot (Zeichen 250, 251, 253 bis 255, 260) nicht beachtet	§ 41 Abs. 2 Nr. 5 Satz 6 Buchstabe a Satz 2, Nr. 5 Satz 7 Nr. 1 Satz 2, Nr. 6 § 49 Abs. 3 Nr. 4	

Lfd. Nr.	Tatbestand	StVO	Regelsatz in Euro (€), Fahrverbot in Monaten
141.1	mit Kraftfahrzeugen der in § 3 Abs. 3 Nr. 2 Buchstabe a oder b StVO genannten Art		20 €
141.2	mit anderen Kraftfahrzeugen		15 €
141.3	als Radfahrer		10 €
141.3.1	- mit Behinderung	§ 41 Abs. 2 Nr. 5 Satz 6 Buchstabe a Satz 2, Nr. 5 Satz 7 Nr. 1 Satz 2, Nr. 6 § 1 Abs. 2 § 49 Abs. 1 Nr. 1, Abs. 3 Nr. 4	15 €
141.3.2	- mit Gefährdung		20 €
141.3.3	- mit Sachbeschädigung		25 €
142	Als Kfz-Führer Verkehrsverbot (Zeichen 262 bis 266) oder Verbot der Einfahrt (Zeichen 267) nicht beachtet	§ 41 Abs. 2 Nr. 6 § 49 Abs. 3 Nr. 4	20 €
143	Als Radfahrer Verbot der Einfahrt (Zeichen 267) nicht beachtet	§ 41 Abs. 2 Nr. 6 § 49 Abs. 3 Nr. 4	15 €
143.1	- mit Behinderung	§ 41 Abs. 2 Nr. 6 § 1 Abs. 2 § 49 Abs. 1 Nr. 1, Abs. 3 Nr. 4	20 €
143.2	- mit Gefährdung		25 €
143.3	- mit Sachbeschädigung		30 €
144	In einem Fußgängerbereich, der durch Zeichen 239, 242, 243 oder 250 gesperrt war, geparkt (§ 12 Abs. 2 StVO)	§ 41 Abs. 2 Nr. 5 Satz 6 Buchstabe a Satz 2, Nr. 5 Satz 7 Nr. 1 Satz 2, Nr. 6 § 49 Abs. 3 Nr. 4	30 €

Lfd. Nr.	Tatbestand	StVO	Regelsatz in Euro (€), Fahrverbot in Monaten
144.1	- mit Behinderung	§ 41 Abs. 2 Nr. 5 Satz 6 Buchstabe a Satz 2, Nr. 5 Satz 7 Nr. 1 Satz 2, Nr. 6 § 1 Abs. 2 § 49 Abs. 1 Nr. 1, Abs. 3 Nr. 4	35 €
144.2	länger als 3 Stunden		35 €
145	Als Radfahrer oder Führer eines motorisierten Zweiradfahrzeugs auf einem gemeinsamen Rad- und Gehweg auf einen Fußgänger nicht Rücksicht genommen	§ 41 Abs. 2 Nr. 5 Satz 6 Buchstabe c § 49 Abs. 3 Nr. 4	10 €
145.1	- mit Behinderung	§ 41 Abs. 2 Nr. 5 Satz 6 Buchstabe c § 1 Abs. 2 § 49 Abs. 1 Nr. 1, Abs. 3 Nr. 4	15 €
145.2	- mit Gefährdung		20 €
145.3	- mit Sachbeschädigung		25 €
146	Bei zugelassenem Fahrzeugverkehr in einem Fußgängerbereich (Zeichen 239, 242, 243) nicht mit Schrittgeschwindigkeit gefahren (soweit nicht von Nummer 11 erfasst)	§ 41 Abs. 2 Nr. 5 Satz 6 Buchstabe e, Nr. 5 Satz 7 Nr. 2 Satz 1 § 49 Abs. 3 Nr. 4	15 €
147	Als Nichtberechtigter Sonderfahrstreifen für Omnibusse des Linienverkehrs (Zeichen 245) od. für Taxen (Zeichen 245 mit Zusatzschild) benutzt	§ 41 Abs. 2 Nr. 5 Satz 11 § 49 Abs. 3 Nr. 4	15 €
147.1	- mit Behinderung	§ 41 Abs. 2 Nr. 5 Satz 11 § 1 Abs. 2 § 49 Abs. 1 Nr. 1, Abs. 3 Nr. 4	35 €

Lfd. Nr.	Tatbestand	StVO	Regelsatz in Euro (€), Fahrverbot in Monaten
148	Wendeverbot (Zeichen 272) nicht beachtet	§ 41 Abs. 2 Nr. 6 § 49 Abs. 3 Nr. 4	20 €
149	Vorgeschriebenen Mindestabstand (Zeichen 273) zu einem vorausfahrenden Fahrzeug unterschritten	§ 41 Abs. 2 Nr. 6 § 49 Abs. 3 Nr. 4	10 €
150	Unbedingtes Haltgebot (Zeichen 206) nicht befolgt oder trotz Rotlicht nicht an der Haltlinie (Zeichen 294) gehalten und dadurch einen anderen gefährdet	§ 41 Abs. 2 Nr. 1 Buchstabe b, Abs. 3 Nr. 2 § 1 Abs. 2 § 49 Abs. 1 Nr. 1, Abs. 3 Nr. 4	50 €
151	Als Fahrzeugführer in einem Fußgängerbereich (Zeichen 239, 242, 243) einen Fußgänger gefährdet		
151.1	bei zugelassenem Fahrzeugverkehr (Zeichen 239, 242 mit Zusatzschild)	§ 41 Abs. 2 Nr. 5 Satz 7 Nr. 2 Satz 2 § 49 Abs. 3 Nr. 4	40 €
151.2	bei nicht zugelassenem Fahrzeugverkehr	§ 41 Abs. 2 Nr. 5 Satz 6 Buchstabe a Satz 2, Satz 7 Nr. 1 Satz 2 § 1 Abs. 2 § 49 Abs. 1 Nr. 1, Abs. 3 Nr. 4	50 €
152	Eine für kennzeichnungspflichtige Kraftfahrzeuge mit gefährlichen Gütern (Zeichen 261) oder für Kraftfahrzeuge mit wassergefährdender Ladung (Zeichen 269) gesperrte Straße befahren	§ 41 Abs. 2 Nr. 6 § 49 Abs. 3 Nr. 4	100 €
153	Kraftfahrzeug trotz Verkehrsverbots bei Smog oder zur Verminderung schädlicher Luftverunreinigungen (Zeichen 270) geführt	§ 41 Abs. 2 Nr. 6 § 49 Abs. 3 Nr. 4	40 €
154	An der Haltlinie (Zeichen 294) nicht gehalten	§ 41 Abs. 3 Nr. 2 § 49 Abs. 3 Nr. 4	10 €
155	Fahrstreifenbegrenzung (Zeichen 295, 296) überquert oder überfahren oder durch Pfeile vorgeschriebener Fahrtrichtung (Zeichen 297) nicht gefolgt oder Sperrfläche (Zeichen 298) benutzt (außer Parken)	§ 41 Abs. 3 Nr. 3 Buchstabe a Satz 3, Nr. 4 Satz 2 Buchstabe a, Nr. 5 Satz 3, Nr. 6 § 49 Abs. 3 Nr. 4	10 €

Lfd. Nr.	Tatbestand	StVO	Regelsatz in Euro (€), Fahrverbot in Monaten
155.1	- mit Sachbeschädigung	§ 41 Abs. 3 Nr. 3 Buchstabe a Satz 3, Nr. 4 Satz 2 Buchstabe a, Nr. 5 Satz 3, Nr. 6 § 1 Abs. 2 § 49 Abs. 1 Nr. 1 Abs. 3 Nr. 4	35 €
155.2	und dabei überholt	§ 41 Abs. 3 Nr. 3 Buchstabe a Satz 3, Nr. 4 Satz 2 Buchstabe a, Nr. 5 Satz 3, Nr. 6 § 49 Abs. 3 Nr. 4	30 €
155.3	und dabei nach links abgebogen oder gewendet	§ 41 Abs. 3 Nr. 3 Buchstabe a Satz 3, Nr. 4 Satz 2 Buchstabe a, Nr. 5 Satz 3, Nr. 6 § 49 Abs. 3 Nr. 4	30 €
155.3.1	- mit Gefährdung	§ 41 Abs. 3 Nr. 3 Buchstabe a Satz 3, Nr. 4 Satz 2 Buchstabe a, Nr. 5 Satz 3, Nr. 6 § 1 Abs. 2 § 49 Abs. 1 Nr. 1 Abs. 3 Nr. 4	35 €
156	Sperrfläche (Zeichen 298) zum Parken benutzt	§ 41 Abs. 3 Nr. 6 § 49 Abs. 3 Nr. 4	25 €
	Richtzeichen		
157	Als Fahrzeugführer in einem verkehrsberuhigten Bereich (Zeichen 325, 326)		
157.1	Schrittgeschwindigkeit nicht eingehalten (soweit nicht von Nummer 11 erfasst)	§ 42 Abs. 4a Nr. 2 § 49 Abs. 3 Nr. 5	15 €
157.2	Fußgänger behindert	§ 42 Abs. 4a Nr. 3 § 49 Abs. 3 Nr. 5	15 €
158	Als Fahrzeugführer in einem verkehrsberuhigten Bereich (Zeichen 325, 326) einen Fußgänger gefährdet	§ 42 Abs. 4a Nr. 3 § 49 Abs. 3 Nr. 5	40 €
159	In einem verkehrsberuhigten Bereich (Zeichen 325, 326) außerhalb der zum Parken gekennzeichneten Flächen geparkt	(§ 12 Abs. 2 StVO) § 42 Abs. 4a Nr. 5 § 49 Abs. 3 Nr. 5	10 €

Lfd. Nr.	Tatbestand	StVO	Regelsatz in Euro (€), Fahrverbot in Monaten
159.1	- mit Behinderung	§ 42 Abs. 4a Nr. 5 § 1 Abs. 2 § 49 Abs.1 Nr. 1, Abs. 3 Nr. 5	15 €
159.2	länger als 3 Stunden		20 €
159.2.1	- mit Behinderung	§ 42 Abs. 4a Nr. 5 § 1 Abs. 2 § 49 Abs. 1 Nr. 1, Abs. 3 Nr. 5	30 €
160	Auf dem linken von mehreren nach Zeichen 340 markierten Fahrstreifen auf einer Fahrbahn für beide Richtungen überholt	§ 42 Abs. 6 Satz 1 Nr. 1 Satz 3 Buchstabe b Satz 1 § 49 Abs. 3 Nr. 5	30 €
161	Als Führer eines Lkw mit einem zulässigen Gesamtgewicht von mehr als 3,5 t oder eines Zuges von mehr als 7 m Länge den linken von mindestens 3 in einer Richtung verlaufenden Fahrstreifen außerhalb einer geschlossenen Ortschaft vorschriftswidrig benutzt	§ 42 Abs. 6 Satz 1 Nr. 1 Satz 3 Buchstabe d Satz 3 § 49 Abs. 3 Nr. 5	15 €
161.1 -	mit Behinderung	§ 42 Abs. 6 Satz 1 Nr. 1 Satz 3 Buchstabe d Satz 3 § 1 Abs. 2 § 49 Abs. 1 Nr. 1, Abs. 3 Nr. 5	20 €
162	Auf dem linken von mehreren nach Zeichen 340 markierten Fahrstreifen auf einer Fahrbahn für beide Richtungen überholt und dadurch einen anderen gefährdet	§ 42 Abs. 6 Satz 1 Nr. 1 Satz 3 Buchstabe b Satz 1, Buchstabe c § 1 Abs. 2 § 49 Abs. 1 Nr. 1, Abs. 3 Nr. 5	40 €
	Verkehrseinrichtungen		
163	Durch Absperrgerät abgesperrte Straßenfläche befahren	§ 43 Abs. 3 Nr. 2 § 49 Abs. 3 Nr. 6	5 €

Lfd. Nr.	Tatbestand	StVO	Regelsatz in Euro (€), Fahrverbot in Monaten
	Andere verkehrsrechtliche Anordnungen		
164	Einer den Verkehr verbietenden oder beschränkenden Anordnung, die öffentlich bekannt gemacht wurde, zuwidergehandelt	§ 45 Abs. 4 Halbsatz 2 § 49 Abs. 3 Nr. 7	40 €
165	Mit Arbeiten begonnen, ohne zuvor Anordnungen eingeholt zu haben, diese Anordnungen nicht befolgt oder Lichtzeichenanlagen nicht bedient	§ 45 Abs. 6 § 49 Abs. 4 Nr. 3	75 €
	Ausnahmegenehmigung und Erlaubnis		
166	Vollziehbare Auflage einer Ausnahmegenehmigung oder Erlaubnis nicht befolgt	§ 46 Abs. 3 Satz 1 § 49 Abs. 4 Nr. 4	40 €
167	Genehmigungs- oder Erlaubnisbescheid nicht mitgeführt oder auf Verlangen nicht ausgehändigt	§ 46 Abs. 3 Satz 3 § 49 Abs. 4 Nr. 5	10 €

Lfd. Nr.	Tatbestand	StVO	Regelsatz in Euro (€), Fahrverbot in Monaten
	b) Fahrerlaubnis-Verordnung		
	<u>Mitführen und Aushändigen von Führerscheinen und Bescheinigungen</u>		
168	Führerschein oder Bescheinigung nicht mitgeführt oder auf Verlangen nicht ausgehändigt	§ 75 Nr. 4 i.V.m. den dort gen. Vorschriften	10 €
	<u>Einschränkung der Fahrerlaubnis</u>		
169	Einer vollziehbaren Auflage nicht nachgekommen	§ 23 Abs. 2 Satz 1 § 28 Abs. 1 Satz 2 § 46 Abs. 2 § 74 Abs. 3 § 75 Nr. 9	25 €
	<u>Ablieferung und Vorlage des Führerscheins</u>		
170	Einer Pflicht zur Ablieferung oder zur Vorlage eines Führerscheins nicht oder nicht rechtzeitig nachgekommen	§ 75 Nr. 10 i.V.m. den dort gen, Vorschriften	25 €
	<u>Fahrerlaubnis zur Fahrgastbeförderung</u>		
171	Ohne erforderliche Fahrerlaubnis zur Fahrgastbeförderung einen oder mehrere Fahrgäste in einem in § 48 Abs. 1 FeV genannten Fahrzeug befördert	§ 48 Abs. 1 § 75 Nr. 12	75 €
172	Als Halter die Fahrgastbeförderung in einem in § 48 Abs. 1 FeV genannten Fahrzeug angeordnet oder zugelassen, obwohl der Fahrzeugführer die erforderliche Fahrerlaubnis zur Fahrgastbeförderung nicht besaß	§ 48 Abs. 8 § 75 Nr. 12	75 €

Lfd. Nr.	Tatbestand	StVO	Regelsatz in Euro (€), Fahrverbot in Monaten
	Ortskenntnisse bei Fahrgastbeförderung		
173	Als Halter die Fahrgastbeförderung in einem in § 48 Abs. 1 i.V.m. § 48 Abs. 4 Nr. 7 FeV genannten Fahrzeug angeordnet oder zugelassen, obwohl der Fahrzeugführer die erforderlichen Ortskenntnisse nicht nachgewiesen hat	§ 48 Abs. 8 § 75 Nr. 12	35 €

Lfd. Nr.	Tatbestand	StVO	Regelsatz in Euro (€), Fahrverbot in Monaten
	c) Straßenverkehrs-Zulassungs-Ordnung		
	Mitführen und Aushändigen von Fahrzeugpapieren		
174	Fahrzeugschein, vorgeschriebene Urkunde oder sonstige Bescheinigung nicht mitgeführt oder auf Verlangen nicht ausgehändigt	§ 69a Abs. 2 Nr. 9, Abs. 5 Nr. 5e, jeweils i.V.m. den dort genannten Vorschriften	10 €
	Betriebsverbot und -beschränkungen		
175	Als Halter oder Eigentümer einem Verbot, ein Fahrzeug in Betrieb zu setzen, zuwidergehandelt oder Beschränkung nicht beachtet	§ 17 Abs. 1 Halbsatz 2 § 69a Abs. 2 Nr. 1	50 €
176	Betriebsverbot wegen Verstoßes gegen die Pflichten beim Erwerb des Fahrzeugs nicht beachtet	§ 27 Abs. 3 Satz 4 Halbsatz 1 § 69a Abs. 2 Nr. 12	40 €
177	Betriebsverbot oder -beschränkung wegen Fehlens einer gültigen Prüfplakette oder Prüfmarke in Verbindung mit einem SP-Schild nicht beachtet	§ 29 Abs. 7 Satz 5 Halbsatz 1 § 69a Abs. 2 Nr. 15	40 €
	Zulassungspflicht		
178	Kraftfahrzeug oder Kraftfahrzeuganhänger ohne die erforderliche Zulassung oder Betriebserlaubnis oder außerhalb des auf dem Saisonkennzeichen angegebenen Betriebszeitraums oder nach dem auf dem Kurzzeitkennzeichen angegebenen Ablaufdatum auf einer öffentlichen Straße in Betrieb gesetzt	§ 18 Abs. 1, 3 Satz 1 § 23 Abs. 1b Satz 2 § 28 Abs. 1 Satz 3 i.V.m. Abs. 4 Satz 3 § 69a Abs. 2 Nr. 3, 4, 10a	50 €
179	Fahrzeug außerhalb des auf dem Kennzeichen angegebenen Betriebszeitraums auf einer öffentlichen Straße abgestellt	§ 23 Abs. 1b Satz 2 § 69a Abs. 2 Nr. 10a	40 €

Lfd. Nr.	Tatbestand	StVO	Regelsatz in Euro (€), Fahrverbot in Monaten
	Versicherungskennzeichen		
180	Einer Vorschrift über Versicherungskennzeichen an Fahrzeugen zuwidergehandelt	§ 18 Abs. 4 Satz 2 § 60a Abs. 1 Satz 4, 5, Abs. 1a, 2 Satz 1 Halbsatz 1, Satz 3, 4, Abs. 3 Satz 1, Abs. 5 § 69a Abs. 2 Nr. 5	5 €
	Amtliche oder rote Kennzeichen an Fahrzeugen, Kurzzeitkennzeichen		
181	Einer Vorschrift über amtliche oder rote Kennzeichen oder über Kurzzeitkennzeichen an Fahrzeugen zuwidergehandelt mit Ausnahme des Fehlens der vorgeschriebenen Kennzeichen	§ 23 Abs. 4 Satz 1 Halbs.1 § 28 Abs. 5 Satz 1 Halbs.2 § 60 Abs. 1 Satz 4 Halbs.1, Satz 5, jeweils auch i.V.m. § 28 Abs. 2 Satz 1, Abs. 5 § 60 Abs. 1a Satz 1, Abs. 1c, Abs. 2 Satz 1 Halbsatz 1, Satz 5 bis 7, 9, Abs. 4 Satz 1, 3, jeweils auch i.V.m. Abs. 5 Satz 2 oder § 28 Abs. 2 Satz 1, Abs. 5 § 60 Abs. 3 Satz 3, Abs. 7 Satz 1 Halbsatz 1 § 69a Abs. 2 Nr. 4, 13b	10 €
	Meldepflichten, Zurückziehen aus dem Verkehr		
182	Gegen die Meldepflicht bei Änderung der tatsächlichen Verhältnisse, gegen die Antrags- oder Anzeigepflicht bei Standortänderung, Veräußerung oder Erwerb des Fahrzeugs oder gegen die Anzeige- oder Vorlagepflicht bei Dauerstilllegung des Fahrzeugs oder gegen die Pflicht, das Kennzeichen entstempeln zu lassen, verstoßen oder Verwertungsnachweis oder Verbleibserklärung nicht oder nicht vorschriftsmäßig vorgelegt oder abgegeben	§ 27 Abs. 1,1a, 2, 3 Satz 1 Halbsatz 1,Satz 2, Abs. 5 Satz 1, dieser auch i.V.m. Abs. 4 Satz 3 § 27a § 69a Abs. 2 Nr. 12, 12a	15 €

Lfd. Nr.	Tatbestand	StVO	Regelsatz in Euro (€), Fahrverbot in Monaten
	Prüfungs-, Probe-, Überführungsfahrten		
183	Gegen die Pflicht zur Verwendung von Fahrzeugscheinheften oder gegen Vorschriften über die Vornahme von Eintragungen in diese Hefte oder in die bei der Zuteilung von Kurzzeitkennzeichen ausgegebenen Scheine oder gegen Vorschriften über die Ablieferung von roten Kennzeichen oder Fahrzeugscheinheften verstoßen	§ 28 Abs. 3 Satz 2, 5, Abs. 4 Satz 2 § 69a Abs. 2 Nr. 13, 13a	10 €
184	Gegen die Pflicht zum Führen, Aufbewahren oder Aushändigen von Aufzeichnungen über Prüfungs-, Probe- oder Überführungsfahrten verstoßen	§ 28 Abs. 3 Satz 3, 4 § 69a Abs. 2 Nr. 13	25 €
185	Kurzzeitkennzeichen an mehr als einem Fahrzeug verwendet	§ 28 Abs. 4 Satz 2 i.V.m. Satz 1 § 69a Abs. 2 Nr. 13a	50 €
	Untersuchung der Kraftfahrzeuge und Anhänger		
186	Als Halter Fahrzeug zur Hauptuntersuchung oder zur Sicherheitsprüfung nicht vorgeführt bei einer Fristüberschreitung des Vorführtermins um mehr als	§ 29 Abs. 1 Satz 1 i.V.m. Nr. 2.1, 2.2, 2.7, 2.8 Satz 2, 3, Nr. 3.1.1, 3.1.2, 3.2.2 der Anlage VIII § 69a Abs. 2 Nr. 14	
186.1	2 bis zu 4 Monaten		15 €
186.2	4 bis zu 8 Monaten		25 €
186.3	8 Monate		40 €
187	Fahrzeug zur Nachprüfung der Mängelbeseitig. nicht rechtzeitig vorgeführt	§ 29 Abs. 1 Satz 1 i.V.m. Nr. 3.1.4.3 Satz 2 Halbsatz 2 der Anlage VIII § 69a Abs. 2 Nr. 18	15 €

Lfd. Nr.	Tatbestand	StVO	Regelsatz in Euro (€), Fahrverbot in Monaten
	Vorstehende Außenkanten		
188	Kraftfahrzeug oder Fahrzeugkombination in Betrieb genommen, obwohl Teile, die den Verkehr mehr als unvermeidbar gefährdeten, an dessen Umriss hervorragten	§ 30c Abs. 1 § 69a Abs. 3 Nr. 1a	20 €
	Verantwortung für den Betrieb der Fahrzeuge		
189	Als Halter die Inbetriebnahme eines Kraftfahrzeugs oder Zuges angeordnet oder zugelassen, obwohl	§ 31 Abs. 2 § 69a Abs. 5 Nr. 3	
189.1	der Führer zur selbständigen Leitung nicht geeignet war		50 €
189.2	das Fahrzeug, der Zug, die Ladung oder die Besetzung nicht vorschriftsmäßig war und dadurch die Verkehrssicherheit wesentlich beeinträchtigt war, insbesondere unter Verstoß gegen eine Vorschrift über		75 €
189.2.1	Lenkeinrichtungen	§ 31 Abs. 2 i.V.m. § 38 § 69a Abs. 5 Nr. 3	75 €
189.2.2	Bremsen	§ 31 Abs. 2 i.V.m. § 41 Abs. 1 bis 12, 15 bis 17 § 69a Abs. 5 Nr. 3	75 €
189.2.3	Einrichtungen zur Verbindung von Fahrzeugen	§ 31 Abs. 2 i.V.m. § 43 Abs. 1 Satz 1 bis 3, Abs. 4 Satz 1, 3 § 69a Abs. 5 Nr. 3	75 €
189.3	die Verkehrssicherheit des Fahrzeugs durch die Ladung oder die Besetzung wesentlich litt	§ 31 Abs. 2 § 69a Abs. 5 Nr. 3	75 €

Lfd. Nr.	Tatbestand	StVO	Regelsatz in Euro (€), Fahrverbot in Monaten
	Führung eines Fahrtenbuches		
190	Fahrtenbuch nicht ordnungsgemäß geführt, auf Verlangen nicht ausgehändigt oder nicht für die vorgeschriebene Dauer aufbewahrt	§ 31a Abs. 2, 3 § 69a Abs. 5 Nr. 4, 4a	50 €
	Überprüfung mitzuführender Gegenstände		
191	Mitzuführende Gegenstände auf Verlangen nicht vorgezeigt oder zur Prüfung nicht ausgehändigt	§ 31b § 69a Abs. 5 Nr. 4b	5 €
	Abmessungen von Fahrzeugen und Fahrzeugkombinationen		
192	Kraftfahrzeug, Anhänger oder Fahrzeugkombination in Betrieb genommen, obwohl die höchstzulässige Breite, Höhe oder Länge überschritten war	§ 32 Abs. 1 bis 4, 9 § 69a Abs. 3 Nr. 2	50 €
193	Als Halter die Inbetriebnahme eines Kraftfahrzeugs, Anhängers oder einer Fahrzeugkombination angeordnet oder zugelassen, obwohl die höchstzulässige Breite, Höhe oder Länge überschritten war	§ 31 Abs. 2 i.V.m. § 32 Abs. 1 bis 4, 9 § 69a Abs. 5 Nr. 3	75 €
	Unterfahrschutz		
194	Kraftfahrzeug, Anhänger oder Fahrzeug mit austauschbarem Ladungsträger ohne vorgeschriebenen Unterfahrschutz in Betrieb genommen	§ 32b Abs. 1, 225 § 69a Abs. 3 Nr. 3a	
	Kurvenlaufeigenschaften		
195	Kraftfahrzeug oder Fahrzeugkombination in Betrieb genommen, obwohl die vorgeschriebenen Kurvenlaufeigenschaften nicht eingehalten waren	§ 32d Abs. 1, 2 Satz 1 § 69a Abs. 3 Nr. 3c	50 €

Lfd. Nr.	Tatbestand	StVO	Regelsatz in Euro (€), Fahrverbot in Monaten
196	Als Halter die Inbetriebnahme eines Kraftfahrzeugs oder einer Fahrzeugkombination angeordnet oder zugelassen, obwohl die vorgeschriebenen Kurvenlaufeigenschaften nicht eingehalten waren	§ 31 Abs. 2 i.V.m. § 32d Abs. 1, 2 Satz 1 § 69a Abs. 5 Nr. 3	75 €
	<u>Schleppen von Fahrzeugen</u>		
197	Fahrzeug unter Verstoß gegen eine Vorschrift über das Schleppen von Fahrzeugen in Betrieb genommen	§ 33 Abs. 1 Satz 1, Abs. 2 Nr. 1, 6 § 69a Abs. 3 Nr. 3	25 €
	<u>Achslast, Gesamtgewicht, Anhängelast hinter Kraftfahrzeugen</u>		
198	Kraftfahrzeug, Anhänger oder Fahrzeugkombination in Betrieb genommen, obwohl die zul. Achslast, das zulässige Gesamtgewicht oder die zulässige Anhängelast hinter einem Kraftfahrzeug überschritten war	§ 34 Abs. 3 Satz 3, Abs. 8 § 42 Abs. 1, 2 Satz 2 § 69a Abs. 3 Nr. 4	
198.1	bei Kraftfahrzeugen mit einem zulässigen Gesamtgewicht über 7,5 t oder Kraftfahrzeugen mit Anhängern, deren zulässiges Gesamtgewicht 2 t übersteigt		Tabelle 3 Buchstabe a
198.2	bei anderen Kraftfahrzeugen bis 7,5 t zulässiges Gesamtgewicht		Tabelle 3 Buchstabe b
199	Als Halter die Inbetriebnahme eines Kraftfahrzeugs, eines Anhängers oder einer Fahrzeugkombination angeordnet oder zugelassen, obwohl die zulässige Achslast, das zulässige Gesamtgewicht oder die zulässige Anhängelast hinter einem Kraftfahrzeug überschritten war	§ 31 Abs. 2 i.V. m. § 34 Abs. 3 Satz 3, Abs. 8 § 42 Abs. 1, 2 Satz 2 § 69a Abs. 5 Nr. 3	
199.1	bei Kraftfahrzeugen mit einem zulässigen Gesamtgewicht über 7,5 t oder Kraftfahrzeugen mit Anhängern, deren zulässiges Gesamtgewicht 2 t übersteigt		Tabelle 3 Buchstabe a
199.2	bei anderen Kraftfahrzeugen bis 7,5 t zulässiges Gesamtgewicht		Tabelle 3 Buchstabe b
200	Gegen die Pflicht zur Feststellung der zugelassenen Achslasten oder Gesamtgewichte oder gegen Vorschriften über das Um- oder Entladen bei Überlastung verstoßen	§ 31c Satz 1, 4 Halbsatz 2 § 69a Abs. 5 Nr. 4c	50 €

Lfd. Nr.	Tatbestand	StVO	Regelsatz in Euro (€), Fahrverbot in Monaten
	Besetzung von Kraftomnibussen		
201	Kraftomnibus in Betrieb genommen und dabei mehr Personen befördert, als im Fahrzeugschein Plätze ausgewiesen waren	§ 34a Abs. 1 § 69a Abs. 3 Nr. 5	50 €
202	Als Halter die Inbetriebnahme eines Kraftomnibusses angeordnet oder zugelassen, obwohl mehr Personen befördert wurden, als im Fahrzeugschein Plätze ausgewiesen waren	§ 31 Abs. 2 i.V.m. § 34a Abs. 1 § 69a Abs. 5 Nr. 3	75 €
	Kindersitze		
203	Kraftfahrzeug in Betrieb genommen unter Verstoß gegen		
203.1	das Verbot der Anbringung von nach hinten gerichteten Kinderrückhalteeinrichtungen auf Beifahrerplätzen mit Airbag	§ 35a Abs. 8 Satz 1 § 69a Abs. 3 Nr. 7	25 €
203.2	die Pflicht zur Anbringung des Warnhinweises zur Verwendung von Kinderrückhalteeinrichtungen auf Beifahrerplätzen mit Airbag	§ 35a Abs. 8 Satz 2, 4 § 69a Abs. 3 Nr. 7	5 €
	Feuerlöscher in Kraftomnibussen		
204	Kraftomnibus unter Verstoß gegen eine Vorschrift über mitzuführende Feuerlöscher in Betrieb genommen	§ 35g Abs. 1, 2 § 69a Abs. 3 Nr. 7c	15 €
205	Als Halter die Inbetriebnahme eines Kraftomnibusses unter Verstoß gegen eine Vorschrift über mitzuführende Feuerlöscher angeordnet oder zugelassen	§ 31 Abs. 2 i.V.m. § 35g Abs. 1, 2 § 69a Abs. 5 Nr. 3	20 €
	Erste-Hilfe-Material in Kraftfahrzeugen		
206	Unter Verstoß gegen eine Vorschrift über mitzuführendes Erste-Hilfe-Material		
206.1	einen Kraftomnibus	§ 35h Abs. 1, 2 § 69a Abs. 3 Nr. 7c	15 €
206.2	ein anderes Kraftfahrzeug	§ 35h Abs. 3 § 69a Abs. 3 Nr. 7c	5 €
	in Betrieb genommen		

Lfd. Nr.	Tatbestand	StVO	Regelsatz in Euro (€), Fahrverbot in Monaten
207	Als Halter die Inbetriebnahme unter Verstoß gegen eine Vorschrift über mitzuführendes Erste-Hilfe-Material		
207.1	eines Kraftomnibusses	§ 31 Abs. 2 i.V.m. § 35h Abs. 1, 2 § 69a Abs. 5 Nr. 3	25 €
207.2	eines anderen Kraftfahrzeugs	§ 31 Abs. 2 i.V.m. § 35h Abs. 3 § 69a Abs. 5 Nr. 3	10 €
	angeordnet oder zugelassen		
	Bereifung und Laufflächen		
208	Kraftfahrzeug oder Anhänger, die unzulässig mit Diagonal- und mit Radialreifen ausgerüstet waren, in Betrieb genommen	§ 36 Abs. 2a Satz 1, 2 § 69a Abs. 3 Nr. 8	15 €
209	Als Halter die Inbetriebnahme eines Kraftfahrzeugs oder Anhängers, die unzulässig mit Diagonal- und mit Radialreifen ausgerüstet waren, angeordnet oder zugelassen	§ 31 Abs. 2 i.V.m. § 36 Abs. 2a Satz 1, 2 § 69a Abs. 5 Nr. 3	30 €
210	Mofa in Betrieb genommen, dessen Reifen keine ausreichenden Profilrillen oder Einschnitte oder keine ausreichende Profil- oder Einschnitttiefe besaß	§ 36 Abs. 2 Satz 5 § 69a Abs. 3 Nr. 8	25 €
211	Als Halter die Inbetriebnahme eines Mofas angeordnet oder zugelassen, dessen Reifen keine ausreichenden Profilrillen oder Einschnitte oder keine ausreichende Profil- oder Einschnitttiefe besaß	§ 31 Abs. 2 i.V.m. § 36 Abs. 2 Satz 5 § 69a Abs. 5 Nr. 3	35 €
212	Kraftfahrzeug (außer Mofa) oder Anhänger in Betrieb genommen, dessen Reifen keine ausreichenden Profilrillen oder Einschnitte oder keine ausreichende Profil- oder Einschnitttiefe besaß	§ 36 Abs. 2 Satz 3 bis 5 § 69a Abs. 3 Nr. 8	50 €
213	Als Halter die Inbetriebnahme eines Kraftfahrzeugs (außer Mofa) oder Anhängers angeordnet oder zugelassen, dessen Reifen keine ausreichenden Profilrillen oder Einschnitte oder keine ausreichende Profil- oder Einschnitttiefe besaß	§ 31 Abs. 2 i.V.m. § 36 Abs. 2 Satz 3 bis 5 § 69a Abs. 5 Nr. 3	75 €

Lfd. Nr.	Tatbestand	StVO	Regelsatz in Euro (€), Fahrverbot in Monaten
	<u>Sonstige Pflichten für den verkehrssicheren Zustand des Fahrzeugs</u>		
214	Fahrzeug in Betrieb genommen, das sich in einem Zustand befand, der die Verkehrssicherheit wesentlich beeinträchtigte, insbesondere unter Verstoß gegen eine Vorschrift über		50 €
214.1	Lenkeinrichtungen	§ 38 § 69a Abs. 3 Nr. 9	50 €
214.2	Bremsen	§ 41 Abs. 1 bis 12, 15 Satz 1, 3, 4, Abs. 16, 17 § 69a Abs. 3 Nr. 13	50 €
214.3	Einrichtungen zur Verbindung von Fahrzeugen	§ 43 Abs. 1 Satz 1 bis 3, Abs. 4 Satz 1, 3 § 69a Abs. 3 Nr. 3	50 €
	<u>Mitführen von Anhängern hinter Kraftrad oder Personenkraftwagen</u>		
215	Kraftrad oder Personenkraftwagen unter Verstoß gegen eine Vorschrift über das Mitführen von Anhängern in Betrieb genommen	§ 42 Abs. 2 Satz 1 § 69a Abs. 3 Nr. 3	25 €
	<u>Einrichtungen zur Verbindung von Fahrzeugen</u>		
216	Abschleppstange oder Abschleppseil nicht ausreichend erkennbar gemacht	§ 43 Abs. 3 Satz 2 § 69a Abs. 3 Nr. 3	5 €
	<u>Stützlast</u>		
217	Kraftfahrzeug mit einem einachsigen Anhänger in Betrieb genommen, dessen zulässige Stützlast um mehr als 50 % über- oder unterschritten wurde	§ 44 Abs. 3 Satz 1 § 69a Abs. 3 Nr. 3	40 €
	<u>Abgasuntersuchung</u>		
218	Als Halter die Frist für die Abgasuntersuchung überschritten um mehr als	§ 47a Abs. 1 Satz 1 i.V.m. Nr. 2 der Anlage XIa § 47a Abs. 7 Satz 4 § 69a Abs. 5 Nr. 5a	

Lfd. Nr.	Tatbestand	StVO	Regelsatz in Euro (€), Fahrverbot in Monaten
218.1	2 bis zu 8 Monaten		15 €
218.2	8 Monate		40 €
	Geräuschentwicklung und Schalldämpferanlage		
219	Kraftfahrzeug, dessen Schalldämpferanlage defekt war, in Betrieb genommen	§ 49 Abs. 1 § 69a Abs. 3 Nr. 17	20 €
220	Weisung, den Schallpegel im Nahfeld feststellen zu lassen, nicht befolgt	§ 49 Abs. 4 Satz 1 § 69a Abs. 5 Nr. 5c	10 €
	Lichttechnische Einrichtungen		
221	Kraftfahrzeug oder Anhänger unter Verstoß gegen eine allgemeine Vorschrift über lichttechnische Einrichtungen in Betrieb genommen	§ 49a Abs. 1 bis 4, 5 Satz 1, Abs. 6, 8, 9 Satz 2, Abs. 9a, 10 Satz 1 § 69a Abs. 3 Nr. 18	5 €
222	Kraftfahrzeug oder Anhänger in Betrieb genommenunter Verstoß gegen eine Vorschrift über		
222.1	Scheinwerfer für Fern- oder Abblendlicht	§ 50 Abs. 1, 2 Satz 1, 6 Halbsatz 2, Satz 7, Abs. 3 Satz 1, 2, Abs. 5, 6 Satz 1, 3, 4, 6, Abs. 6a Satz 2 bis 5, Abs. 9 § 69a Abs. 3 Nr. 18a	15 €
222.2	Begrenzungsleuchten oder vordere Richtstrahler	§ 51 Abs. 1 Satz 1, 4 - 6, Abs. 2 Satz 1, 4, Abs. 3 § 69a Abs. 3 Nr. 18b	15 €
222.3	seitliche Kenntlichmachung oder Umrissleuchten	§ 51a Abs. 1 Satz 1 - 7, Abs. 3 Satz 1, Abs. 4 Satz 2, Abs. 6 Satz 1, Abs. 7 Satz 1, 3 § 51b Abs. 2 Satz 1, 3, Abs. 5, 6 § 69a Abs. 3 Nr. 18c	15 €

Lfd. Nr.	Tatbestand	StVO	Regelsatz in Euro (€), Fahrverbot in Monaten
222.4	zusätzliche Scheinwerfer oder Leuchten	§ 52 Abs. 1 Satz 2 - 5, Abs. 2 Satz 2, 3, Abs. 5 Satz 2, Abs. 7 Satz 2, 4, Abs. 9 Satz 2 § 69a Abs. 3 Nr. 18e	15 €
222.5	Schluss-, Nebelschluss-, Bremsleuchten oder Rückstrahler	§ 53 Abs. 1 Satz 1, 3 bis 5, 7, Abs. 2 Satz 1, 2, 4 bis 6, Abs. 4 Satz 1 bis 4, 6, Abs. 5 Satz 1 bis 3, Abs. 6 Satz 2, Abs. 8, 9 Satz 1, § 53d Abs. 2, 3 § 69a Abs. 3 Nr. 18g, 19c	15 €
222.6	Warndreieck, Warnleuchte oder Warnblinkanlage	§ 53a Abs. 1, 2 Satz 1, Abs. 3 Satz 2, Abs. 4, 5 § 69a Abs. 3 Nr. 19	15 €
222.7	Ausrüstung oder Kenntlichmachung von Anbaugeräten oder Hubladebühnen	§ 53b Abs. 1 Satz 1 bis 3, 4 Halbsatz 2, Abs. 2 Satz 1 bis 3, 4 Halbsatz 2, Abs. 3 Satz 1, Abs. 4, 5 § 69a Abs. 3 Nr. 19a	15 €
	Geschwindigkeitsbegrenzer		
223	Kraftfahrzeug in Betrieb genommen, das nicht mit dem vorgeschriebenen Geschwindigkeitsbegrenzer ausgerüstet war, oder den Geschwindigkeitsbegrenzer auf unzulässige Geschwindigkeit eingestellt oder nicht benutzt, auch wenn es sich um ein ausländisches Kfz handelt	§ 57c Abs. 2, 5 § 69a Abs. 3 Nr. 25b § 23 Abs. 1 Satz 2 StVO i.V.m. § 3 Abs. 3 IntKfzV § 49 Abs. 1 Nr. 22 StVO	50 €
224	Als Halter die Inbetriebnahme eines Kraftfahrzeuges angeordnet oder zugelassen, das nicht mit dem vorgeschriebenen Geschwindigkeitsbegrenzer ausgerüstet war oder dessen Geschwindigkeitsbegrenzer auf eine unzulässige Geschwindigkeiteingestellt war oder nicht benutzt wurde	§ 31 Abs. 2 i.V.m. § 57c Abs. 2, 5 § 69a Abs. 5 Nr. 3	75 €
225	Als Halter den Geschwindigkeitsbegrenzer in den vorgeschriebenen Fällen nicht prüfen lassen, wenn seit fällig gewordener Prüfung		
225.1	nicht mehr als ein Monat	§ 57d Abs. 2 Satz 1 § 69a Abs. 5 Nr. 6d	25 €

Lfd. Nr.	Tatbestand	StVO	Regelsatz in Euro (€), Fahrverbot in Monaten
225.2	mehr als ein Monat vergangen ist	§ 57d Abs. 2 Satz 1 § 69a Abs. 5 Nr. 6d	40 €
226	Bescheinigung über die Prüfung des Geschwindigkeitsbegrenzers nicht mitgeführt oder auf Verlangen nicht ausgehändigt	§ 57d Abs. 2 Satz 3 § 69a Abs. 5 Nr. 6e	10 €
	Amtliches Kennzeichen		
227	Fahrzeug in Betrieb genommen, obwohl das vorgeschriebene amtliche oder rote Kennzeichen oder das Kurzzeitkennzeichen fehlte	§ 18 Abs. 4 Satz 1, 2 § 28 Abs. 1 Satz 3 § 60 Abs. 2 Satz 1 Halbsatz 1, auch in i.V.m. § 28 Abs. 2 Satz 1 § 60 Abs. 5 Satz 1 Halbsatz 1 § 69a Abs. 2 Nr. 4	40 €
228	Kennzeichen mit Glas, Folien oder ähnlichen Abdeckungen versehen	§ 60 Abs. 1 Satz 4 Halbsatz 2 § 69a Abs. 2 Nr. 4	50 €
	Einrichtungen an Fahrrädern		
229	Fahrrad unter Verstoß gegen eine Vorschrift über die Einrichtungen für Schallzeichen in Betrieb genommen	§ 64a § 69a Abs. 4 Nr. 4	10 €
230	Fahrrad oder Fahrrad mit Beiwagen unter Verstoß gegen eine Vorschrift über Schlussleuchten oder Rückstrahler in Betrieb genommen	§ 67 Abs. 4 Satz 1, 3 § 69a Abs. 4 Nr. 8	10 €
	Ausnahmen		
231	Urkunde über eine Ausnahmegenehmigung nicht mitgeführt oder auf Verlangen nicht ausgehändigt	§ 70 Abs. 3a Satz 1 § 69a Abs. 5 Nr. 7	10 €
	Auflagen bei Ausnahmegenehmigungen		
232	Als Fahrzeugführer, ohne Halter zu sein, einer vollziehbaren Auflage einer Ausnahmegenehmigung nicht nachgekommen	§ 71 § 69a Abs. 5 Nr. 8	15 €
233	Als Halter einer vollziehbaren Auflage einer Ausnahmegenehmigung nicht nachgekommen	§ 71 § 69a Abs. 5 Nr. 8	50 €

Lfd. Nr.	Tatbestand	StVO	Regelsatz in Euro (€), Fahrverbot in Monaten
	d) Verordnung über Internationalen Kraftfahrzeugverkehr		
234	An einem ausländischen Kraftfahrzeug oder ausländischen Kraftfahrzeuganhänger das heimische Kennzeichen oder das Nationalitätszeichen unter Verstoß gegen eine Vorschrift über deren Anbringung geführt	§ 2 Abs. 1 Satz 1, 3 § 14 Nr. 1	10 €
235	An einem ausländischen Kraftfahrzeug oder ausländischen Kraftfahrzeuganhänger das vorgeschriebene heimische Kennzeichen nicht geführt	§ 2 Abs. 1 Satz 1, 3 § 14 Nr. 1	40 €
236	An einem ausländischen Kraftfahrzeug oder ausländischen Kraftfahrzeuganhänger das Nationalitätszeichen nicht geführt	§ 2 Abs. 2 § 14 Nr. 1	15 €
237	Zulassungsschein, Führerschein oder die Übersetzung des ausländischen Zulassungsscheins oder Führerscheins nicht mitgeführt oder auf Verlangen nicht ausgehändigt	§ 10 § 14 Nr. 4	10 €
238	Einer vollziehbaren Auflage nicht nachgekommen	§ 4 Abs. 1 Satz 5 § 11 Abs. 2 Satz 2 § 14 Nr. 3, 5	25 €

Lfd. Nr.	Tatbestand	StVO	Regelsatz in Euro (€), Fahrverbot in Monaten
	e) Ferienreise-Verordnung		
239	Kraftfahrzeug trotz eines Verkehrsverbots innerhalb der Verbotszeiten länger als 15 Minuten geführt	§ 1 § 5 Nr. 1	40 €
240	Als Halter das Führen eines Kraftfahrzeugs trotz eines Verkehrsverbots innerhalb der Verbotszeiten länger als 15 Minuten zugelassen	§ 1 § 5 Nr. 1	100 €

Lfd. Nr.	Tatbestand	StVO	Regelsatz in Euro (€), Fahrverbot in Monaten
	B. Zuwiderhandlungen gegen § 24a StVG		
	<u>0,5-Promille-Grenze</u>		
241	Kraftfahrzeug geführt mit einer Atemalkoholkonzentration von 0,25 mg/l oder mehr oder mit einer Blutalkoholkonzentration von 0,5 Promille oder mehr oder mit einer Alkoholmenge im Körper, die zu einer solchen Atem- oder Blutalkoholkonze-tration führt	§ 24a Abs. 1	250 € **Fahrverbot 1 Monat**
241.1	bei Eintragung von bereits einer Entscheidung nach § 24a StVG, §§ 316 oder 315c Abs. 1 Nr. 1 Buchstabe a StGB im Verkehrszentralregister		500 € **Fahrverbot 3 Monate**
241.2	bei Eintragung von bereits mehreren Entscheidungen nach § 24a StVG, §§ 316 oder 315c Abs. 1 Nr. 1 Buchstabe a StGB im Verkehrszentralregister		750 € **Fahrverbot 3 Monate**
	<u>Berauschende Mittel</u>		
242	Kraftfahrzeug unter Wirkung eines in der Anlage zu § 24a Abs. 2 StVG genannten berauschenden Mittels geführt	§ 24a Abs. 2 Satz 1 i.V.m. Abs. 3	250 € **Fahrverbot 1 Monat**
242.1	bei Eintragung von bereits einer Entscheidung nach § 24a StVG, §§ 316 oder 315c Abs. 1 Nr. 1 Buchstabe a StGB im Verkehrszentralregister		500 € **Fahrverbot 3 Monate**
242.2	bei Eintragung von bereits mehreren Entscheidungen nach § 24a StVG, §§ 316 oder 315c Abs. 1 Nr. 1 Buchstabe a StGB im Verkehrszentralregister		750 € **Fahrverbot 3 Monate**

Anhang C
Geschwindigkeitsüberschreitungen

a) Kraftfahrzeuge der in § 3 Abs. 3 Nr. 2 Buchstaben a oder b StVO genannten Art

Lfd. Nr.	Überschreitung in km/h	Regelsatz in Euro bei Begehung innerhalb | außerhalb geschlossener Ortschaften (außer bei Überschreitung für mehr als 5 Minuten Dauer oder in mehr als zwei Fällen nach Fahrtantritt)	
		innerhalb	außerhalb
11.1.1	bis 10	20	15
11.1.2	11 - 15	30	25

Die nachfolgenden Regelsätze und Fahrverbote gelten auch für die Überschreitung der festgesetzten Höchstgeschwindigkeit bei Sichtweite unter 50 m durch Nebel, Schneefall oder Regen nach Nummer 9.1 der Anlage.

Lfd. Nr.	Überschreitung in km/h	Regelsatz in Euro bei Begehung		Fahrverbot/Monate bei Begehung	
		innerhalb geschlossener Ortschaften	außerhalb geschlossener Ortschaften	innerhalb geschlossener Ortschaften	außerhalb geschlossener Ortschaften
11.1.3	bis 15 für mehr als 5 Minuten Dauer oder in mehr als zwei Fällen nach Fahrtantritt	50	40	-	-
11.1.4	16 - 20	50	40	-	-
11.1.5	21 - 25	60	50	-	-
11.1.6	26 - 30	90	60	-	-
11.1.7	31 - 40	125	100	1 Monat	-
11.1.8	41 - 50	175	150	2 Monate	1 Monat
11.1.9	51 - 60	300	275	3 Monate	2 Monate
11.1.10	über 60	425	375	3 Monate	3 Monate

b) kennzeichnungspflichtige Kraftfahrzeuge der in Buchstabe a genannten Art mit gefährlichen Gütern oder Kraftomnibusse mit Fahrgästen

Lfd. Nr.	Überschreitung in km/h	Regelsatz in Euro bei Begehung innerhalb | außerhalb geschlossener Ortschaften (außer bei Überschreitung für mehr als 5 Minuten Dauer oder in mehr als zwei Fällen nach Fahrtantritt)	
11.2.1	bis 10	30	20
11.2.2	11 - 15	35	30

Die nachfolgenden Regelsätze und Fahrverbote gelten auch für die Überschreitung der festgesetzten Höchstgeschwindigkeit bei Sichtweite unter 50 m durch Nebel, Schneefall oder Regen nach Nummer 9.2 der Anlage.

Lfd. Nr.	Überschreitung in km/h	Regelsatz in Euro bei Begehung innerhalb | außerhalb geschlossener Ortschaften		Fahrverbot/Monate bei Begehung innerhalb | außerhalb geschlossener Ortschaften	
11.2.3	bis 15 für mehr als 5 Minuten Dauer oder in mehr als zwei Fällen nach Fahrtantritt	75	60	-	-
11.2.4	16 - 20	75	60	-	-
11.2.5	21 - 25	100	75	-	-
11.2.6	26 - 30	125	100	1 Monat	-
11.2.7	31 - 40	175	150	1 Monat	1 Monat
11.2.8	41 - 50	250	225	2 Monate	2 Monate
11.2.9	51 - 60	350	325	3 Monate	3 Monate
11.2.10	über 60	475	425	3 Monate	3 Monate

c) andere als die in Buchstaben a oder be genannten Kraftfahrzeuge

Lfd. Nr.	Überschreitung in km/h	Regelsatz in Euro bei Begehung innerhalb | außerhalb geschlossener Ortschaften	
11.3.1	bis 10	15	10
11.3.2	11 - 15	25	20
11.3.3.	16 - 20	35	30

Die nachfolgenden Regelsätze und Fahrverbote gelten auch für die Überschreitung der festgesetzten Höchstgeschwindigkeit bei Sichtweite unter 50 m durch Nebel, Schneefall oder Regen nach Nummer 9.3 der Anlage.

Lfd. Nr.	Überschreitung in km/h	Regelsatz in Euro bei Begehung innerhalb | außerhalb geschlossener Ortschaften		Fahrverbot/Monate bei Begehung innerhalb | außerhalb geschlossener Ortschaften	
11.3.4	21 - 25	50	40	-	-
11.3.5	26 - 30	60	50	-	-
11.3.6	31 - 40	100	75	1 Monat	-
11.3.7	41 - 50	125	100	1 Monat	1 Monat
11.3.8	51 - 60	175	150	2 Monate	1 Monat
11.3.9	61 - 70	300	275	3 Monate	2 Monate
11.3.10	über 70	425	375	3 Monate	3 Monate

Nichteinhalten des Abstandes von einem vorausfahrenden Fahrzeug

Lfd. Nr.		Regelsatz in Euro	Fahrverbot
	Der Abstand von einem vorausfahrenden Fahrzeug betrug in Metern		
12.5	a) bei einer Geschwindigkeit von mehr als 80 km/h		
12.5.1	weniger als 5/10 des halben Tachowertes........	40	
12.5.2	weniger als 4/10 des halben Tachowertes	50	
12.5.3	weniger als 3/10 des halben Tachowertes	75	
12.5.4	weniger als 2/10 des halben Tachowertes	100	**Fahrverbot 1 Monat** soweit die Geschwindigkeit mehr als 100 km/h beträgt
12.5.5	weniger als 1/10 des halben Tachowertes	125	**Fahrverbot 1 Monat** soweit die Geschwindigkeit mehr als 100 km/h beträgt
12.6	b) bei einer Geschwindigkeit von mehr als 130 km/h		
12.6.1	weniger als 5/10 des halben Tachowertes	50	
12.6.2	weniger als 4/10 des halben Tachowertes	75	
12.6.3	weniger als 3/10 des halben Tachowertes	100	
12.6.4	weniger als 2/10 des halben Tachowertes	125	**Fahrverbot 1 Monat**
12.6.5	weniger als 1/10 des halben Tachowertes	150	**Fahrverbot 1 Monat**

Überschreiten der zulässigen Achslast oder des zulässigen Gesamtgewichts von Kraftfahrzeugen, Anhängern, Fahrzeugkombinationen sowie der Anhängelast hinter Kraftfahrzeugen

a) bei Kraftfahrzeugen mit einem zulässigen Gesamtgewicht über 7,5 t sowie Kraftfahrzeugen mit Anhängern, deren zulässiges Gesamtgewicht 2 t übersteigt

Lfd. Nr.	Überschreitung in v. H.	Regelsatz in Euro
198.1	**für Inbetriebnahme**	
198.1.1	2 bis 5	30
198.1.2	mehr als 5	50
198.1.3	mehr als 10	60
198.1.4	mehr als 15	75
198.1.5	mehr als 20	100
198.1.6	mehr als 25	150
198.1.7	mehr als 30	200
199.1	**für Anordnen oder Zulassen der Inbetriebnahme**	
199.1.1	2 bis 5	35
199.1.2	mehr als 5	75
199.1.3	mehr als 10	125
199.1.4	mehr als 15	150
199.1.5	mehr als 20	200
199.1.6	mehr als 25	225

b) bei anderen Kraftfahrzeugen bis 7,5 t für Inbetriebnahme, Anordnen oder Zulassen der Inbetriebnahme

Lfd. Nr.	Überschreitung in v. H.	Regelsatz in Euro
198.2.1 oder 199.2.1	mehr als 5 bis 10	10
198.2.2 oder 199.2.2	mehr als 10 bis 15	30
198.2.3 oder 199.2.3	mehr als 15 bis 20	35
198.2.4 oder 199.2.4	mehr als 20	50
198.2.5 oder 199.2.5	mehr als 25	75
198.2.6 oder 199.2.6	mehr als 30	125

Erhöhung der Regelsätze bei Hinzutreten einer Gefährdung oder Sachbeschädigung

Die im Bußgeldkatalog bestimmten Regelsätze, die einen Betrag von mehr als 35 Euro vorsehen, erhöhen sich beim Hinzutreten einer Gefährdung oder Sachbeschädigung, soweit diese Merkmale nicht bereits im Grundtatbestand enthalten sind, wie folgt:

Bei einem Regelsatz für den Grundtatbestand von Euro	mit Gefährdung auf Euro	mit Sachbeschädigung auf Euro
40	50	60
50	60	75
60	75	90
75	100	125
90	110	135
100	125	150
125	150	175
150	175	225
175	200	275
200	225	325
225	250	375
250	275	425
275	300	475
300	325	475
325	350	475
350	400	475
375 bis 450	475	475

Enthält der Grundtatbestand bereits eine Gefährdung, führt Sachbeschädigung zu folgender Erhöhung:

Bei einem Regelsatz für den Grundtatbestand von Euro	mit Sachbeschädigung auf Euro
40	50
50	60
60	75
75	100

Nachwort

Werden wir einen erwachsenen Umgang von Politiker (Behörden) mit uns Verkehrsteilnehmern erleben? Eines sollten wir nicht außer Acht lassen: Eine Gesellschaft unterliegt einem steten Wandel. In den 5 Millionen Jahren haben wir uns vom Menschenfresser zu einem Wesen mit humanen Zügen entwickelt. Abgesehen von Rückschlägen dürfte sich diese Evolution vom Schlächter zum Streichler fortsetzen. Allerdings gibt es nicht "die da oben" welche für alles verantwortlich sind. Jeder Einzelne ist für sich selbst und für diese unsere Welt verantwortlich. Wenn jeder vor seiner Türe kehrt, dann ist überall gekehrt. Wenn jeder vor der Türe des anderen kehrt, dann erleben wir nur Staub und Wirbel. Lasst uns daher vor unserer Türe kehren, damit wir einen erwachsenen Umgang mit unseren Mitmenschen pflegen. Politiker und Behördenvertreter werden uns folgen.

Bitte an unsere Leser

Kennen Sie den Spruch: Behandle andere so, wie du selbst behandelt werden willst. Wollen Sie im täglichen Straßenverkehr behindert, geschnitten oder gefährdet werden? Falls nicht, dann verhalten Sie sich bitte auch so. Die Autoren dieses Buches richten daher an ihre Leser die große Bitte: Verwenden Sie die Schlupflöcher nicht, um sich wie ein Rowdy zu benehmen. Das würde den Intensionen dieses Buches widersprechen.

Straflos-Spenden

Was machen Straflos-Lenker/Innen mit dem Ersparten?
Christoph M.: öS 400,-- wegen Schnellfahrens und Führerscheinentzugs erspart. Das Geld erhielt SOS Kinderdorf. Claudia O.: öS 600,-- wegen Kurzparkzonenmissachtung in zwei Fällen erspart. Das Geld erhielt Greenpeace. Rudi L.: öS 800,-- wegen Gelblichts. Das Geld erhielt eine Flüchtlingsfamilie. Karl S.: öS 6.000,-- wegen Schnellfahrens. Die Hälfte spendete er an Licht ins Dunkel.
Wir danken unseren Lesern für die gute Idee.

Stichwortverzeichnis

Abmahnung 68, 76
Abschleppung 40, 118
Adressänderung 76
AG Amtsgericht 139
Alkohol 51, 54, 132, 155, 187, 190, 191
Anonymverfügung 11, 14, 16, 18, 20, 29, 36, 38, 62, 63, 66, 79, 81, 84, 86, 110
Anwohnerparkzone 147
Augenblicksversagen 169
Ausländischer Lenker 69
Baustelle 27, 31, 164, 251
Beiwagen 75, 193
Beschwerde 35, 40, 41, 51, 113, 117-119, 139, 141, 166, 169, 216, 218
Beweisantrag 79
Blinken 46-48, 239
Blitzer-Ampel 151, 152
Bonussystem 187
Bußgeldrechner 145
Cabrio 35, 110
E-Mail Falle 102
Einspruch 11, 14, 15, 17, 18, 22, 26, 30, 36, 38 39, 46, 62, 64, 66, 67, 71, 81, 82, 91, 94 97, 101, 111, 114, 122, 123, 125-128, 137, 159, 179, 217, 218, 232, 244
Ermittlungsspielraum 159
EU-Führerschein 192-212
Fahndung 13,70, 84, 86, 110, 125, 127, 136, 159, 160, 180, 234, 235
Fahrerflucht 69-73, 225, 227, 228
Fahrerlaubnisklasse192, 193, 196, 198, 203, 208
Fahrtenbuch 125, 136, 159, 160
Fahrzeughalter-Haftung 146
Falsch parken 18, 22-39, 88, 146-150
Flensburg 161, 162, 172, 185-191, 209, 217, 235
Formulare 113-116, 118
Frächter 61
Führerscheinabnahme85, 118, 247
Führerscheinentzug 58, 84-86, 90, 234, 235, 250
Gelblicht 62-65, 125
Geschwindigkeitsschätzung 20, 63
Gewichtskontrolle 61
Gurtepflicht 49, 153
Halteverbot 22, 25, 27, 28, 88, 147, 148, 238
Hauptverhandlung 138, 169, 216, 218, 219
Hauptwohnsitz 66, 76, 117
Hupverbot 154
Kennzeichenanzeige 7, 11, 14, 23, 68, 78, 99, 100, 122-126, 131, 142, 151, 159, 174
KFG Kraftfahrgesetz 70, 82, 96, 123, 124, 127
Kokain 157, 172
Kraftfahrt-Bundesamt 186, 189, 209, 212
Kreditschutz 165
Kurzparkzone 29, 31, 35, 36, 38, 50, 96, 131
Ladezone 38-42
Laserpistole 14, 21, 110, 258
Leiche 77
Lenkerauskunft 13, 19, 30, 77, 78, 82, 86, 89-94, 96, 116, 125, 127, 231, 232
Lkw 59, 60, 128, 130, 144, 199, 231
Menschenrecht 90, 92, 132
Microcar 57
Motorrad 66, 74, 75, 79, 142, 224, 225, 240
MPU 172, 210
Namensanzeige 23, 100, 122, 123, 126
Nebenwohnsitz 66-67, 76, 101-102, 107

Notdurft 23, 147
Notstand 78, 147, 213, 214
OLG Oberlandesgericht 141, 144, 156, 164, 166, 169, 170, 173, 213
Organstrafverfügung 29, 30, 81
Ortsabwesenheit 18, 25, 27, 66, 86, 98, 102, 107, 108, 111, 179
Ortstafel 17, 18, 88, 136
OWiG 165, 215, 217, 258
Privatstraße 51-54, 73
Punkte 162, 170, 172, 185-189, 209, 210, 227, 235
Punktesystem 185
Radar 85
Radargerät 11, 21, 83, 91
Radarwarner 145, 251
Radklammer 131
Raser 14, 21, 74, 135, 142, 172, 213, 244
Rechtshilfeabkommen 13, 61, 86, 112, 121, 123, 125, 127, 131, 136, 231, 234, 235
Rechtsmittel 81, 82, 130, 215, 218
Richter 12, 91, 111, 138, 139, 141, 142, 144, 149
Rotlicht 7, 66, 67, 125, 151, 152, 164, 166, 167
Sattelkraftfahrzeug 59, 60, 128
Schilderwald 87, 126, 219, 220
Schnell fahren 7, 11-21, 88, 110, 135-145
Strafbarkeitsverjährung 94, 96, 98, 99
Straferkenntnis 72, 81, 82, 94, 97, 110, 115, 123, 124
Strafverfügung 11, 13, 14, 16-18, 22, 24-26, 29, 30, 36, 38, 46, 50, 62, 63, 66, 67, 78, 81, 82, 86, 91, 94, 97, 98, 102, 110, 114, 122, 123, 126, 127, 232
Straßenverkehrsamt 186
StVO Straßenverkehrsordnung 17, 18, 31, 36, 40, 50, 52-55, 59, 60, 62, 63, 88, 95, 128, 137, 216, 220
Suchtgift 54-58
Taxi 42, 49, 51, 79, 165, 166, 226, 238
Technische Überprüfung 74, 75
Traktor 171
TÜF 182, 183
Überholen 48, 60, 61, 128, 149, 157, 158
Urin 157, 158
UVS Unabhängiger Verwaltungssenat 17, 37, 51, 72, 81-83, 91, 97, 111, 113, 118, 119
Verfassungsrecht 90, 123
Verfolgungshandlung 81, 86, 92, 95, 96, 98, 177
Verfolgungsverjährung 19, 22, 26, 36, 79, 86, 94-100, 102, 177
Verjährung 14, 18, 19, 22, 26, 36, 76, 79, 86, 92, 94-100, 102, 108, 111, 117, 137, 146, 175-177, 179, 232
Verjährungsfrist 94-96, 100, 108, 111, 117, 176, 232, 234, 240
Verkehrszeichen 28, 30-33, 83, 87, 88, 148, 219, 225, 239
Verkehrszuwiderhandlung 187
Videokamera 21
Vignette 68, 126, 251
Volksanwaltschaft 93
Vollstreckungsersuchen 124
Vollstreckungsverjährung 94, 97-99, 177
Vorbeifahren 21, 42, 60, 128, 143, 221
VStG Verwaltungsstrafgesetz 12, 26, 76, 95-97, 257
VZR Verkehrszentralregister 141, 161, 162, 186, 189, 209, 212, 217
Wechselkennzeichen 78

Wochenendfahrverbot 128

Zeuge 12, 13, 16, 20, 21, 23, 27, 28, 32, 34, 35, 41-44, 47, 49, 50, 57, 59-61, 64, 66, 67, 69, 71, 72, 77, 78, 83, 84, 87, 107, 109, 110, 112, 113, 116, 123, 124, 126, 128, 131, 140, 143, 148, 151, 156

Zustellung 43, 86, 89, 101-106, 108, 176-179, 234

Zustellurkunde 176-178

Bestseller

Der Bestseller **"Nie mehr Strafe zahlen (1)"** wurde 1999 veröffentlicht. Er entstand in der Zeit, als ich noch Personalvertreter der Polizei war. Immer wieder beschwerten sich Polizisten, dass die Gesetze zu viele Lücken aufweisen. So starteten wir ein Projekt und listeten die Gesetzeslücken auf. Diesen Katalog legten wir den Verantwortlichen in den Ministerien, im Parlament und diversen Interessenvertretungen vor. Zu unserer großen Überraschung erhielten wir ziemlich einheitliche Antworten darauf: Die Lücken seien bekannt, aber es bestehe kein Interesse an einer Gesetzesreform. "Von den Lücken wissen ohnedies nur wenige Bescheid", hieß es immer wieder. Das lässt sich ändern, dachte ich und schrieb zusammen mit Team Straflos ein Buch.

"Ich gestehe" erschien im Herbst 2000. Neben zahlreichen Missständen, innerhalb der Polizei decke ich darin die illegale Datenweitergabe auf, die letzlich in der so genannten "Spitzelaffäre" an die Öffentlichkeit kam. Trotzdem umfasst dieser Teil im Buch nur wenige Seiten. Alle Arten von Polizeiübergriffen sind durch zahlreiche Fälle dokumentiert.

Der Innenminister präsentiert zusammen mit Experten seine Sicherheitsvorschläge.

Aber auch die positiven Seiten der Polizei finden Platz. Erfolgreiche Amtshandlungen und bis dahin nicht veröffentlichte Anekdoten können nachgelesen werden. Experten aus dem Sicherheitsbereich kommen in Interviews zu Wort. Sie präsentieren ihre Vorschläge für eine umfassende Polizeireform.

"Der Polizist
als Millionär"

Von 1996 bis 1999 erwarb ich an der Börse und mit Immobilien ein Millionenvermögen. Erst dadurch wurde mir die Gründung meines Verlages und die Veröffentlichung der Bücher möglich. Dass Sie, verehrte Leser, dieses Buch in Händen halten, ist somit auch meinen Aktiengewinnen zu verdanken. Im Buch beschreibe ich nicht nur, wie es mir gelungen ist, Aktienmillionär zu werden, sondern zeige auf, wie Sie, verehrte Leser, ebenfalls mit Aktien reich werden können.

Werfen Sie einen Blick auf meine Aktien-Empfehlungen. Im Zeitraum vom 27. September 2001 (Ersterscheinungstag des Buches) bis 6. Dezember 2001 sind: Von den 38 empfohlenen Aktien 35 im Plus, 3 im Minusbereich.
Die besten drei Aktien:

Cisco Systems	+ 102 %
Tellabs	+ 83 %
Intel	+ 79 %

www.kleindienst.cc

Hier erreichen Sie uns

Hier erfahren Sie das Neueste vom Verlag

Hier informiert Sie Josef Kleindienst über aktuellste Börsenentwicklungen

Hier können Sie einen kostenlosen E-Mail-Newsletter anfordern

Wir freuen uns auf Ihren Besuch!

Neues Projekt

Verlag Kleindienst arbeitet intensiv an einem der spannendsten Themen überhaupt: **ANGST**

Legendär ist die Geschichte der Samurai. Neben verschiedenen Kampftechniken mussten sie eines lernen: Angstfrei zu leben.

Japanische Polizisten haben die Techniken in die Neuzeit übertragen. Diese und eine Reihe weiterer Ansätze werden wir in unsere kulturelle Umgebung transformieren. Der Anspruch, den wir an uns stellen, ist hoch! Mit einem einzigen Buch werden wir den Weg heraus aus der Angst aufzeigen. Bereits heute leben viele Menschen völlig frei von Angst. Verschiedene Methoden haben ihnen dabei geholfen. Wir haben Methoden und Techniken getestet. Ergebnis: Jede Methode und Technik hat Vor- und Nachteile. Auch sprechen Menschen unterschiedlich darauf an. Wir bieten Ihnen keine Technik, sondern die Lösung. Wir tauchen tief in dieses Thema ein und werden Ihnen ein Buch präsentieren, das Sie begeistern wird!

Treten Sie in Kontakt mit uns!

☐ Nehmen Sie mich in den kostenlosen E-Mail-Infodienst (Newsletter) auf.
Meine E-Mail Adresse lautet:

____

☐ Ich interessiere mich für die Rhetorik- und Kommunikationsseminare, bitte schicken Sie mir Infomaterial.

☐ Ich interessiere mich für Ihr Aktienseminar. Schicken sie mir Infomaterial.

Ideen und Anregungen:

Bestellung:

______	Stück "Nie mehr Strafe zahlen 2"	€ 29,90
______	Stück "Nie mehr Strafe zahlen (1)"	€ 10,75
______	Stück "Ich gestehe"	€ 10,75
______	Stück "Der Polizist als Millionär	€ 21,14

alle Preise incl. 10 % MwSt

Absender

An

Verlag Kleindienst

E. Klinger Straße 10/7/9

A-3423 St. Andrä-Wördern

Notitzen

Notitzen

SUPERRUDI & SUPERSTRUPPI
OJE! POLIZEI!
KEINE SORGE! IM BUCH "NIE WIEDER STRAFE ZAHLEN" STEHT: FREUNDLICH LÄCHELN!
WAS GRIN
SO FRECH,
MIT IHNEN

SUPERRUDI & SUPERSTRUPPI
WIR WERDEN JOSEF KLEINDIENST WEGEN SEINER UNGEHEUERLICHEN UNTERSTELLUNGEN AUF BEZAHLUNG EINER STATTLICHEN SUMME KLAGEN
ICH FÜRCHTE, DAMIT WERDEN SIE KEIN GLÜCK HABEN...

Notitzen

Notitzen